STUDIES AND TEXTS 126

AN *AENEID* COMMENTARY OF MIXED TYPE

The Glosses in MSS Harley 4946 and Ambrosianus G111 *inf.*

A critical edition

by

JULIAN WARD JONES, JR.

PONTIFICAL INSTITUTE OF MEDIAEVAL STUDIES

ACKNOWLEDGMENT

This book has been published with the help of a grant from the College of William and Mary.

CANADIAN CATALOGUING IN PUBLICATION DATA

British Library. Manuscript. Harley 4946. Selections
An Aeneid commentary of mixed type : the glosses in MSS Harley 4946 and Ambrosianus G111 inf. : a critical edition

(Studies and texts ; 126)
Includes bibliographical references and index.
ISBN 0-88844-126-6

1. Virgil. Aeneis. Book 5. 2. Virgil. Aeneis. Book 6. 3. British Library. Manuscript. Harley 4946. 4. Biblioteca ambrosiana. Manuscript. G. 111. inf. I. Jones, Julian Ward. II. Biblioteca ambrosiana. Manuscript. G. 111. inf. Selections. III. Pontifical Institute of Mediaeval Studies. IV. Title. V. Series: Studies and texts (Pontifical Institute of Mediaeval Studies) ; 126.

PA6823.A2 1996 873′.01 C96-931680-1

Pontifical Institute of Mediaeval Studies
59 Queen's Park Crescent East
Toronto, Ontario, Canada M5S 2C4

Printed by
Edwards Brothers Incorporated, Michigan, USA

STUDIES AND TEXTS 126

AN *AENEID* COMMENTARY OF MIXED TYPE

The Glosses in MSS Harley 4946 and Ambrosianus G111 *inf.*

A critical edition by

Julian Ward Jones, Jr.

The *Aeneid* of Vergil, Rome's great epic, became a school text almost as soon as it was published in 19 BC. Schoolmasters quickly began to compose commentaries on it. The interpretations of many scholars of the Imperial period were eventually collected in the vast commentary of Servius (early fifth century AD). The notes of Servius explicate basic meaning and offer enlightenment on such matters as grammar, rhetoric, mythology, and historical and religious antiquities. In the Middle Ages, a new line of interpretation was created as exegetes allegorized the *Aeneid* in order to provide moral and ethical instruction and fit it to the new Christian context. This new tradition culminated in the commentary on the first six books of the *Aeneid* commonly attributed to Bernardus Silvestris (twelfth century).

In the early Renaissance, the imperial and medieval traditions were often juxtaposed in the same school commentary. The present edition offers for the first time in public print such a mixed commentary on *Aeneid* 6, the book many regard as the most profound and greatest of the twelve books of Vergil's poem. Also included here is a commentary on *Aeneid* 5 which follows the Servian model. The same scholar, who at the moment cannot be identified, has composed both. The greater part of his comment is derivative and will easily be recognized as such. Many notes, however, will appear new and different and thus have a special interest. They may not be original, but they thus far have not been published elsewhere.

In order to give a wider appeal to this edition, the editor has written a long English introduction, which summarizes, analyzes and evaluates the comment. Also included is a discussion of the Latin (grammar and vocabulary) of the commentary and the usual description and evaluation of the manuscripts.

Contents

Introduction

Glossule in Virgilii *Aeneidos*

Abbreviations

AHDL	*Archives d'histoire doctrinale et littéraire du moyen âge* Paris, 1926–
ANRW	*Aufstieg und Niedergang der Römischen Welt*. Ed. Wolfgang Haase. Berlin and New York: W. de Gruyter, 1972–
Comm. super Aen.	Bernardus Silvestris. *The Commentary on the First Six Books of the Aeneid of Vergil Commonly Attributed to Bernardus Silvestris*. Ed. Julian Ward Jones and Elizabeth Frances Jones. Lincoln and London: University of Nebraska Press, 1977.
CCSL	*Corpus Christianorum Series Latina*. Turnhout: Brepols, 1953–
Cont. Verg.	Fulgentius, Fabius Planciades. *Continentia Vergiliana*. Ed. R. Helm. Stuttgart: B.G. Teubner, 1970 (Reprint of edition of 1898).
CQ	*Classical Quarterly*. Oxford, 1907–
CSEL	*Corpus Scriptorum Ecclesiasticorum Latinorum*. 65 vols. Vienna, 1866-1926.
GL	*Grammatici Latini*. Ed. Heinrich Keil. Leipzig: B.G. Teubner, 1855-1878.
Mit.	Fulgentius, Fabius Planciades. *Mitologiae*. Ed. R. Helm. Stuttgart: B.G. Teubner, 1970 (Reprint of edition of 1898).
PL	*Patrologia Latina*. J.P. Migne. 221 vols. Paris, 1844-1855.

Preface

I first conceived the idea of making this edition in the spring of 1966. While I was looking for manuscripts of another work in the Ambrosian Library in Milan, I came upon a copy of a commentary on *Aeneid* 6 that seemed curious and different. I actually began work on the edition when I received a faculty research grant from the College of William and Mary in the fall of 1978. A second research grant for the academic year 1992-1993 enabled me to complete the construction of the text.

After the introduction to this edition had been written and the whole work had been submitted to the press of the Pontifical Institute, there appeared a scholarly book of ponderous learning to which every student of the later tradition of Vergil must turn. I refer to *Vergil in Medieval England* by Christopher Baswell (Cambridge, 1995). Baswell displays an amazing control of primary and secondary sources. My own introduction might have benefited greatly from his discussion of the interpretation of Anselm of Laon, especially his discussion of the latter's interpretation of the golden bough and the Greek letter upsilon (pp. 110-111).

A number of scholars have generously assisted me with this project. I must not fail to mention Prof. Albinia de la Mare of the University of London, Prof. Albert Derolez of the University of Ghent, Dr. Scot McKendrick, Curator of Manuscripts in the British Library, and Prof. Mary Louise Lord of Cambridge, Massachusetts. My great debt to the last named individual is recognized in the dedication.

Mrs. Jean Hoff has served as press editor and technical corrector for this book. I have worked with other editors, but with none so competent and so attentive. Mrs. Hoff not only suggested ways to improve the format, but also read all of the long Latin text and pointed out to me a number of errors.

Proofs for this edition were read by three people: Mrs. Hoff, myself, and Miss Jennifer Martin, student assistant in the department of Classical Studies at the College of William and Mary. A complex text like this offers countless opportunities for error. We have diligently tried to present a correct version. Perfection is, of course, impossible, and we hope that in correcting some errors we have not introduced others.

Julian Ward Jones, Jr.
Williamsburg, Virginia
July 1996

To Mary Louise Lord,

Kind and Generous

Mentor

Introduction

In British Library manuscript Harley 4946 and in Ambrosian manuscript G111 *inf.* are copies of an anonymous commentary on *Aeneid* 6 which is manifestly different from any that have been published to date. We may designate it a commentary of "mixed type" since in it antique comment like that of Servius is constantly juxtaposed to medieval interpretation like that of Bernardus Silvestris. The exegesis is thus partly antiquarian and grammatical, partly allegorical.[1] The Harleian copy is dated by the catalogue of manuscript books to the fifteenth century.[2] The Ambrosian copy was, as will be demonstrated below, a part of the instruction of Bartolinus de Vavassoribus, professor of grammar and rhetoric at Cremona and Bologna in the years 1405-1406. Thus, the commentary must have been composed before the fifteenth century. A *terminus post quem* for its composition is provided by the fact that it draws on the commentary attributed to Bernardus Silvestris (late twelfth century).[3] Some interpretations suggest late medieval or Renaissance influences or sources (see below, p. 41 and note 64);[4] we, therefore,

[1]Such mixing is not unique. Other commentators, most notably Ciones de Magnali (first third of fourteenth century), also did it. The present commentary has an obvious value: it is a fixed text with which other commentaries may be compared when they are eventually offered in print. Professor Mary Louise Lord is planning an edition of Ciones.

[2]See the *Catalogus Librorum Mss. Bibliothecae Harleianae* (London, 1808-1812), 3: 231.

[3]A second edition of this commentary has been prepared by J.W. Jones and E.F. Jones and published as *The Commentary on the First Six Books of the Aeneid of Vergil Commonly Attributed to Bernardus Silvestris* (Lincoln and London: University of Nebraska, 1977). Hereafter all references to the commentary will to be to this edition and for the sake of convenience, the authorship of Bernardus Silvestris will be assumed.

[4]Also to be noted is the unexpected and awkward appearance of the term *capitulum* (at *Aeneid* 6.240 and 6.703) to refer to a note or unit of comment and the appearance of the term *constructio* to introduce explanation of a *lemma* at *Aeneid* 6.595. Prof. Lord observes ("A Commentary on *Aeneid* 6: Ciones de Magnali, not Nicholas Trevet," *Medievalia et Humanistica* n.s. 15 [1987] 150) that it was the practice of Ciones to divide his comment on the *Aeneid* into chapters and to employ the term *constructio* before word-by-word definitions or synonyms of the Vergilian text. Chapter divisions appear often in commentaries of the fourteenth century. See Vladimiro Zabughin, *Vergilio nel Rinascimento Italiano da Dante a Torquato Tasso* (Bologna: N. Zanichelli, 1921), 1: 94 n. 224.

believe that our commentary was assembled at some point in the fourteenth century. It is not possible to be more specific than this.

Though his exposition of the sixth book catches the eye and deserves closest scrutiny, our commentator was responsible for further annotation. In the Harley manuscript, the text begins with a short fragment of a commentary on *Aeneid* 4.[5] There are notes on lines 701, 702, and 705 followed by a summary of allegorical type of the entire book. This summary seems to derive from Fulgentius and Bernardus Silvestris and begins with the formula: "Continencia huius quarti voluminis tanta est quod ... ."[6] This fragment is followed by a commentary of traditional form on *Aeneid* 5, the commentator proceeding by a succession of *lemmata* and notes on particular points to the end of the book. Then comes another allegorical summation which is introduced by the same formula noted above for *Aeneid* 4 and which is an elaboration of the interpretation presented by Fulgentius.[7] References in the commentary on *Aeneid* 5 (at lines 606, 755, 797) indicate that our commentator had probably composed a commentary on the entire first half of the *Aeneid*. If the first part of this survives, it remains to be identified. Of the commentary on *Aeneid* 6 little needs be said at this point except that it begins: "Continencia huius sexti voluminis tanta est."

The Harley manuscript continues with a commentary on the last six books of the *Aeneid*. This comment is the work of Anselm of Laon (c. 1050-1116). It is introduced by an allegorical summary of books 7 and 8, based on Fulgentius.[8] The aim of this summary may be to provide articulation between what precedes and the conservative exposition of Anselm that follows. The summary does not begin with the formula which we have seen our commentator using, but otherwise it is similar to his other allegorical recapitulations. If he wrote it, then we may reasonably suggest that he, not having formulated his own interpretation of *Aeneid* 7-12, endorsed and adopted the exegesis of Anselm. Alternatively, of course, some other scholar or scribe may have put together in the same manuscript the work of our commentator on the first six books and the work of Anselm on the last six.

[5]The Ambrosian manuscript contains only the commentary on *Aeneid* 6.

[6]See Fulg., *Cont. Verg.* pp. 94.16–95.1; Bern. Silv., *Comm. super Aen.* pp. 23-25.

[7]Fulg., *Cont. Verg.* p. 95.

[8]Ibid., pp. 103-105.

The Commentary on *Aeneid* 5

Our commentator's interpretation of *Aeneid* 5 is traditional and conservative, but not thoroughly so, and his notes, in the composite, have an identity of their own. The cataloguer's description of the commentary (including Anselm on *Aeneid* 7-12) is as follows: "Notae breves, vel, ut in Codice vocantur, glossulae in Virgilii Aeneidos, auctore incerto, qui Servium saepe at non semper compilaverat." The quickest glance will reveal that the commentary on *Aeneid* 5 follows the Servian model. Most notes have to do with matters of language: they elucidate Vergil's sense; they give the meaning of words and phrases or show their appropriateness; they identify grammatical forms, touching matters of conjugation and declension; they offer etymologies; they occasionally note a figure of speech. Names which occur of persons, divinities, or places are explained. Less frequent are notes explaining customs or treating points mythological, or religious, or historical and legendary. Literary criticism is almost nonexistent. Servius is also the principal external source of the exegesis. The earlier scholar is explicitly named four times in notes on lines 334, 457, 602, and 626. His notes on lines 30, 51, and 59 suggest that our commentator had available to him the longer text of Servius or Servius Danielis (Servius Auctus).[9] When he utilizes Servius, he almost always rephrases and abbreviates or distills a note. His commentary on *Aeneid* 5 is less than one third the length of Servius Auctus. There is a notable attempt at simplification. Among the gifts handed out by Aeneas to participants in the boat race are silver cups "rough with figures," or *aspera signis* (line 267). Of *aspera signis* Servius says, "hoc est anaglupha." Our commentator explains that *anaglupha* means "sculptum non pictum." A few lines later (line 278), Servius glosses *clauda*, used by Vergil of a wounded snake, with "ab homine transtulit" and quotes an example of the metaphorical sense from Cicero. Our commentator elucidates the metaphor: "translacione quia proprium est animalium pedes habencium claudicare." On the combination *haud ignara* in line 618 Servius provides no note; our commentator identifies the combination as an example of litotes and also defines the figure. The commentary of Servius was intended for *pueri*.[10] This focus of attention is even

[9]All references to Servius in this edition are based on the text established by Georg Thilo and Hermann Hagen (Leipzig, 1881–1887).

[10]See Robert A. Kaster, *Guardians of Language: The Grammarian and Society in Late Antiquity* (Berkeley: California University Press, 1988), p. 170.

more emphatic in the pages of our commentator. He has many notes on the most elementary points of meaning and grammar which have no counterpart in Servius. It is as if Servius felt no need to provide these annotations, but our commentator did.

Heavy dependence on Servius – both use of Servian material and imitation of the Servian form of comment – is an incontrovertible fact. Nevertheless, our commentator relies less heavily on Servius than do some others. Comparison of his notes on the fifth book with those of Anselm on the same text will temper the impression of Servian influence on him. Anselm is more conservative, more faithful to his great exemplar; our commentator is more original, more distinctive. Probably the best known statement in *Aeneid* 5 is "possunt quia posse videntur" (line 231). Servius explains: "sperabant victoriam opinione spectantum." Anselm adopts the Servian gloss, adding his own further thought: "existimabant spectantes quod victoriam obtinerent."[11] Our commentator's note is different and superior, assuming as it does that the dative "sibi" is to be understood with *videntur* rather than the dative "spectatoribus." They are able, he declares, "quia sicut desperacio retardat a posse, ita spes impellit ad illud." Similarly, reactions to one of the "insoluble places" in Vergil are indicative. At *Aeneid* 5.626, Iris, disguised as Beroe, reminds the Trojan women that they are in the seventh summer of their voyaging since the destruction of Troy. Dido, however, had already noted one year earlier (*Aeneid* 1.755-756) that Aeneas was in the seventh summer of his wandering. Anselm reconciles the two statements by reference to an idea that Servius records (and apparently rejects). Our commentator, after referring to Servius, has his own, if equally valueless, explanation: at the end of *Aeneid* 1 Vergil was using the Roman inclusive system of reckoning; in *Aeneid* 5 he meant to count only one extreme of the time period, presumably the final year.

Anselm's work, of course, is not simply a reproduction of Servius; there are non-Servian notes. Some of this non-Servian material our commentator borrows or else both commentators draw from some common unidentified source. By a natural process, as various masters interpreted the same text, the corpus of traditional antiquarian exegesis received increments from the time of Servius onwards. At lines 14 and 817, our commentator explains the terms "pater" and "genitor" as applied to

[11] The unpublished comment of Anselm on *Aeneid* 5 may be read in British Library Additional MS 33220, ff. 47r–49v. This manuscript is the source of our references.

Neptune by observing that Thales posited water as the substrate from which all other matter is born. Anselm, too, refers to Thales' idea at line 817. At lines 287-288, both Anselm and our commentator identify the figure hypallage by name, while Servius does not. At line 830, Vergil uses the term *pes* to refer to a sheet or rope attached to the bottom of a sail. Our commentator explains the poet's word as meaning a beam of wood which is next to the foot of the mast or by which the mast is raised. Servius correctly glosses *pes* (in context *pedem*) as *funis*. Our commentator's note at least becomes more comprehensible when we look at Anselm's long note on the line in question. Anselm knows that *pes* may mean "sheet" here, but he also reports an alternative explanation according to which Vergil's word is thought to apply to a certain "lignum maximum in navi ex transverso positum."

Besides Servius, our commentator mentions two other sources by name – Priscian and Evangelus. The second of these is questionable. Priscian's grammar is utilized three times in notes on lines 13, 254, and 321. Evangelus is cited twice for hostile criticism of Vergil (on lines 516 and 572). The reported criticism, however, is nowhere to be found in the *Saturnalia* of Macrobius. Either the views in question circulated separately or our commentator is merely seizing on a name and taking Evangelus as the living symbol of adverse criticism of the *Aeneid*.[12]

A number of medieval sources may be assumed though direct borrowing can not usually be demonstrated. Fulgentius' *Mythologiae* (1.12) may provide the names and characteristics of the four horses of the Sun for a note on line 105. The First Vatican Mythographer (107) may supply an etymology of Neptune at line 779 ("nube tonans"). The Third Vatican Mythographer seems to be the ultimate source for the definition of the *genius* at line 95, for the explanation of the name Tritonia at line 705, and for the interpretation of the Sirens at line 864.[13] Our commentator confuses the Sirens with Scylla (see text below) and this may be due to the fact that the Third Vatican Mythographer treats these monsters in the same passage (11.9). The Third Vatican Mythographer (3.4,5) and Isidore (*Etym.* 18.3) together provide the substance for a

[12]Evangelus is cited in six places in the Harley manuscript's version of the commentary on book six – at lines 280, 303, 339, 366, 425, 477. The Ambrosian manuscript reads "invidus" at line 280 and "emulus" in the other five places.

[13]The *loci* in the Third Mythographer are, respectively, 6.19; 10.1; and 11.9. The Vatican Mythographers may be consulted in the edition of George Bode (Celle, 1834; rpt., Hildesheim, 1968)

long note on line 252, which presents rationalizations of the story of Jupiter and the Giants, of the role of the eagle, and of the rape of Ganymedes. The *Philosophy* of William of Conches (4.21) is the definite source for the description of sleep at line 856.[14] Etymologies of *columba* (line 213), *Elisium* (line 735), and *labirintus* (line 588) seem to derive from Bernardus Silvestris though the etymology of the last word ("labor intus") is also found in Anselm.[15] Sustained allegorizing of the sort found in Bernardus is not present in the main body of the commentary on *Aeneid* 5.

His comment on *Aeneid* 5 enables us not only to identify the author's probable audience, but also to make a tentative assessment of his competence. A small number of his comments seem to be both original and valuable to readers of the *Aeneid*. At line 443, he declares that Entellus in showing his right hand during the bout with Dares, varies normal pugilistic practice since usually the right hand is kept concealed. Later, he argues that Vergil does not pointlessly multiply similes to describe the intricate maneuvers of the *lusus Troie*. Comparison with the labyrinth of Crete (lines 588-593) is meant to suggest the patterns formed while comparison with dolphins gamboling in the waves (lines 594-595) relates to the movements of the youths. Eumelus, who reports to Aeneas that the ships are on fire (line 665), bears, thinks the commentator, an appropriate name since Eumelus means *bona vox* (*Gr.* εὖ μέλος). The commentator's note on "sciat" (line 788) is a useful alternative to Servius and his point is adopted by many modern editors, including R.D. Williams (*Virgil Aeneid* V, Oxford, 1960).

Other notes – and they are more numerous – are not complimentary. For some of these scribal error or sloppy note taking by students at some stage may be responsible. Thus, we need not believe that our commentator wishes to represent Neptune (line 810) as desiring to destroy Troy by his own individual act rather than from the common "love" (*dilectione*) of the Trojans. Surely, an original *deletione* has been corrupted in transmission. Likewise, in the note on line 112 a part of the Roman numeral has probably been lost in copying. Some sort of corruption may also explain why our commentator at line 129

[14]This work has recently been re-edited by Gregor Maurach with Heidemarie Telle under the title *Wilhelm von Conches: Philosophia* (Pretoria: University of South Africa, 1980).

[15]The *loci* in Bernardus are, respectively, *ad Aen.* 6.193; 6.542; and 6.27.

incorrectly marks the holm oak as sacred to Hercules and the source of crowns for those who labor and then a few lines later (line 134) correctly identifies the poplar as sacred to Hercules and a source for these crowns. The presence of other notes must be due to the ineptness of the commentator. Sometimes, Servius is misunderstood. Thus at line 822, Servius notes that *cete* is a Greek plural and not a part of a Latin declension; our commentator supposes *cete* to be indeclinable. Some notes seem to be the commentator's own preposterous inventions.[16] Thus he supposes (line 4) that the flames the Trojans see as they look back to Carthage are not the flames of Dido's pyre, but the torches of persons bearing her remains to her palace in the evening. Royalty, he explains, wherever they die, must be conveyed to their homes to lie in state for eight days. At line 110, *tripodes* are said to be the images of the gods. At line 744, Vesta is said to be *cana* ("hoary") because she is the goddess of religion, which is found in the gray-headed; that is, the elderly. Most shocking of all is the assertion that line 602 must be an insertion by the vagabond poets (*trutanni*) since Servius does not explain it.[17] We are compelled to the tentative view that the commentary on *Aeneid* 5 is the work of a lesser master, a person of little erudition and limited intellect who has at his disposal some good sources and who occasionally is able to make a good judgement.

In one place (*Aeneid* 5.623) our commentator may display familiarity with Aristotelian terminology of the sort that became common in academic circles in western Europe in the thirteenth century.[18] Iris in the form of Beroe is said to intend to provoke the Trojan women to burn the Trojan ships and this burning is marked as the "finalis causa" of her activity. Here some caution is in order. Already in the twelfth century, William of Conches had talked about the efficient, final, formal, and material causes of the universe in his commentary on the *Timaeus* of Plato, 27D-34B (ed. Edouard Jeauneau, Paris, 1965).

[16]At least they occur in no other text known to us. Of course, they may be the work of completely unknown exegetes whom our commentator endorses and parrots.

[17]Actually, Servius does comment on line 602 though he does not grapple with the difficult syntax of the Latin.

[18]On the Aristotelian system of interpretation see A.J. Minnis and A.B. Scott, edd., *Medieval Literary Theory and Criticism c.1100–c.1375: The Commentary Tradition* (rev. ed., Oxford: Clarendon Press, 1988), pp. 2-3. For recognition of Aristotelian causes before the thirteenth century, see A.J. Minnis, *Medieval Theory of Authorship: Scholastic Literary Attitudes in the Later Middle Ages* (London: Scolar Press, 1984).

The Commentary on *Aeneid* 6: *Triplex Lectio*

The commentary on book six is very different from that just described. This comment was coherent enough and long enough to circulate as a separate treatise as it does in the Ambrosian manuscript. As indicated above, the commentary on *Aeneid* 6 constantly mixes - though it does not blend - the antique and the medieval. Sometimes the two types of explanation succeed each other in the same note. One cannot help recalling the parallel interest in ancient and medieval modes of thought that marked the Renaissance. Petrarch, who rediscovered the Classics and wrote letters to Cicero, would make an allegorical interpretation of the storm scene in *Aeneid* 1 (1 *Sen.* 4.4) and would declare that allegory is the warp and woof of all poetry. Boccaccio, who would transcribe with his own hand Terence and Tacitus, would fill his *Genealogiae Deorum Gentilium Libri* with allegorical interpretations of Classical myth and legend. Coluccio Salutati, who collated manuscripts of Seneca and drew up summaries of Cicero's letters, would compose an extended allegorical description of the labors of Hercules (*De Laboribus Herculis*).[19] Our commentary would probably have received a ready reception in the classroom of Bartolinus de Vavassoribus. It is tempting to label the work - because of the mixed character of the interpretation of *Aeneid* 6 - a product of the early Renaissance and to think of it as a typical school commentary of that period.

For his commentary on book six the author offers an elaborate introduction. This book, he announces, describes the descent of Aeneas to the *inferi*. Among philosophers there were, he asserts, three opinions regarding the place of the *inferi*. This place was thought by them to be the sublunar region where everything is subject to change, *or* it was thought to be the human body in which the soul is confined as if in a prison, *or* it was believed to be everything lying beneath the firmament, the area above the moon being the Elysian Fields where the pious dwell, the area below the moon being the place of punishment or Tartarus.[20]

[19]The present editor does not mean to place our commentator on a par with writers like Petrarch, Boccaccio, and Coluccio Salutati nor to assert a connection between our commentator and the thought of the eminent humanists. What is asserted here is that Renaissance humanists often display the same double regard for antique literature and interpretation and allegorizing of the medieval sort which is displayed in our commentary.

[20]The ultimate source of the three opinions seems to be Macrobius, *In Somn. Scip.* 1.10.11.

Whatever the place of the *inferi* is, concludes our commentator, descent to the *inferi* is achieved in four ways: There is (1) a natural descent which occurs at birth when the soul leaves its star and descends to reside in an earthly body. There is (2) a vicious descent which occurs when someone seeks a knowledge of temporal things and being intent on them never returns to the Creator. There is (3) a virtuous descent which occurs when one studies temporal things in order to obtain knowledge of the Creator. Finally there is (4) a necromantic descent which comes about when one sacrifices to a god in order to have a conversation with demons or spirits. In *Aeneid* 6, Vergil represents the virtuous descent and the necromantic descent. The necromantic descent was, our commentator informs us, considered dishonorable among the ancients. Why then does Vergil describe it? Well, it is due to the fact that he was a *necromanticus* and having found an opportunity to show off his knowledge, he cannot resist!

The commentator's relatively lengthy discussion of descents seems to rely heavily on Bernardus Silvestris and the reader is likely to find himself or herself anticipating a straightforward allegorical elucidation of the medieval sort.[21] However, as we have already noted, the commentary on this book is not cut from one piece of cloth. *Aeneid* 6, declares the commentator, may be read three ways. The text is subject to a *triplex lectio* – for there is a *fabulosa lectio*, a *philosophica* (or allegorical) *lectio* and a *historialis lectio*. In some places all three of these readings or two of the three may be made. Elsewhere only one reading is appropriate because sometimes Vergil is only a poet, sometimes only a philosopher, and sometimes only a narrator (*historiographus*).

1. *Historialis Lectio*

The *triplex lectio* as a method of literary analysis was not invented by our commentator. We can only wonder whether he first applied it to Vergilian exegesis. In Florentine manuscript Biblioteca Nazionale Centrale Conv. soppr. I.1.28 is a commentary on Martianus Capella which applies the technique of the *triplex lectio* in an exposition of Hymenaeus. Peter Dronke suggests that this exposition may be a direct excerpt from the lost commentary of William of Conches on Martia-

[21]Cf. Bern. Silv., *Comm. super Aen.* 6.1 (p. 30).

nus.[22] If Dronke's suggestion is correct and if the fertile William also composed a commentary on Vergil, as many now suppose, he may have introduced there the *triplex lectio*.[23] We should note, however, that in the Florentine text a somewhat different *triplex lectio* from that proposed by our commentator is imagined. There, the three readings are: (1) the historical or fabulous ("historica sive fabulosa"), (2) the scientific ("physica"), and (3) the philosophical ("phylosophica").[24]

The perception of three different "readings" results in three different types of interpretation. These we shall now seek to discuss in turn. As we shall see, comments *ad historiam* come from Classical or antique sources or are similar in character to the matter found in those sources. Interpretations of fable tend to mix matters antique or Classical with matters medieval. The philosophical or allegorical interpretations are preponderantly medieval in nature.

Latin commentaries on Classical authors are typically largely derivative. This is true of the present commentary, but occasionally we meet in it points that are new, at least in the sense that they have not yet come to the attention of the scholarly world in some published text or discussion. This material may well not have originated from the pen of our commentator, but may have already been a part of the medieval exegetical tradition and may be present in other extant commentaries not thus far identified and studied. The value of the "new" material to enhance our knowledge of ancient life, Classical mythology or the like must depend in large part upon the likelihood of its derivation from some notable earlier source. As his glosses on *Aeneid* 5 indicate, our commentator's scholarly competence is questionable and we should suspect anything that he may have fabricated or added.

The term *historia* in our commentary means primarily Vergil's story, the basic narrative of the *Aeneid* (cf. *ad Aen.* 6.1; 6.44; 6.494), less frequently history in the common modern sense (cf. *ad Aen.* 6.767). Hence "historical" notes treat a wide variety of matters since they

[22]See *Fabula: Explorations of the Uses of Myth in Medieval Platonism*, Mittellateinische Studien und Texte 9 (Leiden, 1974), p. 179, also pp. 102-104, 114-115.

[23]On the possibility of a Vergil commentary composed by William, see Julian Ward Jones, Jr., "The So-Called Silvestris Commentary on the *Aeneid* and Two Other Interpretations," *Speculum* 64 (1989) 843-846.

[24]Dronke, *Fabula*, pp. 102-114. On the various ways of "reading" the *Aeneid*, see Werner Suerbaum, "Von der Vita Vergiliana über die Accessus Vergiliani zum Zauberer Virgilius," *ANRW* II.31.2 (1981) 1247.

include the many differing interpretations of the literal text. Some define the sense of individual words or phrases, usually quite competently. There is little running prose paraphrase of Vergil's verse in the manner of the Delphin editions. Sometimes we are surprised that very common and basic pieces of vocabulary (e.g., *at* at line 77, *autem* at line 255, *hic* at line 580) are elucidated. Attention to such simple matters reenforces the impression that the users of the *commentum* were novices at the study of Latin or that the contemporary student audience in general approached Latin as a truly foreign language. Many historical notes call to mind the grist of ancient scholastic commentaries; i.e., they are etymological, grammatical, or rhetorical, or treat such things as figures of speech or points of prosody:

1. *Etymologies* – There are more than one hundred etymologies in the commentary; obviously this type of explanation is a habitual mode of thought for the author. These etymologies are not scientific, involving knowledge of linguistic history or principles. They are rather guesses based on analogies that are sometimes correct, but more often false. Often alternative guesses are offered for the same word or name. Most of the etymological comments are intended to buttress allegorical arguments and examples of these will be presented later when the *philosophica lectio* is discussed. The remainder (approximately twenty), which reflect the grammarian's learned curiosity as to the origin of a word or name, derive mainly from Servius. Such are the explanations of *Cumae* (line 2), *vestibulum* (line 273), *sepulto* (line 424), *palestra* (line 642),[25] and *Serranus* (line 844). Several etymologies are similar to those offered by Isidore. The comment on *fornicacio* at line 631 may be compared with *Etym.* 10.110 and that on *socer* at line 830 may be compared with *Etym.* 9.6.19. The second explanation of the noun *hostium* (*ostium*) at *Aeneid* 6.43 seems to go all the way back to Pompeius Festus. Our commentator first cites the Servian explanation ("ab obstando"), but then adds the conjecture of others ("alii") who derive the word from the rare verb *hostire* ("to make even"), the point being that the door must be made exactly equal to the size of the opening.[26] The most exotic expla-

[25]For this word, the pertinent Servian interpretation appears on *Georgics* 2.531.

[26]The verb *hostire* is glossed under "redhostire" (p. 334) and also under "status dies" (pp. 415-416) among the excerpts of Paulus Diaconus from Festus. References here given are to W.M. Lindsay, ed., *Sexti Pompei Festi de Verborum Significatu ... cum Pauli Epitome* (Leipzig: B.G. Teubner, 1913; rpt. Hildesheim, 1965).

nation in this category comes from an undiscovered source. The adjective *ferales* at *Aeneid* 6.216 is derived from the noun "feros," which, we are told, is the same as *mors*. Here *feros* is apparently to be equated with the Greek noun φᾶρος, meaning shroud, *amiculum ferale* in Latin.

2. *Grammar* – Grammatical notes occur occasionally throughout the *commentum*. Typically, only disputed or peculiar points are touched. Identifiable sources are Servius, Aelius Donatus, Priscian, and Lactantius Placidus (who, however, is called "Lucretius" or is confused with the poet of that name).[27] Generally, the notes of our commentator rise in quality to the level of his sources, or perhaps it would be more correct to say that he, as a rule, simply acknowledges their *auctoritas*. In one place where sources disagree our commentator chooses the incorrect view. On the authority of Priscian, he explains the form *Androgeo* (*Aen.* 6.20) as a dative used for a genitive rather than perceiving that it is more probably a genitive singular of the Attic declension as Servius maintains.[28] In another place (*ad Aen.* 6.670), he quotes the differing views of Servius and Priscian regarding the word *ergo* (Is it noun or adverb?), but does not choose between these views. At line 779, he cites Servius and correctly notes the correption in the form *viden*, but then adds an incorrect explanation of the phenomenon, an explanation not found in Servius.

In one place, his comment is clearly superior to that of Servius, being both more correct and more comprehensible. Servius, explaining the form *mi* at *Aeneid* 6.104, states dogmatically that Vergil *never* employs the contracted form of *mihi* "lest it begin to be a *blandientis adverbium*." In this line, he argues, *mi* need not be taken as the pronoun because it can be the alleged adverb. Our commentator, while noting Servius' position, remarks that *mi* here is *mihi* "per apocopam," but he adds that this apocopation is not in common use. In this instance our man does not hit the truth precisely, but he comes close. The form *mi* must be the contracted pronoun and though in Vergil's time it occurred frequently in colloquial contexts, it was not in use in elevated poetry like epic.[29] In the *Aeneid* it occurs only here and shortly afterwards in line 123.

[27]See the note on *Aeneid* 6.618.

[28]See P. Vergilius Maro, *Aeneis Buch* VI, ed. Eduard Norden, fourth edition (Stuttgart: B.G. Teubner, 1957), p. 411.

[29]See Norden, p. 155. The contracted forms in lines 104 and 123 may be examples of conscious archaism. Norden observes that "mi" frequently occurs in the older poets and R.G. Austin (*P. Vergili Maronis Aeneidos Liber Sextus* [Oxford, 1977], pp. 73-74) notes that Ennius often employs it.

One grammatical note may be new to the Vergilian tradition and is apt and worthwhile. The commentator observes that Vergil, at *Aeneid* 6.17, has used the ablatival phrase "Chalcidica ... arce" as object of the preposition *super* in the same sense as *super* followed by an accusative.[30] Alternatively, he suggests, *super* may be intended as a prepositional prefix, forming the verb *superadstitit*. In this case, he states, the use of the prefix is irregular and constitutes what is known in Greek as *protheseos paraloge*.[31]

The form *cognomine* in *Aeneid* 6.383 is identified by our commentator either as a noun or as an adjective of two terminations (*cognominis*, *cognomine*). That such an adjective existed in Latin he cites as authority Donatus. This citation may be of importance. Servius also mentions the adjectival forms here, but does not mention Donatus. Now, we know that Servius used Donatus extensively, but usually only named him when he wished to disagree.[32] In this place, our commentator has perhaps done us the favor of identifying another comment that was found first in the famous earlier expositor.

3. *Figures of Speech* - If we apply the term broadly, we may say that our commentator identifies eleven different figures in the text of *Aeneid* 6. They are perissology (line 11), antiphrasis (line 98), praeoccupatio (lines 84 and 366), tmesis (lines 62 and 342), asyndeton (line 31), hysteron proteron (line 567), metonymy (line 667), hypallage (line 232), archaism (line 409), periphrasis (lines 429 and 728), and antiptosis (line 465).[33] His knowledge of these terms and the phenomena they represent is in every case correct and we may applaud him for this, but the brevity of our list indicates no truly serious effort on his part to reveal to the reader the figurative beauties of Vergil.

[30]One manuscript of the *Aeneid*, Mediceus Laurentianus Lat. XXXIX, had *arcaem* originally. For the discussion at hand, the reader should have before him or her the entire line:

Chalcidicaque levis tandem super adstitit arce

[31]*Prothesis* is the regular term for "prepositional prefix" in Servius. See his notes *ad Aen.* 2.328; 12.816; 12.817. *Parologe* is the same as *paraloge*.

[32]The matter is well put by E.K. Rand, "Is Donatus's Commentary on Virgil Lost?," *CQ* 10 (1916) 160.

[33]At line 85, he notes one form of metonymy with the words "continens pro contento." He does not use the term metonymy in this place. At line 89, Turnus is called "another Achilles" by Vergil. This is a figure, says the commentator, since here Achilles represents a tyrant or a brave man. Servius (*ad Buc.* 4.34) describes the use of proper nouns in this fashion as "specialia pro generalibus."

His noting of antiphrasis at line 98 is apparently forced upon him by a reading of his text of Vergil, which has at this point *adito*, rather than *adyto*. The same reading leads him to assume incorrectly that there exists in Latin a neuter noun *aditum* besides the masculine *aditus*.[34]

For tmesis he knows the alternative term diaeresis (*ad Aen.* 6.342). This term is not inappropriate though it now commonly refers to another form of division.[35]

He renders a service to Vergilian criticism by noting the presence of hysteron proteron in line 567. Earlier commentators like Servius had failed to note the figure. Unfortunately, he does not also perceive, or does not indicate that he perceives, the nice effect that Vergil achieves by it.[36]

He cites not one example of Vergilian metaphor, but in one of his allegorical explanations of the Gates of Dreams (*ad Aen.* 6.896), he employs the adverb *translative*. The regular Latin word for metaphor is *translatio* and Classical Latin sources define allegory as a string of *translationes* (cf. Cic., *Orat.* 94).[37]

4. *Prosody* – Three of the metrical licenses of *Aeneid* 6 are marked by our commentator. At line 644, he notes that the "e" of "corea" has been shortened and this process is called sistole. The other two cases involve the blending together of vowels or words, a process for which the commentator employs the general term *conglutinatio*. He also has a more specific name for each case. At line 412, he notes, the noun *alveo* must be read as a word of two syllables and this contraction he calls *sineresis*. The final word of line 653 may be read as *currum* or *curruum*, since the final syllable of the longer form may be elided before the initial vowel of the next line.[38] For this form of elision and *conglutinatio* the name is *synaloepha*.[39]

[34]At *Aeneid* 5.84, the reading *aditis* instead of *adytis* provokes the same explanation.

[35]The term diaeresis also appears in the note on *Aen.* 5.603.

[36]See the note of John Conington *ad loc.* (*P. Vergili Maronis Aeneis*, fourth edition, London, 1884).

[37]*Translatio* occurs in the commentary on book five at line 278. *Translative* occurs at line 251.

[38]Most manuscripts of the *Aeneid* have *currum*, but several have the longer form. See *P. Vergili Maronis Aeneis*, ed. Marius Geymonat (Turin: Paravia, 1973), *ad loc.*

[39]Actually, our manuscripts have *sinalimpha*, which is probably a corruption of *synalipha*, the form found in Servius (e.g., *ad Aen.* 2.16). "Sinalimpha" is also identified in the note on *Aen.* 5.753.

5. *Rhetoric* – The present commentary displays little interest in rhetoric. However, one part of the exegesis gives a definite rhetorical coloration to an important passage of *Aeneid* 6; i.e., lines 106-123. Here Aeneas seeks to persuade the Sibyl to guide him to the Underworld. If we believe our commentator, Aeneas speaks with all the sophistication and skill of a master rhetorician or pleader, for he presents in quick succession arguments *ab opportunitate, a loco, a merito, a debito, a contrario,* and *a minori*. For our commentator's explanations we find no parallels in Servius' notes on this passage. Elsewhere Servius shows thorough familiarity with types of argument. Nor is Tiberius Claudius Donatus, who might readily be suspected because of his focus on rhetorical matters, our commentator's source here.[40]

A rhetorical point is made in just one other place. Vergil's question at line 601 is seen as an example of *occupatio*, anticipation of an objection. Vergil, presumably, knew that he would be criticized if he did not include the Lapiths, Ixion, and Pirithous in his description of Tartarus, and so he mentions them in a rhetorical question and briefly describes their punishments.

Also embraced by the *historialis lectio* are a number of notes that treat antiquarian points. Notes of this sort occur here and there in the commentary, but do not abound. Several may add information about ancient life not found elsewhere. They are therefore valuable if they rest upon reliable sources. At line 22, though his explanation does not aptly elucidate his *lemma* ("ductis sortibus"), our commentator declares that the ancients placed black and white pebbles in a jar. If more white pebbles came out (when the urn was shaken?), the omen was good. If more black pebbles leaped out, the omen was bad. At line 231, he identifies the last words spoken to the dead as "vae" (said thrice)[41] and "cum natura destituet nos, sequemur te" (cf. *exsequiae*). At line 216, he explains that around a funeral pyre the mourners were so arranged that the men held first place. After them were

[40]The commentary on *Aeneid* 5 is slightly more rhetorical. Types of argument are mentioned in notes on lines 51, 55, 623, 630, 636, 640, and 781. These notes, too, are independent of Servius and not matched in Tiberius Claudius Donatus. We must conclude that his rhetorical explanations are our commentator's own contribution or that he takes them from a source which we are presently unable to identify. A copy of the long lost interpretation by Donatus of lines 1-157 of *Aeneid* 6 has now been identified in *Codex Vaticanus Latinus* 8222, ff. 2r-9v, by Peter K. Marshall. See "Tiberius Claudius Donatus on Vergil *Aen.* 6. 1-157" in *Manuscripta* 37, 1 (March, 1993) 3-20.

[41]The Harley MS has "vae"; the Ambrosian reads "vale."

led in the *praeficae*, women who began the chant over the dead and recounted their deeds. Servius (*ad loc.*) does not rank the mourners, but merely speaks of a surrounding *corona* of people. Unfortunately, the more specific information our commentator appears to provide is made suspect by the fact that he attributes his explanation to Servius! Elsewhere our commentator undercuts his own authority and credibility by inventing for the occasion explanations that cannot be correct statements of ancient practice. So one couch of the *triclinium* is said (*ad Aen.* 6.604) to have been occupied "ad morem Romanorum" by the master of the house, the second by his wife, sons, daughters, and grandchildren, and the third by slaves and guests! At line 177, he alleges that at funerals candles were lit around the dead man and these candles hung down on ropes (*funibus*); hence the word *funus*. This would seem to be a misunderstanding of the ancient custom as described by Isidore (*Etym.* 11.2.34). Some notes deal with trivial matters. Servius states (*ad Aen.* 6.552) that adamant can only be broken with the help of a goat's blood. Our commentator expands by declaring that adamant may be broken only if previously softened by the blood of a goat *or* that of a menstruating woman.

Not unexpectedly, most of the comments that are historical in the usual modern sense relate to the famous passage in *Aeneid* 6 in which father Anchises passes in review before the eyes of Aeneas the shades of famous Romans to be born in the distant future (lines 752-892, the "parade of heroes"). Here the obvious, almost sole, source is Servius. The present commentary, however, is not as prolix as the earlier commentator and in what it offers, some differences may be noted. Some notes suggest that to our expositor (or to his readers) Roman history is something remote and foreign and therefore explanations are required of points that Servius did not feel a need to explain. For example, when Vergil declares (line 819) that Brutus will first receive the "awful axes" of the consul, our commentator explains that axes were borne before a Roman consul for the purpose of the execution of the condemned. Of course, a puerile audience would also require the same sort of exposition of elemental matters. One note may reflect the *Zeitgeist* of the commentator. At *Aeneid* 6.792, Vergil marks Augustus as "divi genus." Our commentator remarks that "all emperors and kings in the canons and laws are accustomed to be called divine." At line 777, he meets the problem of how Romulus and Remus could be said to be founders of Rome although much earlier Evander had made a settlement on the Palatine hill. He decides that Romulus and Remus had actually restored the Evandrian foundation. Servius does not touch this problem. At line 830 he adds the notion that Julia may have been the adopted daughter of Julius Caesar. At line 788, he observes, as Servius does not, that in the "parade of heroes" Augustus is mentioned next after Romulus. The observation is valuable: by juxtaposing the two figures Vergil apparently intended to suggest that Augustus was the second founder of Rome. Unfortunately, our commentator perverts the poet's intention. Vergil, he supposes, presents Augustus immediately because the whole purpose of his enumeration is to demonstrate that he knows from what origin the emperor has sprung and by this demonstration to capture Augustus' good will. The reference to *lemures* (*ad Aen.* 6.779), images of Remus that haunted the Roman people after his murder, is not Servian and probably derives ultimately from some ancient source (cf. Ovid, *Fasti* 5.445-492).

Some notes convey incorrect information. In several instances, we detect or suspect corruption in transmission or a faulty source. Thus, at *Aeneid* 6.811, Vergil notes that Numa Pompilius derived from the small town of Cures. Our commentator glosses "parvis Curibus" with "illis scilicet philosophis." We suspect that the last word has degenerated in copying from "Pompiliis."[42] At line 824, one of the Drusi to whom Vergil refers is said by our commentator to be the son of Julia, the sister of Augustus. This same error is to be found in certain manuscripts of Servius.[43] In one place (*Aen.* 6.843) Servius misinterprets Vergil. Our commentator also misinterprets, but has his own different misinterpretation. Vergil speaks of twin *Scipiadae* and identifies them unmistakably by calling them the *clades Libyae*. Servius supposes that Vergil has in mind the two brothers who fell in Spain in 211 BC. Our commentator incorrectly imagines that there were once two Scipios – grandfather and grandson – each of whom conquered the Assyrians (*sic*); these were Vergil's Scipiadae.[44] His note would be correct if it read "Africanos" rather than "Assyrios" and perhaps "Africanos" stood in the original copy.

One note of our text relates to the legendary biography of the poet Vergil. The *Vita Vergiliana* attributed to Aelius Donatus and probably deriving ultimately from Suetonius neatly arranges the passing of the poetic mantle at Rome by stating that the poet Lucretius died on the very day that Vergil assumed the toga of manhood.[45] The same life reports the

[42]See the apparatus criticus of Thilo and Hagen for Servius' note on *Aen.* 6.808.

[43]Again, see the apparatus criticus of Thilo and Hagen *ad loc.*

[44]On the identification of the "Scipiadae," see the long discussion in Norden's edition, pp. 333-334.

[45]This life is edited by Colin Hardie in *Vitae Vergilianae Antiquae* (Oxford, 1966).

story that Vergil's mother, Magia, being pregnant with Vergil, dreamed that she gave birth to a laurel branch which on contact with the earth grew into a mature tree filled with varying fruits and flowers. In our commentary (*ad Aen.* 6.137), Lucretius has become Magia's brother and the interpreter of her dream. Here Magia dreams that she has given birth to a branch (*virga*) which can touch the sky. Lucretius interprets this to mean that her future son will be filled with wisdom equally wondrous ("eque mira sapientia"). This comment, though drastically different from Donatus, is yet not particularly original. It seems to be a variation of accounts found in three late Vergilian lives – the so-called *Vita Noricensis* (ninth century), *Vita Gudiana I* (ninth century), and *Vita Monacensis* (tenth century).[46]

Finally, the comments relating to the necromantic descent may also be located under the umbrella of the *historialis lectio*. We should recall that the Silvestris *commentum* declares (p. 30) that *Aeneid* 6 describes the necromantic descent at the literal level, the level of *historia* (the overt narrative). Our commentator nowhere explicitly identifies the literal narrative with a necromantic account, but he probably accepts this notion. In any case, necromantic explanation is, in one place (*ad Aen.* 6.261), differentiated from the allegorical in the same note and in another place (*ad Aen.* 6.244) after such explanation is offered, he adds, "Hic nulla est allegoria."

The belief that *Aeneid* 6 is a record of a ritualistic consultation of the dead takes its initial impetus from Servius. Servius is convinced that in this book Vergil imitates Homer closely. In *Odyssey* 11, Odysseus goes to the stream of Ocean and calls up the shade of Tiresias and others by sacrificing sheep and letting their blood pour into a trench. Similarly, says Servius (*ad Aen.* 6.149), Aeneas in the vicinity of Baiae accomplishes an *evocatio umbrae*, "a calling up of a shade," presumably the shade of his father. Necromancy, meaning the raising of a dead body, requires a blood sacrifice, but sciomancy, the summoning of a shade, only requires that there be a death. The Trojan Misenus has just been killed on the waves. Therefore, Aeneas does not have to slay someone else in order to have the consultation he seeks.[47]

[46]These lives are edited by J. Brummer and printed after the *Interpretationes Vergilianae* of Tiberius Claudius Donatus, ed. H. Georgii (Stuttgart: B.G. Teubner, 1969, reprint). Brummer's *Vitae* first appeared in 1912.

[47]Necromantic or sciomantic interpretation of *Aeneid* 6 may seem fantastic to the modern reader, but it cannot be laughed away. In one place (line 260) Vergil invites this interpretation. As they approach the entrance to the underworld, the Sibyl bids Aeneas draw his sword from its sheath. This detail suggests the passage in *Odyssey* 11 where

In the Silvestris commentary the distinction between sciomancy and necromancy has been forgotten. Aeneas is said to undertake a necromantic descent and this is defined (p. 30) as occurring "when a necromancer by means of necromantic craft through some execrable sacrifice seeks conversation with demons and consults them about his future life." The execrable sacrifice that Aeneas is said to perform is that of his trumpeter Misenus. Since, in his view, the necromantic descent is represented by the literal account, Silvestris does not describe it. For the passage in which Vergil recounts Aeneas' sacrifice (of animals) to the gods of the underworld (lines 236-267), he offers just one summarizing note (p. 68):

> Simplex tractus nigromantici descensus in hoc loco notandus est. Iuxta historiam ut supradictum est Eneas nigromantiam exercuit. Qualiter autem exercuerit hoc loco monstratur et etiam locus optimus et qualitas victimarum necnon etiam tempus ad hoc idoneum ostenditur.[48]

Our commentator, on the other hand, fully glosses this passage - some of his notes being of the Servian type, some being "necromantic," and some being allegorical.

If Silvestris leaves the modern reader incredulous, he may also leave him or her curious. Our commentator satisfies some of that curiosity. He offers no detailed account of necromantic consultation, but here and there he responds to a word or expression of Vergil which he takes to suggest some aspect of the process. Thus, Vergil includes much praise of Misenus (lines 162-174), indicating thereby that the trumpeter is a superior person.

Odysseus draws his sword to keep irrelevant ghosts from drinking the blood of the slain sheep. See Gordon Williams, *Technique and Ideas in the Aeneid* (New Haven: Yale University Press, 1983), p. 50. It is also likely that the vicinity of Cumae (including Baiae and Avernus) was in antiquity an actual center for necromantic consultation. See Servius *ad Aen.* 6.107 and Georg Luck, *Arcana Mundi* (Baltimore: Johns Hopkins University Press, 1985), p. 209. R.D. Williams (*The Aeneid of Vergil* [London: Macmillan, 1972]) has this comment on 6.156: "In a sense he [Misenus] represents a sacrifice for the success of the mission."

[48]The Sibyl lays three discrete commands on Aeneas (6.124-155): (1) obtain the golden bough, (2) bury Misenus, and (3) perform the sacrifice of animals to the chthonic deities. Silvestris alleges quite explicitly (p. 30) that Aeneas sacrifices Misenus to these deities for necromantic purposes. His note on lines 236-267 indicates that he has confused and blended into one the last two commands of the Sibyl. To him the burial of Misenus (*Aen.* 6.212-235) and the sacrifice of animals, though in Vergil's account these events occur in different locations, are part of a single necromantic ritual. Our commentator follows Silvestris in this error. Our commentator also connects the obtaining of the golden bough, at one level of meaning, with necromancy (see below and *ad Aen.* 6.136-137).

The demons of the underworld, declares our commentator (*ad Aen.* 6 *praef.*; 6.149), demand the blood of a better individual. Aeneas does in truth slay his trumpeter in order to enjoy converse with these demons, but Vergil, out of respect for Augustus, does not say this openly (*ad Aen.* 6.149). That Aeneas seeks the golden bough as offering to Proserpina is proof that he has made a human sacrifice (*ad Aen.* 6.136-137). This bough would be found on a special tree once dedicated to Proserpina in a temple at Aricia by Orestes and Iphigenia. Here, a new priest attained his position by slaying his predecessor and then offering a branch from the tree to the queen of the underworld. Some Trojan attendants carefully collect the blood flowing from the slit throats of the sheep Aeneas sacrifices because the blood is the seat of the soul and the spirits of the underworld especially rejoice to receive it (*ad Aen.* 6.249). Aeneas offers his sacrifice at a cave beside Lake Avernus because necromancers seek a dark and solitary place in order not to be seen by anyone (*ad Aen.* 6.237). A priestly attendant is said by Vergil to tilt (*invergere*), rather than to pour (*fundere*), the wine over the heads of the victims because in sacrifices to demons the vessel is inclined from right to left and thus tilted, discharges its liquid (*ad Aen.* 6.244).[49] The Sibyl tells Aeneas at the entrance to the underworld that he will need courage because many, when they speak to demons, lose their senses (*ad Aen.* 6.261). Aeneas is said to sacrifice on "nocturnal altars" because necromantic ritual begins at midnight or at eventide and continues for the whole night (*ad Aen.* 6.252). Finally, in the underworld the Sibyl at one point hurries Aeneas along because a single sacrifice permits conversation with evil spirits for just one day (night); if more time is desired, the sacrifice must be repeated (*ad Aen.* 6.539). At *Aeneid* 6.126, the commentator warns that conversation with demons through sacrifice is an easy habit to form, but a difficult habit to break.

Our expositor apparently has before him Servius as well as Silvestris. In any case, he knows the difference between necromancy and sciomancy and defines the two practices in a rather long note on *Aeneid* 6.106. Into a mass of comment which argues repeatedly that Aeneas sacrifices Misenus in order to have conversation with demons (cf. *ad Aen.* 6.126; 6.149; 6.261), he momentarily inserts, somewhat awkwardly, the notion of a "sciomantic descent." In lines 106-123, Aeneas begs the Sibyl to help him gain audience with the spirit (*anima*) of his father in Orcus. Strictly speaking, contends our commentator, this passage represents *sciomantia*,

[49]Servius (*ad loc.*) notes this same point of ritual though he says simply that it is observed "in infernis locis." There is no reference to a sacrifice to demons.

not *necromantia*. It is as if he wishes to amalgamate two opposed ideas that cannot be amalgamated or as if he, faced with contradictory sources, refuses to choose between them.

2. *Fabulosa Lectio*

The *fabulosa lectio* involves much less diversity than the historical. It embraces those notes which identify mythical figures mentioned in Vergil's text or which offer elaborated comment about them (a recounting of their myths or an elucidation of these or both) or discussions of "fabulous" details or simple references to the fabulous context of *Aeneid* 6 (as, for example, the comments on lines 415, 438, 638). Most of the elucidations are, by ancient or medieval standards, allegorical in nature; therefore, the *fabulosa lectio* is not neatly separable from the *philosophica lectio* as our exegete calls it. Nevertheless, it should be noted that in only three places does the commentator employ the term allegory in regard to fable. He declares at line 288 that Fulgentius expounds the tale of Bellerophon "allegorice" and then proceeds to use Fulgentius' ideas. The mutilation of Deiphobus is said to have an allegorical sense (*ad Aen.* 6.494); on the other hand, he declares, no allegorical statements ("nihil allegorice") are to be offered about the Greek and Trojan warriors named by Vergil as having died for their countries (*ad Aen.* 6.479-493). Just as intimately the *fabulosa lectio* and the *historialis lectio* are bound together since, generally, the notes of the former are, at the same time, comments on the literal ("historical") story of the book, understood as a fabulous relation. One comment explicitly calls attention by the term *fabulosum* to Vergil's poetic invention within the literal narrative. When the shades of dead Greek warriors see Aeneas in the Underworld, they turn and flee ("pars vertere terga"). This, says our commentator (*ad Aen.* 6.491) is "fabulosum" – Vergil's poetic figment or his recreation of legend – and is a detail added for the purpose of praising Aeneas.

The schematic representation of the *lectio fabulosa* on pp. 25-26 will reveal at a glance how largely this form of interpretation bulks, how important it is in the total exegesis – and this *schema* is not exhaustive. Brief discussions of specific points of myth, such as the question of who is permitted to cross the Styx (*ad Aen.* 6.325) or the method of judgement among the *inferi* (*ad Aen.* 6.431, 432) or the matter of the existence of "happy groves" in the Inferno (*ad Aen.* 6.638-639), are not comprehended by it. Also omitted are fabulous geographic explanations (e.g., "Acheron" at *Aeneid* 6.107) and brief etymological references to figures who appear more prominently in the *lectio fabulosa* elsewhere (e.g., "Theseus" at *Aeneid* 6.122, "Alcides" at line 123, and "Rodomantus" at line 566).

The headings of the *schema* require some explanation. The names of mythical figures are not presented alphabetically, but in the order in which they appear in *Aeneid* 6. Later references to a listed figure are given with the first reference, "Place" referring to pertinent lines of book six. An account ("Acct") is indicated only if the commentator has retold the story rather fully. A brief statement about a myth, which simply serves as a lead for an interpretation, is not considered an account nor is a brief identification of a mythical individual.

Ancient interpretations are identified as such mainly by their association with ancient commentators (Servius or Macrobius). These interpretations are of three kinds.[50] Some are euhemeristic; that is, they rationalize a mythical story on an historical basis. Thus, the Minotaur was really the son of Taurus, the court secretary, and Pasiphae, but was thought to be a son of Minos; hence the double name (*ad Aen.* 6.14). The Hydra was actually a swamp in Greece which Hercules eventually dried up by means of a huge fire (*ad Aen.* 6.287). Triple-bodied Geryon was in fact a king who ruled over three islands (*ad Aen.* 6.289). Some are physical; that is, they identify mythical beings with physical phenomena. Cybele, the Great Mother of the gods, is said to represent poetically the earth (*ad Aen.* 6.67). Cerberus, the hound of Hades, may be rationalized as earth the devourer of all flesh (*ad Aen.* 6.391). Finally, some are moralizing; that is, they draw moral lessons from mythical stories though the stories are not ostensibly moralistic. Sisyphus, who in Tartarus vainly rolls a stone uphill, represents the man who persists in evil attempts (*ad Aen.* 6.616). Ixion, who turns forever on a wheel, is to be seen as the improvident and undeliberative man who is tossed about always by alternations of fortune (*ad Aen.* 6.616). Phlegyas, over whom a huge rock hangs by a very fine thread, ever threatening to fall, suggests the powerful ruler who must always fear his subjects (*ad Aen.* 6.602).

For purposes of this analysis, all interpretations which cannot be shown by their sources to be ancient are classified as medieval. Most of the comment so classified can easily be associated with the medieval tradition of Vergilian exegesis as represented by Fulgentius, Bernardus Silvestris, or the

[50]A handy discussion of these as applied to the *Aeneid* will be found in J.W. Jones, Jr., "The Allegorical Traditions of the *Aeneid*," in *Vergil at 2,000*, ed. John D. Bernard, (New York: AMS Press, 1986), pp. 108-117.

Third Vatican Mythographer. These interpretations, for the most part, generalize Vergil's narrative; that is, they relate Vergil's words to the general human condition. Most of them have an ethical or moral focus. Thus, Misenus, Aeneas' companion who challenged the seagod Triton to a musical contest and was slain for his arrogance, is said (*ad Aen.* 6.149) to represent vain boasting which must be buried before a person may descend to a proper contemplation of the Creator. The three Eumenides are said (*ad Aen.* 6.280) to stand for the three aspects of sin – Allecto being meditation of evil, Tisiphone, the expression of evil thought with the voice, and Megaera, the accomplishment of the evil deed.

Six notes which have been located under this heading (namely, the first interpretation of the story of Orpheus and Eurydice at line 119, the account of Orpheus' lineage at line 645, the interpretation of the story of the rape of Proserpina by Theseus and Perithous at line 393, and the explanations of Briareus at line 287, the Hydra at line 576, and Minos, Rhadamanthus, and Aeacus at line 432) have no recognizable source; some may be the work of our exegete. In our judgement, these notes deserve to be designated as medieval since, in substance and thrust, they resemble interpretations found in Fulgentius and Silvestris. To one of them, however, this statement does not apply. Rhadamanthus, Minos, and Aeacus are said to be judges among the *inferi* because these three men had been judges on earth (*ad Aen.* 6.432). This is a euhemerism or rather a notation of the actual historical germ from which the myth arose, since Minos was probably a dynastic name at Cnossos on Crete.[51] Some might argue that safe practice requires the creation of a further category of "other interpretations" for these six notes.

The "allegorical" identification of Misenus as well as of the three Eumenides depends upon the fanciful analysis of their names. Etymology is so frequent a tool, especially in the medieval interpretations, that a separate heading is devoted to it in the *schema*.

With respect to the origin of fabulous comment, we may speak with certitude when our commentator himself offers a name. He does this in four instances. He tells us that Fulgentius is the source of his medieval interpretation of the story of the Chimaera and Bellerophon (*ad Aen.* 6.288), that Servius is the source of his comment on Geryon (*ad Aen.* 6.289) and that Macrobius is the source of his rationalizations of the punishments of Phlegyas (*ad Aen.* 6.602) and Sisyphus (*ad Aen.* 6.616). The relevant Servian

[51]The First Vatican Mythographer reports (172) that Minos was first an earthly king noted for his mildness. He says nothing about Aeacus and Rhadamanthus.

note on Geryon is at *Aeneid* 7.662. Macrobius, interestingly, interprets infernal punishments, but gives no names (*In Somn. Scip.* 1.10.14-15). In a few places, though he provides no name, our commentator follows so closely the wording of an earlier source that the origin of his comment is patent. Thus, we may confidently allege that Silvestris is the source for his medieval interpretations of the stories of the Judgement of Paris (*ad Aen.* 6.64), Orpheus and Eurydice (*ad Aen.* 6.119), and Castor and Pollux (*ad Aen.* 6.121). It should be added that neither in these notes nor in others does our commentator present to us an exact and complete copy. He omits some points. Frequently also he adds details, which may be his own fabrications or the work of yet another source.

Most often a source is recognized from the substance, rather than the wording, of a comment. Our commentator seems commonly to recast in his own words the interpretation of an earlier authority or he uses some intermediary who has already done this. This is always true with respect to Servius. One feels that at times the language of Servius has been given a medieval and perhaps contemporary cast. Thus, Servius (*ad Aen.* 6.14) identifies Taurus, the real father of the Minotaur, as a "notarius." Our commentator calls the same individual an "apocrifarius" and "canzelarius." Servius, explaining the punishment of Tityos (*ad Aen.* 6.595) uses the classical term *libido* for sexual lust; our commentator has the more common medieval word *luxuria*. Sometimes, our commentator's interpretation seems to blend material from a number of sources. For example, his discussion of the Eumenides is indebted, it appears, to Silvestris, the Third Vatican Mythographer, and the *Mythologies* of Fulgentius. His explanation of the Gorgons and Perseus (*ad Aen.* 6.289) seems to draw upon Servius, Fulgentius, and the Third Vatican Mythographer.

In a few instances in the *schema* a source is suggested even though it can be nothing more than the germ from which our commentator proceeds. For his interpretation of Inuus (Faunus), for instance, he owes to Servius only the etymology "ab ineundo" (*ad Aen.* 6.775) and for his discussion of the "doorway to Pluto" at line 127 he owes to Silvestris (*ad Aen.* 6.138) only the equating of Pluto with *terra*.

In two places, where the *schema* lists multiple sources, one of these is assumed to be the original and the other the immediate. Our commentator's discussion of the fate of Misenus (*ad Aen.* 6.149) is thought to derive ultimately from Fulgentius and immediately from Silvestris. His exposition of the tale of Salmoneus (*ad Aen.* 6.585) depends in the first instance on Fulgentius, but more immediately on the Second Vatican Mythographer.

A Schematic Presentation of the *Lectio Fabulosa*

Name or Names	*Place*	*Acct*	*Anc. Intp*	*Med. Intp*	*Etym*	*Possible Source(s)*
Daedalus & Minotaur	14	x	x		x	Servius
Venus & Daughters of the Sun	14	x		x	x	Fulg*Mit.*
Theseus & Minotaur	20	x				Serv/Ciones deMagnali
Achilles & Polyxena	57	x				Silvestris
Achilles' Heel	57			x	x	Fulg*Mit*/VatMyth3
Judgement of Paris	63			x		Silvestris
Minerva	67			x		Silvestris
Cybele	67			x	x	Silvestris
	784		x		x	Servius
Sibylline Books	71	x				Servius(?)
Orpheus & Euridice[1]	119	x		x	x	
Orpheus & Euridice[2]	119	x		x	x	Silvestris
Orpheus' Lineage	645			x		
Castor & Pollux	121	x		x		Silvestris
Pluto	127			x		Silvestris(?)
Orestes, Iphigenia & Aricia	136	x				Servius
Misenus	149	x		x	x	Fulg*ContVerg*/Silv
Three Eumenides	250	x		x		Silv/VatMyth3/Fulg*Mit*
	280			x		" " "
	555			x		" " "
Ixion & Centaurs	286	x		x	x	Fulg*Mit*(?)/VatMyth3(?)
Scylla	286	x		x	x	Fulg*Mit*
Briareus	287			x		
Hydra	287		x	x		Servius/VatMyth3
	576			x		
Chimaera & Bellerophon	288	x	x	x	x	Serv/Fulg*Mit*/Silv/ VatMyth3
Gorgons & Perseus	289	x	x	x	x	Serv/Fulg*Mit*/VatMyth3
Harpies	289			x	x	Fulg*Mit*/VatMyth3/Silv
Geryon	289		x			Servius
Charon	298			x	x	Silvestris

Name or Names	*Place*	*Acct*	*Anc. Intp*	*Med. Intp*	*Etym*	*Possible Source(s)*
Sibyl & Apollo	321	x		x		Servius
Hercules (Alcides) & Cerberus	391	x	x	x	x	Serv/VatMyth2/Silv
Theseus, Perithous, Proserpina	393			x	x	
Aesculapius	398	x				
Minos, Rhadamanthus, Aeacus	432			x		
Phedra & Hippolytus	445	x				
Procris	445	x				
Eriphyle	445	x				
Evagne (Evadne)	447					
Laodamia	447	x				
Pasiphae	447					
Caeneus	448	x				VatMyth3
Tydeus	479					
Adrastus	480		x			Servius
Parthenopaeus	480					
Antenoridae	484					
Polyboetes	484					
Idaeus	485					
Deiphobus/Menelaus	494	x	x	x		Fulg*ContVerg*/Silv
Eolides (Ulysses)	529	x				Servius
Titans	580	x				
Aloidae	582	x				
Salmoneus	585	x		x		Fulg*ContVerg*/VatMyth2
Tityos	595		x	x	x	Servius/VatMyth3
Phlegyas	602 618	x	x			Macrob*InSomnScip*
Tantalus	603		x			Servius/VatMyth3
Sisyphus	616		x			Macrob*InSomnScip*
Ixion and Wheel	616		x			Macrob*InSomnScip*
Musaeus	667					
Faunus (Inuus)	775		x		x	Servius(?)

The notes which make up the *fabulosa lectio* vary greatly in length, but the reader quickly realizes from a cursory perusal of the text that the great majority of the long notes to be found in the commentary represent this line of comment. This is due primarily to the fact that the commentator is inclined both to retell myths and to offer lengthy interpretations of them, though for one long passage of *Aeneid* 6 – lines 432 to 585 – interpretations are generally lacking as the *schema* shows. The comments relating to Daedalus and the Minotaur (*ad Aen.* 6.14) and to Bellerophon and the Chimaera (*ad Aen.* 6.288) occupy somewhat more than a full page of text and the comment relating to Orpheus and Euridice (*ad Aen.* 6.119) is a disquisition extending almost to two pages. Some notes present ancient interpretations; some medieval (see *schema*). In a few places both ancient and medieval expositions are presented in the same note, so that the *fabulosa lectio* is a good example of the way ancient and medieval materials are juxtaposed or joined in the *commentum*.

Our commentator assumes that ancient myths are allegorical coverings for detectable truths and further, that Vergil himself subscribes to this view. Thus, when the poet writes "ut fama est" after mentioning the name Daedalus, he hints that "something other than a story lies hidden" ("notat aliud quam fabulam latere," *ad Aen.* 6.14). Our commentator explicitly labels and differentiates fabulous accounts and statements of underlying truth. For mythical stories indicative words or formulae are: *quantum ad fabulam, legitur, legitur in fabulis, fabula sic dicitur, ad fabulam respicit, habetur in fabulis, nota est fabula, fabulosum* or *fabulosa*, and *hoc dicitur per fabulas*. For expositions of the "truth," common introductions are: *ad veritatem fabule transeamus, exponitur hec fabula, veritas huius fabule talis est, huius fabule veritas est, quod sic intelligitur, hoc ita exponitur,* and *per hunc notatur*.

Generally speaking, the notes of the *fabulosa lectio* read smoothly and are readily comprehensible, being written in an easy, lucid Latin. This may be largely due to the fact that so much of this material is derivative. A few notes are exceptions to the rule. Sometimes a development is not logically consistent throughout. Thus, into the middle of the description of Tityos as a *luxuriosus* (*ad Aen.* 6.595) our commentator ineptly and incongruously inserts an explanation of Latona as representing the sublunar region in which man seeks wisdom. One note seems somewhat cryptic because needed explanation is omitted. At the end of his long version of the story of Aesculapius at line 398, our commentator declares that Aesculapius was slain by Jupiter and so Jupiter may be understood as the "juvans pater." He does not indicate anywhere in his comment that Jupiter here is being "helpful" to Pluto, who has complained that Aesculapius has been depriving him of new subjects.

Some notes attest to the defective knowledge or the limited interpretive skill of our commentator. At line 106, Palinestor is said to be the dead companion of Ulysses rather than Elpenor as Servius accurately records (*ad loc.*). The monsters infesting the entrance to Orcus (*Aen.* 6.285-289) are incorrectly declared (*ad Aen.* 6.285) to cling, like the empty dreams, to the leaves of the elm tree which the poet has described in the immediately preceding lines (*Aen.* 6.282-284). At line 251, Aeneas is said to offer a sterile calf to Proserpina. Vergil specifically names the recipient goddess; yet our commentator glosses "sterilem vaccam" as follows: "Merito mactat sterilem vaccam Minerve ut inferorum regine ubi nulla est procreacio." This mistake is almost unthinkable given the circumstances and we are compelled to suggest if not to assume that the word order of the original text may have become lost in transmission. The original note may have said: "Merito mactat sterilem vaccam inferorum regine, ubi nulla est procreacio, ut Minerve." An apparent unwarranted extension of the meaning of Vergil's "durus amor" (*Aen.* 6.442) leads our commentator to declare that the Mourning Fields enclose not only those who have died for erotic love, but those who have died for love of gold or silver (*ad Aen.* 6.445). In his defense, it must be observed that at this point he is identifying Eriphyle, who betrayed her husband out of "love" for a necklace and elsewhere Servius, in a note which mentions Eriphyle (*ad Aen.* 4.412), endorses the broadest definition of "amor."

The interest of the *fabulosa lectio* for Vergilian scholars or for students of ancient or medieval culture – its value and importance – will be directly proportional to the amount and quality of the new or different material it contains. We conclude our discussion of this line of interpretation with a look at this material. Our study of the *fabulosa lectio* warrants the general statement that while most of it is traditional or derivative, a significant amount of comment is to be found in no published *commentum* on the *Aeneid* or has not been traceable by us to any other ancient or medieval source. Our procedure will be first to look at certain of our commentator's accounts of myth or fable and secondly to consider certain of his interpretations.

Here and there his accounts or versions of myth exhibit noticeable variations from the familiar. According to him, Phlegyas, after the god Apollo raped his daughter Coronis, not only burned up the god's temple (so other accounts), but also robbed or killed persons coming to the temple before he burned it (*ad Aen.* 6.602) and eventually killed his own daughter (*ad Aen.* 6.618). Laodamia died in the arms of the wax image which she possessed of Protesilaus (*ad Aen.* 6.447) rather than in the embrace of his shade as Servius declares. Salmoneus, king of Elis, is said to have imitated the lightning of Zeus by burning up grain fields (*ad Aen.* 6.585). Apollo granted to the Erythraean[52] Sibyl not only long life, but also knowledge of the prophetic art (*ad Aen.* 6.321). The Sibyl sold her books to a reluctant king Tullus Hostilius, or according to others, to Tarquinius Superbus (*ad Aen.* 6.71).[53] Those who object to Vergil's placing Perithous among famous "sinners" confined in Tartarus although Hercules is supposed to have rescued him should understand either that Hercules left behind the shade of Perithous in the Underworld or that one frequently finds contradictory accounts ("contrarietas") in fables (*ad Aen.* 6.601).[54] An ingenious explanation is offered of the way by which Theseus dispatched the Minotaur (*ad Aen.* 6.20). The hero is said to have used a ball of pitch and a club which Ariadne had given him. While the monster was chewing the pitch, Theseus killed him with the club.[55]

[52]Our commentator repeats the story found in Servius that the Sibyl of Erythrae gave up her home in that place on the promise of long life by Apollo and came to Cumae (*ad Aen.* 6.321). Interestingly, to Servius Erythrae, actually one of the twelve Ionian cities, is an island; to our commentator it is a forest. The story illustrates how the two Sibyls could be identified (or confused with one another) in antiquity. See H.W. Parke, *Sibyls and Sibylline Prophecy in Classical Antiquity* (London and New York: Routledge, 1988), pp. 78-79.

[53]It may be objected that the story of the Sibyl and her books belongs to the realm of legend, not fable. We place it in the *lectio fabulosa* because it is found in medieval compilations of myth, e.g., in the Second Vatican Mythographer.

[54]Earlier (*ad Aen.* 6. *praef.*) our commentator asserts that the descent of Theseus and Perithous to Orcus was *viciosus* and therefore they never returned. Most ancient accounts have Hercules rescuing Theseus, but not Perithous. In Hyginus (*Fab.* 79), he succeeds in retrieving both. The notion that the poets frequently varied fables is endorsed by Servius (*ad Aen.* 6.617).

[55]Our commentator's source for this explanation may be Ciones de Magnali. See Lord, "Commentary on *Aeneid* 6," pp. 158-159, note 31:

> Tunc miserunt pro Dedalo cui dixerunt: fac ordinaque quod iste possit evadere a Minotauro. qui ait: faciatis fieri pilas vel palloctas de cera pice et resina, et quando deveniet ad Minotaurum proiciat illas in os Minotauri que intractabuntur seu inviscabuntur inter dentes ita quod non poterit eas transgluctire nec extra mictere vel reicere.

The story of Aesculapius has been recast by our commentator (*ad Aen.* 6.398) as an entertaining medieval fairytale complete with death-dealing serpent and magical plant.[56] According to his new version, on a certain occasion Aesculapius was passing through a field when he saw a boy sitting on a basilisk which he had killed. Aesculapius was amazed since he knew that the basilisk was able to kill by its gaze alone, the gaze transmitting so much poison that the object of attention eventually succumbed. Having approached the boy, he saw that he was wearing a crown of flowers. When this crown was removed, the boy immediately fell dead. Aesculapius then took out the flowers from the crown one by one and placed them upon the dead youth. Finally, by means of one of these he revived him. For this kind deed he was killed by Jupiter so that the normal processes of nature would not be checked and so that Pluto would continue to be enriched.[57]

A number of interpretations seem to be altogether new inventions. To Silvestris (*ad Aen.* 6.287) the hundred-handed Briareus symbolizes a person's wicked nature which is a conflation of infinite vices. Our commentator declares that the giant represents monetary wealth which is properly placed among the *inferi* (i.e., on earth) because wealth is drawn from the viscera of the earth and consists of earthly substance. He is said to be hundred-handed because riches have many expressions ("multe sunt maneries diviciarum").

Before his interpretation of the story of Orpheus and Euridice which derives from Silvestris (see above, p. 24),[58] our exegete sets another

---

The ancient Vergilian exegetic tradition as represented by Servius has nothing to say about the manner of the slaying of the Minotaur. In Apollodorus (*Epit.* 1.9), Theseus smites with his fists and in Statius (*Thebaid* 12.668-671) he wrestles the monster. Greek vase painting usually represents the act as accomplished with a sword. See Frank Brommer, *Theseus: Die Taten des Griechischen Helden in der Antiken Kunst und Litteratur* (Darmstadt: Wissenschaftliche Buchgesellschaft, 1982), plates 27-31b. Plate 31b (of vase 1917.7.26.3 of the British Museum) represents the hero wielding a club.

[56]The germ of our commentator's account is perhaps to be found in ancient notions of the basilisk. See Isid., *Orig.* 12.4.6 and Plin., *Nat. Hist.* 8.33.78.

[57]This tale may derive in some fashion from the story of the reviving of Glaucus, son of Midas, by Polyeidus (Hyginus, *Fab.* 136 and Apollodorus, *Bibl.* 3.3). In some accounts, it is Aesculapius who revives Glaucus (so Hyginus, *Fab.* 49).

[58]In Silvestris Euridice represents *naturalis concupiscentia*. To our interpreter she is "anima vel naturalis concupiscencia." The apparent identification of soul with natural desire makes us think of William of Conches, whether or not our commentator was subject to this influence or capable of such deep thought. See Dronke, *Fabula* pp. 175-177.

(*ad Aen.* 6.119) which makes the two figures symbolize aspects of music, Orpheus standing for the modulation of the voice ("modulacio vocum") and Euridice for the relative quantitative value of notes ("proporcionalis vocum cognicio"). Later (*ad Aen.* 6.645), he also explains allegorically Orpheus' paternity. Orpheus is said to be the son of a river god because measured harmony was first discovered through *hydraulia*, perforated vessels which when set in a river and struck by the water, produced different consonances.

After an account of the punishment of Tityos which derives from ancient sources and which reasonably makes Tityos a symbol of lust since he sought to violate Latona, our commentator develops an alternative interpretation which perversely turns Tityos into a philosopher who searched with his mind the heavenly regions (which are, so to speak, the mother of Phoebus) and was smitten by Apollo's arrow, that is, with anxiety as to how he might comprehend Latona's course. The vultures which consume his liver in the inferno represent his excessive attention to his investigation – attention which rends his heart (*ad Aen.* 6.597-600).[59]

At line 287, our commentator presents the well known euhemerism for the myth of the Hydra (see above, p. 22). Later (*ad Aen.* 6.576), he adds a medieval alternative. That infinite heads sprout forth when one head of the Hydra has been cut off suggests human cupidity. Man has no sooner fulfilled one desire than countless others arise.

The interpretation of the myth of Ixion and the Centaurs (*ad Aen.* 6.286), though perhaps deriving some details from Fulgentius (*Mit.* 2.14) and the Third Vatican Mythographer (3.4.6), is in the main a new creation. In this story, says our commentator, Ixion symbolizes those men who court earthly honors (*dignitates*). Juno, whom he tries to rape, represents the active life upon which such men fling themselves. Jupiter impresses the form of Juno upon a cloud and Juno presents this cloud to Ixion. This means that individuals like Ixion think they perceive true happiness in public ambition though it is not there. The Centaurs – offspring of Ixion and the cloud – are part human and rational and part animal and irrational because the deeds of such men are praised by some, but by others not.

Several notes present, not new inventions, but substantial variations of earlier interpretations. Servius states (*ad Aen.* 6.775) that Faunus is

[59]The interpretation which Silvestris makes at *Aeneid* 6.595 (p. 110) is different from our commentator's, but might well have provided him with inspiration.

called Inuus because he has intercourse everywhere with animals. Our commentator explains that Faunus (Inuus) enters into the forests, moves about with men and according to some, has intercourse with women. To our commentator the Eumenides represent the three aspects of sin (see above, p. 23) as they do in Silvestris, the Third Vatican Mythographer, and Fulgentius. But this notion is fitted by him into a more elaborate comment (*ad Aen.* 6.250). The Eumenides, he asserts, are daughters of Nox and Pluto, or Dis – that is, "divicie," riches. The foolish man seeks to acquire these and through this accumulation ("copulacio") begets the Eumenides because in his attempt he will think, say, or do any evil thing. Vergil writes (*Aen.* 6.280) that the *thalami* of the Eumenides are of iron ("ferrei"). To our exegete (*ad loc.*) this means that whoever is subject to the evils represented by the Eumenides is inflexible and does not concern himself with virtue. Thesiphone, who guards the entrance to Tartarus, is, more specifically, presumptuous garrulity which always accompanies the arrogant (*ad Aen.* 6.555). At line 127, *ianua Ditis* is explained as death (*mors*) because by death we enter the earth (Pluto). Earlier (*ad Aen.* 6.106), our commentator, perhaps meaning to suggest a philosophical or theological meaning, had explained *ianua Ditis* as our earthly birth.

Some interpretations, though not substantially different, show notable new details. Scylla, the female monster with animal members or features, is explained by our commentator (*ad Aen.* 6.286) as a prostitute (*meretrix*). This rationalization probably derives from Fulgentius (see *schema*). Our commentator adds that Scylla is said to possess parts of various animals because insofar as she, a prostitute, is rapacious, she is a wolf. Insofar as she is garrulous, she is a dog and insofar as she is unclean, she is a pig. To the story of the love of Apollo for the Sibyl, a story he clearly derives from Servius (*ad Aen.* 6.321), our exegete appends a medieval moral. That the Sibyl is loved by Apollo means that reason (the Sibyl) is associated with wisdom (Apollo). The Sibyl lives so long because reason is without end just as is the soul in which it resides. Similarly, a distinctly medieval conclusion is provided for the interpretation of the story of the seizure of Cerberus by Hercules (*ad Aen.* 6.391). Hercules draws people to the way of the honorable life and through Cerberus we understand earthly vices. Hercules brings back Cerberus from the *inferi* when he withdraws his own desire and the desire of others from vices.[60]

[60]Our interpreter's long note is indebted to Servius, *ad Aen.* 6.395; the Second Vatican Mythographer 149, 150; and Silvestris, *ad Aen.* 6.392. The Servian note seems unusually medieval and may be the inspiration for the conclusion cited here.

Most of the new or different interpretation discussed here is, in our view, no better or no worse than the interpretation found in such authorities as Fulgentius and Bernardus Silvestris. It is, like the comment of these authorities, based on the assumption that the ancient fables as received admit or require special interpretation to restore a sensible meaning or to define their ethical value. The imagination of the interpreter is allowed to range freely over the ancient material, rationalizing it and seeking moral or religious truth. The interpretation made will be a measure of his perverse ingenuity. Some may wish to argue that this interpretation may be more or less far-fetched and that our commentator is often more far-fetched than others. But judgement here must be deemed subjective. In the final analysis, it is impossible to weigh, to the satisfaction of most, the quality of one allegorical interpretation against that of others.

3. *Philosophica Lectio*

The third reading (*lectio*) which our commentator perceives or makes is the philosophical (*philosophica*). The user of the commentary may quickly conclude that he regards this *lectio* as most important. Though the commentary is of mixed type, as was said at the beginning, it displays a prevailing philosophical, moral, and religious emphasis. In this regard it simply continues the attitude toward the sixth book of the *Aeneid* which the Middle Ages adopted. Pierre Courcelle, after surveying the reactions to Vergil's *nekyia* of writers from Seneca the philosopher to Fulgentius, once wrote:

> Du point de vue de la réflexion, il est curieux de remarquer comment Sénèque et Fulgence, qui encadrent le champ de notre investigation, se rejoignent par delà les siècles: c'est la préoccupation morale qui guide toute leur exégèse du livre VI. Ni l'un ni l'autre ne cherchent dans ce livre une représentation de l'outre-tombe. Le premier ne retient que l'attitude du héros aux prises avec l'épreuve de la descente aux Enfers: à ses yeux, Énée figure le Sage parfait, modèle d'ataraxie et de constance devant les coups de Fortune. Fulgence, lui, tire du livre VI une sorte de pédagogie chrétienne, selon laquelle le recours à la Grâce chasse le désir de vaine gloire; certaines précautions d'ordre moral permettent à l'étudiant de surmonter ses passions juvéniles: peur, amour, orgueil, et de parvenir tout ensemble à la science et à la sagesse. Telles seraient, à l'en croire, les leçons de Virgile. La révélation faite par Anchise ne l'intéresse que dans la mesure où elle couronne un programme d'enseignement.[61]

[61]"Les pères de l'église devant les enfers virgiliens," *AHDL* 22 (1955) 65-66.

If one looks in our commentary for a description of Vergil's infernal geography based on the literal narrative, he or she will look in vain though occasionally an "historical" detail may intrude (e.g., *ad Aen.* 6.201). On the other hand, moral or religious instruction is never far away.

The *lectio philosophica* coincides, by and large, with exposition of the virtuous descent, which our commentator labels variously as the descent of virtue (at line 122), the philosophic descent (at line 123),[62] the theological (at lines 106, 126, 127, and 149) and the theoric (at line 240).[63] Philosophically speaking, Aeneas accomplishes the virtuous descent. This occurs when a person contemplates temporal things, not to revel in them, but in order to recognize the Creator through his creations (*ad Aen.* 6 *praef.*, 106). According to our commentator, Aeneas is a type of wise man (*typus sapientis*), whose name may be expressed in Greek as *ennoyas*, that is, *totus in mente*.[64] He is the altogether cerebral person. He descends to find Anchises, who is God the Father, "the one father inhabiting lofty places" (*unus pater celsa*

[62]The term *descensus philosophicus* also occurs at line 106, where the natural descent may be in question.

[63]In Bernardus Silvestris (*ad Aen.* 6.42, p. 40) *theorica* and *practica* are the two major divisions of philosophy, and theology is one of the three divisions of *theorica*.

[64]To Silvestris (*ad Aen.* 1, p. 10) the name Aeneas suggests the Greek *ennos* (ἐνναίων?), which is *habitator* in Latin. To him Aeneas thus represents the human spirit which inhabits the body. At first reading, we might be inclined to think that we have to do here with two very different conceptions of the allegorized Aeneas — that of Silvestris presenting Everyman or the humble Christian pilgrim of the Middle Ages while that of our commentator suggests the thinking, assertive man of the Renaissance. Actually, if there is a difference, it is only one of degree, for our commentator only extends notions already found in Silvestris. Silvestris proclaims that the virtuous descent is only accomplished by the *sapiens* (p. 30). In his notes he repeatedly labels Aeneas the *rationalis spiritus* (pp. 19, 20, 30, 51, 85, 91, 93, 95, 96, 100, 101 and elsewhere) and on occasion makes him a *sapiens* (pp. 83, 96).

At the literal level our commentator does offer a notably more exalted Aeneas. At *Aeneid* 6.8., he observes that Vergil appropriately assigns servile duties to Aeneas' companions; to Aeneas, "as for a prince or philosopher," learning and study are proper. To our commentator the name Aeneas suggests apparently the Greek ἔννους. Cristoforo Landino in his *Camaldolese Disputations* (on *Aeneid* 2.591) makes yet another analysis. To him the name Aeneas suggests the Greek αἶνος, "praise," and the hero becomes the man "born for praise." See Thomas Herbert Stahel, SJ, *Cristoforo Landino's Allegorization of the Aeneid: Books III and IV of the Camaldolese Disputations*, Ph.D. dissertation, Johns Hopkins University, 1968, pp. 10, 66, and Craig Kallendorf, *In Praise of Aeneas: Virgil and Epideictic Rhetoric in the Early Italian Renaissance* (Hanover and London: University Press of New England, 1989), pp. 132-138.

inhabitans).[65] Before he does this, he must bury finally and completely erring vision, which is represented by Palinurus.[66] The guide for his journey is the Sibyl, or divine counsel (*divinum consilium*), which, as applied to human beings, is human reason (*humana ratio*).[67]

We have already noted how important and extensive allegory is in the *fabulosa lectio*. The *philosophica lectio* is even more heavily dependent on this mode of interpretation. Bernardus Silvestris and our commentator agree in declaring that two descents are represented in *Aeneid* 6, the necromantic and the virtuous. Silvestris explicitly asserts that book six on its surface or at the literal level represents the necromantic, while the virtuous descent is described allegorically ("per integumenti figuram").[68] Our commentator nowhere makes an explicit statement, but we may confidently allege that he accepts Silvestris' differentiation. As noted above (p. 18), several of his comments definitely show that he thinks Vergil presents the necromantic descent at the level of the overt story. Similarly, various notes describing the

[65]Medieval allegory is quite explicit in making Anchises *at the allegorical level* God the Father. Thus Fulgentius, *Cont. Verg.* (p. 102): "Denique ipsum nomen Anchisae considera; Anchises enim Grece quasi ano scenon, id est patrium habitans; unus Deus enim pater, rex omnium, solus habitans in excelsis, qui quidem scientiae dono monstrante conspicitur." Needless to say, to label the Anchises *of the literal account* God the Father would be blasphemous from a Christian point of view. Nowhere does the medieval tradition interpret Aeneas as Jesus the Son. Some, however, may suppose that partial identification of Aeneas with Christ is implied in one place by Fulgentius (*Cont. Verg.* p. 87). Fulgentius explains the first words of the *Aeneid*, "arma virumque," as referring to *virtus* and *sapientia*, respectively, the attributes of Jesus as the perfect man.

[66]It is ironic that Palinurus, by capricious, unscientific etymology, should be made to represent a negative quality. In the literal story, Vergil makes clear that Palinurus is guiltless (*insonti, Aen.* 5.841). The pilot does his utmost to steer the fleet on a safe course, but he is overpowered by the cruel god of sleep. He clings so firmly to the tiller that he takes part of it with him as he is flung into the sea. He is the one sacrificed for many as Vergil declares (5.815).

[67]These interpretations are all a part of the commentator's preface to his notes on *Aeneid* 6. The explanation of the Sibyl is derived, with slight change, from Bernardus Silvestris or Servius; those of Anchises and Palinurus are found in Fulgentius and Bernardus. All three interpretations depend on fanciful etymologies. Anchises is ἄνω σκηνῶν, or "the one dwelling above." Our commentator does not transcribe these Greek words, but his explanation implies them. The name Sibyl is a compound of Ζεύς (god) and βουλή (counsel or thought). Palinurus is a hybrid formed from the Latin *palans* (wandering) and Greek ὁρῶν (seeing). Actually, the commentator analyzes the name as *palon noros*.

[68]See Silvestris' preface to *Aeneid* 6 (p. 30).

virtuous descent identify the allegory by means of the term *allegorice* (e.g., the notes on lines 261, 268, and 539).[69]

This is perhaps a fitting place to discuss the mechanics or techniques of our exegete's application of allegory generally in his commentary. After that, we may proceed to deal with some of the principal motifs of his exposition of the virtuous descent. We may begin by recalling our commentator's pronouncement (*ad Aen.* 6 *praef.*) that in book six Vergil is not everywhere poet, everywhere narrator (*historiographus*), and everywhere philosopher. Sometimes he is three or two of these figures, but sometimes only one. This means, in effect, that the reader must not expect to find allegory – which is especially identified with the *philosophica lectio* – in all passages. On most pages literal and allegorical comments will alternate and mix (cf. notes on lines 303 to 316). The commentator, by the position that he assumes in this matter, relieves himself of the need to provide continuous allegorical interpretation. If a line or passage does not inspire him, he need not stretch his ingenuity unduly. He may simply say "hic nil allegorice" (as at lines 23, 467, and 479), or "hic nulla allegoria" (as at line 192), or "hic nulla est allegoria" (as at line 244), or "non est allegoricum" (as at line 485), or "hic nihil nisi historia" (as at line 1), or "ad historiam" (as at lines 1, 10, 44, and 114), or "simpliciter ad historiam" (as at line 494), or "ad litteram" (as at lines 201 and 391). By this procedure the commentator may also eliminate expressions that blatantly contradict his argument. Thus, "invalidus," referring to Anchises at line 114, must be read, says the commentator, only at the literal level since the adjective cannot appropriately be applied to God!

In the commentary on *Aeneid* 6 allegorical interpretations are denoted four times by the noun *allegoria* and fourteen times by the corresponding adverb *allegorice*. Typically, allegorical interpretations follow literal explanations. A few are added as alternative meanings and introduced by the conjunction "vel" (as on lines 1, 10, and 134). Negative expressions followed by *vel* or *nisi* signal allegory in three places – "hic nulla allegorice vel" at line 180, "hic nichil integumenti[70] nisi" at line 393, and "hic nihil allegorice nisi quod" at line 578. At line 240

[69]In one place (*ad Aen.* 6.399) the term *allegorice* is also applied to the descents of Hercules, Theseus, and Perithous, seen as examples of the vicious descent.

[70]*Integumentum* is the usual indicator of allegory in Bernardus Silvestris. The word occurs three times in the present commentary — in notes on lines 99, 100, and 393.

association of a *lemma* with the theoric descent serves to introduce allegorical notation. All this means that the greater part of the allegory in the comment on book six is not so labelled. Repeatedly, the commentator will gloss a Vergilian expression with an allegorical note, or on the same *lemma* he will glide from a historical-literal comment to an allegorical one, offering no verbal markers in either situation. It also means that no precise map of the allegorical comment is possible. In several places, the commentator does offer specific guidance. For lines 106-123 (Aeneas' plea to the Sibyl for help in obtaining an interview with his father in the Underworld), the commentator announces that he will first interpret these lines according to the necromantic descent and then he will reinterpret the same lines according to the philosophical (and allegorical) descent. At lines 264-267, the poet Vergil prays to the powers of the Underworld to permit him to tell what Aeneas saw there. Our commentator (*ad Aen.* 6.264) advises that because allegorically Aeneas in the following lines ("in sequentibus") is going to make mention of the progress of human life, we should read Vergil's text according to each meaning - the literal and the allegorical. The phrase "in sequentibus" is imprecise to say the least. Almost immediately there are allegorical references to birth and to the stages of *pueritia* and *juventus* in the notes on lines 273 and 274. The commentator may, however, intend to refer to all the rest of his interpretation of *Aeneid* 6. The way Aeneas takes through Orcus (*ad Aen.* 6.295) is compared to the course of human life as designated by the letter upsilon (of which more below).

Neither *allegoria* or *allegorice* occur after our commentator's note on line 539. Thus (though allegorical exposition is surely present), both the description of Elysium and Anchises' philosophico-historical disquisition are without explicit labelling. We are unable to account for this, but it may somehow reflect the fact that our commentator had no good allegorical model for the last part of his work. Recall that Bernardus Silvestris only reaches *Aeneid* 6.636. His continuator relied in the main on Servius, with some adaptation and some additions from Fulgentius and others.[71] As was stated above (p. 14), *translative*, serving to identify allegorical comment, appears in the note on line 896.[72]

[71]See Jones and Jones, *Commentary* pp. xiv, xvii-xviii.

[72]In Landino *transferre* means "to allegorize." See Stahel, *Landino's Allegorization* p. 174 and Don Cameron Allen, *Mysteriously Meant* (Baltimore: Johns Hopkins Press, 1970), p. 150.

We turn now to the substance of the allegory in our commentator's exposition. It is not possible or necessary to present this substance in detail here. However, what seem to be distinctive emphases or principal motifs in the account of the virtuous descent should be identified. First, our commentator roundly damns what he perceives as destructive human praise or empty glory. Opportunity for his attack is offered by the story of Misenus – a fabulous account (see above, p. 24) which is also and more importantly a part of the account of the virtuous descent. Recall that Misenus was Aeneas' trumpeter, who presumptuously challenged the sea god Triton to a musical contest and was in consequence drowned in the sea by that god. Aeneas must bury Misenus before proceeding to the Underworld. Allegorically, Misenus represents empty and destructive praise or glory (*laus obruens*). Triton represents contrition (*contritio carnis*), which mortifies vain glory.[73] The wise man (Aeneas) must mortify empty glory both in himself and in others before he can descend to a recognition of temporal things and the contemplation of the Creator (*ad Aen.* 6.149). These basic points were first established by Fulgentius; they were elaborated by Silvestris. Our commentator utilizes both of these earlier allegorizers, but he is more emphatic and insistent and his message is hammered home in notes on lines 149, 150, 151, 152, 162, 164, 165, 166, 172, 174, 179, 212, 233, and 236. The quest for vain glory, he believes, disturbs even saints and prophets. It was responsible for expelling the angels from the sky and the first man from paradise (*ad Aen.* 6.172). More than the trumpet, the lust for praise (*laudis cupiditas*) moves men to arms; and for the sake of glory found in praise (*gloria laudis*) they expend all their emotion in the fight (*ad Aen.* 164-165).[74]

Secondly, our commentator visually represents the course of human life and the path of Aeneas through the Underworld by the Greek letter upsilon (Y). Though he cannot be said to invent this comparison or to be the first to introduce it to Vergilian exegesis, he knows a form of the letter which enables him to further elaborate the allegory. According to

[73]In the case of the name of Misenus, allegory is reinforced by etymology. The name is analyzed (*ad Aen.* 6.149) as the equivalent of the Greek *miso* (μισέω) and *enos* (αἶνος). This etymology is found in Fulgentius (*Cont. Verg.* p. 96) and in Silvestris (*Com. super Aen.* p. 60). Our commentator offers no etymology of the name of the god, but his explanation assumes the etymology offered by Fulgentius (ibid.): "Triton ... quasi tetrimmenon quod nos Latine contritum dicimus."

[74]Does the commentator wish to complain about contemporary attitudes toward war and the martial arts?

Servius and Bernardus Silvestris (*ad Aen.* 6.136), Pythagoras called humanity a tree which divides itself into two principal branches. Like the tree which begins with an undivided trunk, humankind is morally undifferentiated until it reaches the years of discretion; then some follow a road (branch) to the left that leads to vices; others follow the road (branch) to the right that leads to virtue. Pythagoras saw the letter upsilon as a character having the form of this forked tree. The arms or branches of our commentator's upsilon are different from each other and morally suggestive (*ad Aen.* 6.143). The right arm is straight and long, bound closely to the stem and broad in its upper part. It represents the straight path and enduring life of virtue. The left arm is short and curving, broad next to the stem, but stretching up to a sharp point.[75] It represents the way of those who pursue earthly delight, which is brief and deviant and leads to a precipice. The letter upsilon also figures in notes on lines 203, 295, and 548. At line 295, the point at which Aeneas and the Sibyl enter on the road to Acheron, a long note describes again the letter and restates its allegorical meaning. Aeneas, in his trip through the Underworld, verifies the letter's symbolism in the ground he covers and in what he sees. First, he passes through Limbo (lines 426-427), which is inhabited, says our commentator (*ad Aen.* 6.548), by those who were partly good and partly evil. Then he sees the fortress of Tartarus, which is appropriately on the left (*ad Aen.* 6.548), and listens to the Sibyl's description of its inmates and their tortures. Finally, he makes his way into Elysium, where are the good and blessed. Aeneas experiences Tartarus because the wise man (*sapiens*) comes to recognize in this world what penalties each soul is going to suffer for this or that sin (*ad Aen.* 6.628).

Third, our commentator's reaction to lines 548-580 of book six develops one theme allegorically. We find here a vigorous homiletic attack on the sin of pride or arrogance (*superbia*). As we have just indicated, it is at line 548 that Aeneas looks to the left and sees at the foot of a rock a large stronghold encircled by three ringwalls and the fiery river Phlegethon that sweeps along boulders that spin and roar. Directly opposite him stands a gigantic gate with columns of solid adamant so strong that no human force and not even the warring gods of heaven could uproot them. An iron tower rises high into the air and the fury Tisiphone sits as the never sleeping guardian of the entrance

[75]Isidore (*Etym.* 1.3.7) seems to imagine an upsilon of similar form.

court. Our commentator explains that the stronghold Aeneas sees is large because it is the home of the prideful and pride is especially widespread. The stronghold is surrounded by three walls because we see pride in those beneath us, in those above us, and in our peers; the high walls symbolize the elation and inflation of the prideful. The river Phlegethon suggests the ardor that always accompanies the proud and the noisy boulders it rolls along are their loud boasting and garrulity. The columns of solid adamant, a hard and indivisible stone, express the elation of pride, which neither fear of the gods diminishes or human virtue brings low. The statement that not even the gods can uproot them looks to the fact that neither angels nor saintly men can avoid the vice of pride since the good they do often gives birth to this vice. Tisiphone, or Thesiphone, who is etymologically *vox supposita*, or evil speech, is the guardian because an evil tongue and presumptuous talk must accompany the prideful.

The indisputable inspiration for our commentator's homily is the *Continentia Vergiliana* of Fulgentius, which declares that the gigantic gate, the columns of adamant, and the iron tower are an obvious image of human pride and vanity. Fulgentius pays relatively great attention to his own indictment of *superbia*, but our commentator, in a succession of interpretations to line 580, notably elaborates and extends the Fulgentian base.[76] The commentary of Bernardus Silvestris also allegorizes lines 548-580, but pursues a completely different theme.

Finally, our commentator shows a persistent interest in the nine circles or regions of the Neo-Platonic cosmos (*mundus*) as he believes them to be suggested by the areas of Vergil's Underworld. Vergil (*Aen.* 6.439) declares that the river Styx flows around the Underworld *nine* times (*novies*) enclosing its inhabitants. Allegorically, says our commentator (*ad loc.*), this refers to the nine concentric circles belonging to the firmament, the seven planets, and the immobile earth at the center. In these circles are souls ascending to be purged or descending to be contaminated by the contagion of the body. The nine circles match the nine *mansiones* of Vergil's inferno (*ad Aen.* 6.426). In the first circle are the souls of infants who died immediately after birth; in the second,

[76]Both Fulgentius and our commentator may be inspired by Vergil's literal account of Tartarus. Most of the inmates named by him are individuals who overstepped normal bounds, usually attacking or offending the gods. See our commentator's notes on lines 548 and 585 and *Cont. Verg.* p. 101.

those of innocents condemned by a false charge; in the third, those of suicides; in the fourth, those of lovers; in the fifth, those of military heroes; in the sixth, those of the guilty, whose punishment will be perpetual; in the seventh, those of persons beginning to be purged; in the eighth, the souls of those so purged that they may return to bodies; and in the ninth (the firmament), souls that have been purged most completely (*maxime*). Properly, says our commentator, Vergil places the souls of dead infants at the entrance to Orcus (*Aen.* 6.426-427) because these infants perish at the moment of entrance into this world; i.e., the first circle, the circle of earth.

Though there are divergences in detail, for all this interpretation and all this scheme our commentator is directly indebted to Servius (see the Servian notes on lines 127, 426, 439). Servius, however, having made his basic points, is not concerned to follow Aeneas' allegorical journey from one area to the next, identifying each new circle by its number. Our commentator, on the other hand, shows an interest in this in his notes on lines 434, 440, 451, 477, and 640. The souls of the pious and the Creator as well are said (*ad Aen.* 6.640) to inhabit "the golden circle" ("aureus circulus"). We are left to wonder whether the thinking of our commentator has been influenced or molded somewhat by Dante's *Inferno* and the commentaries on that work. Silvestris is also inspired to allegory by Vergil's multiplicative (*novies*), but he supposes that Vergil intends to symbolize by it the contempt that people show for the nine branches of knowledge (*scientia*) - the three of eloquence, the three of *philosophia practica*, and the three of *philosophia theorica*. Here is revealed a basic difference between Silvestris and our commentator. Silvestris shows a pronounced interest in fields of knowledge, the process of learning, teachers, and students. There is little of this academic and learned or "scientific" interest in our commentator; his allegorizing is more wholeheartedly moralistic.

A close analysis of the relationship between the allegorical interpretation of Bernardus Silvestris and that of our commentator must be the subject of future study. Two points may be made here. First, repeatedly our commentator's reactions to specific *lemmata* are radically different from those of his famous predecessor. The foregoing discussion has served to affirm this. They may also be different from the interpretations of Fulgentius, the other earlier allegorizer of the *Aeneid*. Readers of the present commentary who also know Silvestris and Fulgentius may be eager to proclaim that his allegorical comment is the true original element in our exegete's work. But we must be careful at this point about claiming originality. Vergilian commentaries typically inherit much. We shall know more about our commentator's contribution when other Vergilian commentaries of the early Renaissance have been published. Our subjective opinion is that our commentator is no deep or original thinker, but that his commentary on *Aeneid* 6 is of higher quality than that on *Aeneid* 5.

Secondly, Silvestris is, of course, an obvious resource in places for our commentator, who must in these instances have a text of the earlier allegorizer before his eyes. For example, the long note on *viros* (line 74) is a virtual transcription of Silvestris. The same may be said of the long note on *septem ... iuvencos* (line 38) and the shorter note on *semper miserate* (line 56). Fortunately, from a textual point of view, our commentator seems to be following Silvestris or Silvestris and Fulgentius almost word for word at line 636. This may make possible improvement of both earlier texts. It is at line 636 that the continuation of the Silvestrian *commentum* begins and it is at this point that the text becomes disordered. On the *lemma* ADVERSO LIMINE (line 636), Silvestris has the brief note "cellula postica." Then comes the continuation with an intrusive passage of notes on lines 711, 714, 721-722, and 724. After this intrusive passage, the interpretation of line 636 resumes with the acephalous statement "... vel tota vel ex magna parte ammittitur quod evidentibus exemplis probare possumus."[77] If we omit the intrusive passage, the Silvestrian comment[78] on line 636 as found in the Cracow manuscript (which alone continues the comment to the end of book six) is as follows:

> ADVERSO LIMINE: cellula postica. ... vel tota vel ex magnaparte ammittitur quod evidentibus exemplis probare possumus. Messala enim rex ictu lapidis capite lesus prorsus memoriam litterarum amisit. Corvinus quoque Romanus tanta vehementia egritudinis afflictus est quod etiam proprii nominis memoriam perdidit et omnes alios sensus integros habuit, extincta

[77]Jones and Jones (*Commentary* p. 116) incorrectly took this statement and the lines immediately following to be explanation of *longa oblivia potant* (*Aen.* 6.715). The intrusive passage should be deleted or moved to its proper later place (i.e., line 711).

[78]For the sake of convenience, we shall refer here to the continuation as Silvestrian. Bernardus, of course, may have been the continuator, but if so, he simply pillaged Servius with some additions and modifications. His commentary through line 636 is boldly allegorical, very un-Servian (see Jones and Jones, *Commentary* pp. xvi-xviii). If the note on line 636 (as we reconstruct it) is a composition by Silvestris, and we believe it is, then the alternate interpretation with which he concludes may be the means by which he excuses himself from further allegorization of Vergil's Elysian passage, roughly the rest of *Aeneid* 6.

> tamen memoria. Sic, inquam, scientia memorie postibus affixa, tandem Elisios ingredi meruit. Elisios vero resolutio dicitur quia, finito magistrali timore et discendi studio, tranquilla et quasi resoluta vita animo ducitur. Vel aliter de ramo dicamus ut per Proserpinam luna intelligatur subtus quam quecumque continentur sunt mutabilia et caduca. Ad hec percipienda vel perpetienda Eneas dum ascendisset animi consideratione, tandem ramum aureum postibus Proserpine defixit quia dum usque ad lunam hec consideratio pervenisset, vidit ibi terminari et finem habere ea de quibus homo plenarie[79] scire et fari posset. Illa tamen que super lunam sunt non solum hominis eloquentiam verum etiam hominis scientiam excedunt. Ibi Elisii sunt, id est campi solares et lucidi vel perpetua tranquillitas.

Our commentator's long note on IN LIMINE FIGIT (line 636) we reproduce here for sake of handy comparison:

> Ramum enim, id est sapienciam, confluctando per creatoris cognicionem firme et stabiliter debemus in deum ponere nec ultra tendere. Vel sic ramum aureum Eneas postibus infigit et ingreditur Elisium quia ad claritatis perfectionem invehitur dum quis omisso labore discendi omnem suam scienciam perpetue memorie infigit que in cerebro ut ramus in postibus manet. Moto enim cerebro memoria vel tota vel ex magna parte amittitur, quod evidentibus exemplis probare possemus. Sic, inquam, sciencia memorie postibus affixa, tandem Elysios ingredi meruit. Elysios vero resolucio dicitur quod finito magistrali timore et discendi studio, tranquilla et quasi resoluta ⟨vita⟩ ammodo dicitur. Vel aliter de ramo aureo dicamus: per Proserpinam lunam intelligamus sub qua quecumque continentur mutabilia sunt et caduca. Ad hec percipienda dum Eneas descendisset consideracione, tandem ramum aureum Proserpine postibus affixit quia dum usque ad lunam hec consideracio pervenisset, vidit ibi terminari et finem habere ea de quibus plenarie eciam scire et fari posset. Illa enim que supra lunam sunt non solum hominis eloquenciam verum eciam scienciam excedunt. Ubi Elisii sunt, id est campi solares et lucidi et perpetua tranquillitas.

By juxtaposing these two passages we perceive immediately how Silvestris' acephalous statement began. We can also go further, we think, and suggest the full Silvestrian note. Silvestris speaks as if he has already mentioned "the fixing of knowledge to the posts of memory" ("sic, inquam, scientia memorie postibus affixa"). Now, our commentator's second explanation of *in limine figit* (beginning "vel sic") contains just such a reference. We believe the Silvestrian note once began as follows:

[79] "plenus anime" as printed by Jones and Jones represents a misreading of the Cracow manuscript, which has "plenarie."

> ADVERSO LIMINE: cellula postica. Ramum aureum Eneas postibus infigit et ingreditur Elisium quia ad claritatis perfectionem invehitur dum quis omisso labore discendi omnem suam scienciam perpetue memorie infigit que in cerebro ut ramus in postibus manet. Moto enim cerebro memoria vel tota vel ex magna parte ammititur, ...

By these restorations we achieve a smooth joining of the Silvestrian commentary to its extension or continuation.

Our commentator's second explanation and the Silvestrian note (if our restoration is correct) both follow Fulgentius closely at the beginning, as a comparison of wording will show. Fulgentius declares (*Cont. Verg.*, p. 101): "Deinde ramum aureum postibus devotis infigit et ita Elisium ingreditur, quo clareat, dum perfectionem omisso iam labore discendi ... memoriae quae in cerebro est sicut in postibus perpetue infigenda." Helm supposes a lacuna of some length after "discendi."[80] Our commentator's note serves to suggest what the general sense of the unimpaired Fulgentian text may have been. We think it not possible to recover precise wording here.

Our commentator, whoever he was, appears as a representative of the contemporary Christian culture and as a champion of the Christian religion. There are references to saints and angels (see above) and to martyrs (*ad Aen.* 6.110) and in places a distinctly Christian is made of Vergil's words, as, for example, at *Aeneid* 6.129. The homilies against the quest for vainglory and excessive self-esteem reveal common Christian attitudes. These facts suggest an important question: How does our commentator adapt Vergilian views of the afterlife and Anchises' philosophical disquisition (*Aen.* 6.724-751) to Christian theology? It may be answered that, generally speaking, he expounds Vergil's words and narrative, but with some apologies (for the poet) and corrections. Most emphatic is the rejection of the view that souls of the dead may return after purification to inhabit other bodies (*ad Aen.* 6.703 and 545). In this matter, asserts the commentator (on line 703), Vergil holds an heretical opinion. He then cites Fulgentius, who in the *Continentia Vergiliana* (p. 103), asks the poet why he has inserted such an opinion in the midst of so many great truths. There, the spirit of the poet responds: "I would not be a pagan if I did not speak some evil."[81] Implicit in rejection of

[80]Rudolf Helm is editor of the Teubner text of Fulgentius, which appeared in 1898. See his apparatus criticus (p. 101) for various suggestions. If our commentator may be taken as a true guide, then Helm and other editors miss the mark widely.

[81]These words are a translation of the Latin of our commentator. The Fulgentian text

metempsychosis ought to be rejection of the Platonic and philosophic view that at the birth of the cosmos god created all souls at the same time and associated each with a star. This view presupposes a limited number of souls and the need to recycle. Our commentator records the view in the preface to his interpretation of book six, but though he attributes it to the philosophers, he does not seem to oppose it. William of Conches in his commentary on the *Timaeus* confronts the problem directly and removes it by means of an allegorical interpretation of Plato.[82] Christian doctrine assumed, of course, that with each new person a new soul was created.

In one other place a philosophic view is challenged and in yet another Vergilian benightedness is explained and Christian illumination provided. At line 726, Vergil speaks of a spirit which nurtures the universe within. The philosopher's claim, says our commentator (on line 724), that this spirit (read Holy Spirit) was created at the beginning does not accord with truth; it could not have been *created*. At line 738, Vergil seems to express his wonder (by the phrase *miris modis*) that stains become ingrained in the soul while it is in the body. The poet, explains our commentator (*ad loc.*), as a gentile ("ut gentilis") did not know that souls come to love the body and to consent to all its wishes and thereby to become spotted and need to be punished in Purgatory.[83]

The present commentary has no notes on lines 684-693. Our first impulse is to assume that the manuscripts are defective here. However, when we consult Bernardus Silvestris, we find that he also has no notes on these lines. We suspect that these were never allegorized and that the reason was religious. In lines 684-693 Aeneas first comes upon his father Anchises in the Underworld. They look upon each other and engage in conversation. Anchises is even said (685-686) to stretch out both hands to greet Aeneas and to wet his cheeks with tears. It is a basic tenet of the Christian allegorizing of Vergil that in this life man may come to recognize God the Creator only through His creation and may "see" God only in contemplation and not face to face (so Bernardus Silvestris on *Aeneid* 6.108). If we recall that allegorically Anchises is "the heavenly

is slightly different. Silvestris or Ps.-Silvestris also uses the Fulgentian passage (*ad Aen.* 6.743, p. 122).

[82]See Willelmus Conchensis, *In Timaeum* 41D (ed. Edouard Jeauneau, Paris, 1965). See also Jeauneau's references (p. 210) to Christian sources.

[83]Silvestris makes the same point (*ad Aen.* 6.737-738, p. 122) and supplies both thoughts and words to our commentator here.

Father" (above, p. 34), we will quickly realize that this type of interpretation might well have seemed inappropriate, if not impossible, in a text in which Aeneas and Anchises not only meet each other, but show strong human emotions.

The Manuscripts and This Edition

The Latin text which follows is based upon the two known manuscript copies of this Vergil commentary – *Ambrosianus* G111 *inf.* in Milan and *Harleianus* 4946 in the British Library. Other copies may remain undiscovered; if so, we can only plead that they have defied our serious efforts to detect them. We have not personally found other copies during searches of European libraries, nor do Professors Virginia Brown and Mary Louise Lord, who are preparing the article on Vergil for the period 1200-1600 AD for the *Catalogus Translationum et Commentariorum*, know of the existence of others. Furthermore, consultations of collections of *incipits* at the Institut de Recherche et d'Histoire des Textes in Paris, the Vatican Library at Saint Louis University, and the Hill Monastic Manuscript Library at Saint John's University have all had a negative result. Admittedly, catalogues of *incipits*, however extensive and complete, have questionable value here since our commentary is acephalous (above, p. 2). We had hoped, since the commentary on *Aeneid* 6 stands alone as a discrete composition in the Ambrosian manuscript, that the submission of the opening lines of this part might lead to the location of other discrete copies. In any case, whether or not other manuscript *testimonia* exist, we are confident that the two known manuscripts permit the constitution of a readable and sound text of the commentary on this book, clearly the most valuable and original part of our exegete's surviving work.

1. A = *Ambrosianus* GlII *inf.*, ff. 53r-66v, paper, 295x211mm., circa 1400.

All the works contained in codex G111 *inferior* – and there are eight – were composed before the year 1603 because on the index page of the book is a note that tells us that the cataloguer Olgiatus examined it in that year. The hand of the copy of our commentary is a chancery script or a Gothic cursive of the sort employed in Italy and France at the end of the fourteenth and the beginning of the fifteenth century. With the writing may be compared that found in a manuscript in the Biblioteca Nazionale Centrale in Rome, MS *Vittorio Emmanuele* 563, which bears the date 1400. We believe that the Ambrosian copy of our *commentum* was made around the turn of the fifteenth century.[84]

An Italian provenance for the Ambrosian version of our commentary is beyond dispute. Obvious Italianisms appear here and there in the manuscript. These include *interiectione* for *interiectio* (*ad Aen.* 6.21), *qui sicci* for *hoc loco sic* (*ad Aen.* 6.77), *spelonga* for "cave" instead of *spelunca* (*ad Aen.* 6.237), *discensione* (nominative) for *discensio* (*ad Aen.* 6.777),[85] *Marzius* (*ad Aen.* 6.873) instead of *Martius, Cesare* (nominative) for *Cesar* (*ad Aen.* 6.802), *priusquam* followed by infinitives (*ad Aen.* 6.439),[86] and an infinitive phrase as object of the preposition *per* (*ad Aen.* 6.143).[87]

Although both copies of our *commentum* are anepigraphic, we may, nevertheless, connect it by evidence of an indirect sort with a particular scholar. The commentary is preceded in the Ambrosian manuscript by another (ff. 37r-50r) which the library's card catalogue identifies only as an "allegorica expositio in Vergilium, in primos VI libros Aeneidos." It is followed (folio 67r) by a *Descriptio deorum* – seventeen pieces of verse describing the principal pagan gods as they appear in art. Some years ago, Elisabeth Pellegrin first directed attention to the *Descriptio*.[88] She noted that the work is introduced by the title: "Carmina composita per me B[ar]tolinum de Vavassoribus super figuris deorum 17" and may be presumed to be an autograph by that Bartolinus who was professor of grammar and of rhetoric at Cremona in 1405 and then at Bologna around 1405-1406. She then went on to ask (p. 447) whether the two preceding Vergil commentaries might not also be the works of

[84]See plate LX in *Catalogo dei Manoscritti in Scrittura Latina Datati o Databili*, 1 (Biblioteca Nazionale Centrale di Roma), ed. Viviana Jemolo (Turin: Bottega d'Erasmo, 1971).

[85]The text we have established reads *dissensione*, but *dissensione* is an ablative. MS *A* has "ita est discensione."

[86]Both manuscripts (*A* and *H*) display this irregularity in this place.

[87]The wildest lapse into Italian may involve the name Scylla at *Aen.* 6.286. Scylla is said to represent any prostitute and her name to derive, according to our text, from *exquina*, which in Latin is *confusio*. Instead of *exquina* MS *A* has *es quila quila*, which might be interpreted as *ex qui la, qui la*, the words *qui* and *la* being Italian for "here and there" or "helter skelter."

[88]"Un manuscrit autographe de Bartolinus de Vavassoribus de Lodi à la bibliothèque Ambrosienne," *Italia Medioevale e Umanistica* II (1959) 445-448.

Bartolinus, "perhaps a course which he dictated to several successive scribes who were his students."

Her query was, we think, a happy one, pointing scholarly investigation in the correct direction. In our view, both commentaries are to be associated with the instruction of Bartolinus though one must guard against the assumption that he originates the comment. The first work, executed in a recognizable Italian *bastarda*, proves to be a summary of the famous medieval interpretation commonly attributed to Bernardus Silvestris of Tours.[89] The presence of Bartolinus is indicated by the correcting hand, whose writing is the same cursive "menue et élégante" to be observed in the *Descriptio deorum*.[90] The person of the pedagogue (Bartolinus?) emerges overtly in a comment added to the notes on *Aeneid* 5: "Ut hec predicta melius memorie mandentur omnia sub compendio repilogabo [*sic*] communiter ystorie, fabule, et philosophie deserviens."[91] The commentary on *Aeneid* 6, which is the object of our study, bears no explicit mark of Bartolinus. However, as we have seen, it does pursue a triple interest in history, fable, and philosophy. Furthermore, it may be viewed as a complement to the *summa* of Bernardus: It covers all of *Aeneid* 6 while the *summa* breaks off abruptly at line 137, and it accepts the basic propositions of Bernardus as to the meaning of *Aeneid* 6. Finally, some significance may be seen in the fact that our commentary is sandwiched between a similar work which is corrected by Bartolinus and a collection of poems which are his own compositions.[92]

The scribe of the *commentum* on *Aeneid* 6 has obviously labored to present a copy that is neat and careful and the result of his effort rates the label *cursiva libraria*. The commentary begins with a nice capital in red and *lemmata* are also underlined with red ink. Numerous X's in the margins call attention to notable points. Although there are approximate-

[89]Described and used in the recent critical edition of Bernardus by Jones and Jones, *Commentary* pp. xix-xx.

[90]Pellegrin, "Manuscrit autographe" p. 446. In both works, too, the technique of correction is the same: words are cancelled and interlinear corrections are inserted.

[91]In the margins of folios 66v, 67r, 84v and 85r of MS G111 *inf.* we find the signature "Antonius Rozonus bonus puer." Pellegrin (p. 447) identifies him as a school boy of the fifteenth century. We would ask whether he was a student of Bartolinus and one of those young lads for whom the two Vergil commentaries were intended.

[92]Pellegrin (pp. 445-446) speculates that Bartolinus may have collected together the works that make up the Ambrosian codex, or if not he, then his son Basianus, who signs one of the works and dates his copying to the year 1400.

ly ninety corrections, these do not detract substantially from the general attractiveness. All corrections are by the copying scribe. There is no second hand in this text aside from the signature of Antonius Rozonus on folio 66v.[93]

The scribe corrects himself by altering letters with his pen, by expunction, by simple cancellation, by cancellation of an incorrect word or letter and insertion of the correct word or letter above the line with a caret, by interlinear insertion of an omitted word or words above a caret and by marginal transcription of an omitted line (with carets). Expunction of incorrect letters and insertion above the line of correct ones also occurs. In one place (*ad Aen.* 6.25) the scribe places *cruces* around a *lemma*. In another (*ad Aen.* 6.216), he may actually be editing, trying by his correction to make sense out of Latin that may be incomprehensible to him as it stands.[94] He does not copy from dictation as Pellegrin supposed, but always from a written exemplar. This is proven by the fact that in some places (e.g., *ad Aen* 6.1; 6.243; 6.628; 6.653; 6.881), his eye moves ahead and he copies later comment which he must then cancel; in other places (e.g., *ad Aen.* 6.443; 6.542), his eye falls back and he copies again what he has already written. It is a truism that each successive copy of a text introduces some new mistakes. Our scribe is surely responsible for some errors which he does not correct. Among these should probably be included the several dittographies that occur (e.g., *ad Aen.* 6.149; 6.477).

Sharply contrasting with the carefulness of the copying is the state of the transmitted Latin comment itself. The first pages are relatively free of error and pose few difficulties for the editor, but as one reads, the work of necessary correction or repair becomes dramatically heavier. All the usual mistakes made in transcription occur repeatedly: words or letters are misread, essential words are omitted or foreign matter has intruded, marks of abbreviation are omitted or misunderstood. *Lemmata* not only are abbreviated (common practice in manuscripts of commentaries), but some are highly garbled, suggesting an advanced stage of corruption after successive copyings.[95] Grammar occasionally seems to

[93]On Rozonus see above, note 91.

[94]The original incomprehensible word is obviously by the author of the commentary as the later note on line 222 shows.

[95]For example, "vittis ... cruentis" (line 281) has become "imis curo." "Nec auram respiciunt" (lines 733-734) has become "hec aresei," and "fessum rapitis, Fabii" (line 845) has become "trab ve fes."

follow no rules (cf. *ad Aen* 6.439; 6.703) and spellings of proper names vary curiously and sometimes intriguingly from the norm (cf. *ad Aen.* 6.445, 6.836, 6.844). Some errors are probably the result of aural miscomprehension; e.g., "quo operante" for "cooperante" (*ad Aen.* 6 *praef.*), "Cato" for "Plato" (*ad Aen.* 6.51), "rapidum" for "rabidum" (*ad Aen.* 6.80), "exuriens" for "esuriens" (*ad Aen.* 6.603). Errors of this type might suggest to some that our commentary is an example of student *reportatio*.[96] The suggestion must be rejected. A review of all the errors found in the text indicates that most of them are of the sort that would likely be made by a scribe working from a written exemplar. Some ancestor of the Ambrosian manuscript may have been the product of a student taking notes or a scribe taking dictation. The general conclusion that the state of the Ambrosian text seems to warrant is that our commentary is a very informal composition copied, on previous occasions, with no particular care or reverence. Of this informal composition the scribe of our manuscript has endeavored to make a fair copy.[97]

2. H = *Harleianus* 4946, ff. 1r-25r, parchment, 325x225mm. (200x 151mm.), 2 col., c. 1450-1500.

The other manuscript witness to our text entered the British Library with the Harley collection in 1753.[98] As we have already noted (p. 2), the work of our commentator in this codex is followed immediately by the commentary on the last six books of the *Aeneid* by Anselm of Laon (ff. 25v-77va). The catalogue of the Harley collection (see below, note 100) understandably perceives all the commentary on Vergil's epic as a single unit and describes it as follows: "Notae breves, vel, ut in Codice vocantur, glossulae in Virgilii Aeneidos, auctore incerto, qui Servium saepe at non semper compilaverat." Only the name of our com-

[96]On student *reportatio*, see P. Glorieux, "L'enseignement au moyen âge," AHDL 35 (1969) 175-177, and Anders Piltz, *The World of Medieval Learning*, trans. David Jones (Totowa NJ: Barnes and Noble, 1981), pp. 85-86.

[97]Our copy gives the impression of much care. The extent to which the scribe also bears responsibility for defects cannot be determined.

[98]Prof. Mary Louise Lord first called my attention to the Harley manuscript several years ago. This edition, *qualecumque est*, owes to her an immeasurable debt. Not only did she reveal to me the more important source of the text; she also checked my transcription of the commentary on *Aeneid* 5 and the beginning of *Aeneid* 6 and has continued to offer me advice which has saved me from egregious error.

mentator is at the moment uncertain. The commentary on the *Aeneid* in Harley 4946 is followed first by some notes on the *Bucolics* taken from Servius (ff. 77vb-94v) and then by a commentary on the *Georgics* (95r,v), which breaks off in the middle of a phrase before the first folio has been completely filled; the eight following folia have been cut out. The book concludes with a collection of mythological tales entitled *Fabularius*, which appears to be a compendium of Boccacio's *Genealogia Deorum Gentilium*; an index to the fables is appended (ff. 96-111r). Although Harley 4946 is devoted mainly to Vergil, the manuscript is strangely omitted from the recent listing by T.S. Pattie of Vergilian commentaries and anthologies found in manuscripts in the British Library.[99]

In the space between the end of the text of the *Fabularius* and the beginning of the index to that work occurs a faint note probably by a sixteenth-century hand: "B. Squirolis, Artium Bachalaureus." Below this in a different ink a different hand has written: "et doctor futurus." About Squirolis nothing else is known; perhaps he was the owner of the manuscript. His name does not appear in C.E. Wright's study of the sources of the manuscripts in the Harleian collection nor is MS 4946 mentioned anywhere in that important study.[100] The catalogue entry gives the fifteenth century as the approximate date of the codex. In determining its provenance we are dependent upon internal indicators in the Latin text and an analysis of the handwriting.

Kristeller's *Iter Italicum* informs that Harley 4946 was "apparently written in the north."[101] This view receives some confirmation from the occurrence of the word "trutanni" (Celtic origin) in the note on *Aeneid* 5.602 and the noun "leccatores" (Germanic origin) in the note on *Aeneid* 6.631.[102] The handwriting is a good example of Lieftinck's *littera hybrida libraria*, a formal book script into which a number of

99See R.D. Williams and T.S. Pattie, *Virgil: His Poetry through the Ages* (London: The British Library, 1982), pp. 139-140.

100See Cyril Ernest Wright, *Fontes Harleiani: A Study of the Sources of the Harleian Collection of Manuscripts Preserved in the Department of Manuscripts in the British Museum* (London: British Museum, 1972).

101See Paul Oskar Kristeller, *Iter Italicum*, vol. iv (*alia itinera* ii) Great Britain to Spain (Leiden: E.J. Brill, 1989), p. 183.

102See these entries in Charles du Fresne du Cange, *Glossarium Mediae et Infimae Latinitatis* (Niort and London, 1887). Instead of "leccatores" the Ambrosian manuscript has "mercatores."

cursive letter-forms have intruded (notably *a, l, f, g*, and two forms of *s*).[103] According to Lieftinck, *hybrida* first enters the picture around 1425 and soon becomes extremely strong in the Low Countries. We note that the writing of our manuscript is very similar to that to be seen, for instance, in Ghent University Library MS 1186 (folio 9r), dated to the year 1474. We tentatively suggest that Harley 4946 was copied somewhere in Belgium or the Netherlands; to be dogmatic regarding place of origin is not wise. Gothic *hybrida* became widely popular in the fifteenth and sixteenth centuries, and the possibility that our manuscript was copied, not in the Low Countries, but elsewhere in the North of Europe (in France, for instance) cannot be ruled out.[104]

A scribal practice and a matter of spelling point to the second half of the fifteenth century as the approximate time of the Harley manuscript. In it the round or two-shaped *r* appears in all combinations or positions and tends to replace the regular minuscule form. Also the Classical Latin spelling of *t* before *i* has been restored almost everywhere.

One scribe has written all the works contained in Harley 4946, but we observe that the writing of this codex, considered as a whole, tends to become more rapid as the text advances. In the commentary on the *Aeneid* cursive forms of *b* and *h* and a more cursive form of *l* occasionally appear; the ascenders of these letters sometimes bear loops to the right. In the commentaries on the *Bucolics* and *Georgics* and in the text of the *Fabularius* such forms are quite common. The index to the last work also employs regularly a cursive *d*. This fact does not indicate a change of scribe. The same cursive form appears on occasion earlier.

Marginal notes are all but non-existent in the Harley manuscript. At the top of folio 1r a later hand has written in a humanistic cursive the words "Dominus Jesus."[105] The same hand has written "Servius" in the right margin of folio 6r (*ad Aen.* 6.1) and "Plautus in Cistellaria"

[103]For a description of *hybrida*, see Gerard Isaac Lieftinck, *Manuscrits datés conservés dans les pays-bas*, vol. 1: *Les manuscrits d'origine étrangère 816–c.1550* (Amsterdam: North Holland Publishing Co., 1964), p. xv, and Michelle P. Brown, *A Guide to Western Historical Scripts from Antiquity to 1600* (Toronto: University of Toronto Press, 1990), pp. 102-103.

[104]Prof. A.C. de la Mare, who examined Harley 4946 in the British Library, and Prof. Mary Louise Lord, who viewed the script on microfilm, have both expressed the opinion that the scribe was French.

[105]Below these words the same hand has placed the Arabic numeral "1" in parentheses. The following three works in the book are similarly numbered on the initial page.

(*ad Aen.* 7 *praef.*) in the right margin of folio 25r and "omnia [?] Amen Jesus" at the end of the book (folio 111r).[106]

The library catalogue describes MS Harley 4946 as "pulcher," or "handsome." Generally speaking, the epithet is deserved. The parchment is quite smooth and quite light in color. Each page is ruled and lined with lead, and the writing appears in two rectangular frames or columns. There are forty-one lines to a column and writing is placed above the top horizontal line.[107] Each division of the commentary (on a book or an individual *Eclogue*) begins with a large colored capital. Red capitals are surrounded with blue frillery and blue capitals with red. Usually, though not always, red and blue capitals alternate in succession to the end of the codex. The capital usually serves as the first letter of the first *lemma* of a unit; the remaining letters or words of the *lemma* are large, heavy, and carefully formed. Detracting somewhat from this general handsomeness is a deep-set wrinkle that runs diagonally down the first three folia and small worm holes which are found in the first twenty folia. Some pages are also impaired by bleeding from the opposite side.

Harley 4946 is comprised of quires of eight folia. Some quires are not complete; as already indicated above, eight folia have been excised in one place. Catchwords appear at the bottoms of folios 70v, 78v, 90v, and 106v. Those at the bottom of 70v have been partially trimmed off; presumably most of the catchwords in this manuscript have been completely trimmed away.

Approximately fifty-seven corrections occur in the commentary on *Aeneid* 6. The scribe corrects himself by cancellation, expunction, and superscription. Specifically, correction takes these forms: (1) words or letters which are alien in context and incorrectly added are eliminated completely by cancellation or expunction; (2) words which belong in

[106]Both Dr. Scot McKendrick, curator of manuscripts in the British Library, and I have studied the final marginal note and can make no sure decipherment of its beginning. Either the author of it has written a capital letter with a flourished mark of underlining, followed by "cma" or "oma" with an abbreviation mark over the second of these letters, or, alternatively, no capital letter is intended, only a bracket (consisting of a configuration of lines) for the three following letters. We are inclined to accept the second possibility and to suppose that the three letters with abbreviation stroke make the word "omnia." The writing might then be that of an inspector or cataloguer who certifies that all the presumed works are present in the book.

[107]This practice must not be taken as an indicator of an earlier date for this manuscript (thirteenth or fourteenth century). See N.R. Ker, "From Above Top Line to Below Top Line: A Change in Scribal Practice," *Celtica* 5 (1960) 13-16.

context, but are spelled incorrectly or written in the incorrect grammatical form are cancelled and followed immediately by a correct version; (3) letters or words which are incorrect are expunged or cancelled and the correct letters or words inserted as superscripts; and (4) words which the scribe has inadvertently omitted are added as superscripts at the appropriate points. In some instances, the scribe clearly anticipates, but catches himself. He copies the first letters of a word that lies further on in his exemplar, then quickly realizes his mistake, cancels the letters, and resumes at the proper place in his text (cf. *ad Aen*. 6.10-11; 6.114; 6.280; 6.421; 6.779). In two places (*ad Aen*. 6.119; 6.286), the scribe has written what appears to be a nonsense syllable – *pi* – which he does not cancel or expunge. This syllable may in fact represent a word or sign which we are not able to decipher.[108] In some cases the scribe corrects in order to attain proper (or a different) scribal form. Thus *ratio* (*ad Aen*. 6.156) is expunged so that the word may be rewritten with a capital "R." The syllable *sur* (*ad Aen*. 6.302) is cancelled because the scribe wishes to replace a minuscule "r" with a two-shaped one in the word *sursum*. At *Aen*. 6.426, *c'r* is cancelled in favor of *c*' as the first syllable of *circuli*. In one place (*ad Aen*. 6.121) the scribe may be presenting an alternative reading by means of a superscript. He writes *animum* above *animam*, but does not cancel the latter. For a long interval – from *Aeneid* 6.553 (folio 19vb) to *Aeneid* 6.772 (folio 23va) – no corrections are made in this manuscript. Dittographies occur on occasion throughout the text.

According well with the general attractiveness of Harley 4946 is the quality of the Latin text transmitted by it. This text suggests careful, attentive copying. Quick comparison with the *Ambrosianus* will demonstrate its superiority as a record of our commentary. Generally speaking, it will serve as the basis for the present edition. Usually its readings will be adopted and its word order followed (in commentaries of this sort word order typically varies from one manuscript to the next). Since the Ambrosian copy is somewhat older, its spelling practices will be favored. Thus, *t* before *i* plus a vowel will usually be palatalized as *c*. Palatalization occurs in the Harley manuscript, but is not frequent.[109]

[108]Presumably the scribe is copying, or trying to copy, what he sees in his exemplar. Perhaps he sees in these two places paragraph signs, which he incorrectly reads as the Greek letter *pi*. We are unable to suggest, however, why *paragraphi* are needed in either place. The *Ambrosianus* bears no signs of division.

[109]Modern practice is adopted here with respect to *u* and *v*. Vocalic *u*'s are printed as *u*'s, and consonantal *u*'s as *v*'s.

As indicated above, the Ambrosian copy is highly defective. As a matter of fact, it is so corrupted that the most energetic and devoted editor could not make a readable text from it. To emphasize and illustrate its corruption, we may offer the following extreme example. Here, Roman history has become, presumably as the result of careless copying, a hopeless - and amusing - garble. The note is attempting to explain the *lemma* "divi genus" at *Aeneid* 6.792:

> id est a progenie deorum natus. Omnes enim imperatores et reges in canonibus et legibus solebant appellare divi et dei Iulii Cesares. Iulius autem Cesar non habuit heredem. Acera vero eius uxor habuit filium qui Antonius dicebatur, quem Julius adoptavit in filium suum pro probitate sua; a Julio Cesare dictus Cato. Magnus autem Augustus qui rem publicam augiebat.

Luckily words or names that appear in a corrupted state in the Ambrosian manuscript frequently occur in a correct form in Harley 4946.

The Harley manuscript also preserves a fuller, more complete version of the commentary than the Ambrosian. By the standard of the present edition (which assumes the Harley manuscript to be more correct), there are approximately 170 omissions of two or more words in *Ambrosianus* G111 *inf.*; twenty-eight of these appear to be due to haplography. In the Harley manuscript there are roughly twenty omissions of which three seem to be due to haplography. Additionally, approximately fifty-seven omissions in the *Ambrosianus* must likewise be inadvertent since they impair the basic sense of the notes in question. Unintended omissions in the *Ambrosianus*, whether due to haplography or some other oversight, often involve many words.

The most frequent form of omission in this manuscript involves only a few words and we suspect is intended. It is as if the copier is seeking the briefest form of expression or the elimination of additional or alternate explanation. These omissions do not usually make notes unreadable or detract much from their substance. Typical examples are the following. The words which the *Ambrosianus* omits are italicized in each case:

(1) PRODIRE, id est prodibant, *quasi preibant* (*ad Aen.* 6.200);
(2) Bellerofon vero filius Preti, cuius noverca erat Antia, ab eadem accusatus est erga patrem. Nolebat enim cum ipsa coyre, *quod ipsa cupiebat* (*ad Aen.* 6.288);
(3) Illa [Sibilla] ergo Cumas venit et ibi tam diu vixit donec corpus fere defecit et adnichilatum est *et destitutum a natura* (*ad Aen.* 6.321);

(4) APRICIS TERRIS, ... Vel dicuntur terre a price quasi a frice, *id est sine frice*, id est sine frigore, ... (*ad Aen.* 6.312);
(5) ... Proserpina nichil aliud est quam luna *que ita dicitur* quia semper propius terre quam ceteri planete proserpit ... (*ad Aen.* 6.393);
(6) Erat enim crimen capitale *apud antiquos* clientem mercede sua fraudare (*ad Aen.* 6.609).

Such intentional omissions as these are easily explained if one of the ancestors of the *Ambrosianus* was a set of student notes as we suspect or else a shortened text made by a tutor for a student. A student taking notes *au vol* would naturally try to get down only essential matter; he would tend to eliminate all unnecessary elaboration.

This theory of intentional abbreviation of comment must be prepared to answer the inevitable objection: How can we be sure that an apparent omission in one manuscript is not really an addition in the other? Certainty, of course, is not possible in most cases. We can only argue that the nature of the *Ambrosianus* seems to support this theory as well as good pedagogical practice. Expansion and elaboration must normally promote lucidity and comprehension on the part of the student. On this ground, a fuller text (Harley 4946) must be regarded as superior to a briefer text (the *Ambrosianus*) and as being the sort of composition a good master would wish to bequeath.

In the present instance, however, are we justified in supposing that the superior text is more reflective of the effort of the original master? We know that medieval commentaries tended to receive increments over time, and the Harley version of our commentary is somewhat later than the Ambrosian copy. Does the former simply represent a text that has been "filled out" and made more comprehensible by successive users? An editor must remain always fully aware of this possibility. We are convinced that in this case we are mostly concerned with shortening rather than elaboration because the antecedents of the *Ambrosianus* were obviously copied carelessly and quickly with much loss of text and good reasons can be offered for intentional abbreviation; therefore, it is our practice to be very conservative in regard to rejecting matter that appears in the Harley manuscript alone. Needless to say, a judgement must be made about each case and sometimes the judgement must go against the superior text. Thus, in the following note on *Aeneid* 6.846, the second statement (found only in the Harley manuscript) simply repeats the substance of the first and must be rejected:

Hunc versum Virgilius a libro Ennii accepit. Ennius istum prius fecerat versum.

Likewise, the ablatival phrase, *lota parte*, found in the description of Scylla, the daughter of Phorcys, seems to be a maladroit intrusion in the note on *Aeneid* 6.286 and an addition in the Harley text. To some the Harleian note on *Aeneid* 6.200 (cited above) might seem to merit shortening on the ground that any reader of Latin should know that "prodibant" and "preibant" are close synonyms. However, students and readers of Latin in the Middle Ages and early Renaissance often show an amazing ignorance of the most basic vocabulary. Thus, the present commentary even finds it necessary to gloss the conjunction *at* at *Aeneid* 6.77.[110]

What the transcriptional relationship is between the Harleian copy of our commentary and the Ambrosian cannot be determined. Neither is descended from the other and they seem to represent different lines of descent. Some readings suggest that the two copies constitute, in effect, different editions. These variant readings - equally appropriate in context and neither capable of being derived from the other in transcription - are a reminder that in the transmission of scholastic commentaries of this sort preservation of essential thought and not fidelity to the word was the apparent goal. Many variant pairs are simple and obvious synonyms. The following examples are taken from various parts of the commentary.

H	*A*	
hic dicimus de Macrobio	hoc habemus a Macrobio	(*ad Aen.* 6.1)
in inferis	aput inferos	(*ad Aen.* 6.13)
nunc	modo	(*ad Aen.* 6.20)
designat	significat	(*ad Aen.* 6.36)
leguntur	dicuntur	(*ad Aen.* 6.71)
illud	istud	(*ad Aen.* 6.119)
inchoare	incipere	(*ad Aen.* 6.288)
opes	gazas	(*ad Aen.* 6.289)
iste	ille	(*ad Aen.* 6.478)
eos	illos	(*ad Aen.* 6.548)
redegit	reduxit	(*ad Aen.* 6.845)
ficta	falsa	(*ad Aen.* 6.896)
per inferos	per infernum	(*ad Aen.* 6.898)

Many variations involve the same word which appears in differing grammatical form in the two versions. Nouns may differ in number; verbs in

[110]William of Conches (*In Timaeum* 30C) also glosses this basic word.

tense, voice, mood, and number. The following are typical examples of this phenomenon:

H	*A*	
sapiens dicebatur	sapientes dicebantur	(*ad Aen.* 6.10)
potes	potestis	(*ad Aen.* 6.17)
interfectus est	interfectus fuit	(*ad Aen.* 6.57)
dicunt	dicitur	(*ad Aen.* 6.121)
carebat	careret	(*ad Aen.* 6.228)
hominem corrumpit	homines corrumpit	(*ad Aen.* 6.398)
audietis	audies	(*ad Aen.* 6.425)
dicunt	dixerunt	(*ad Aen.* 6.818).

In a sense it is a happy circumstance that our two manuscripts manifest a certain independence of each other. The Harley manuscript – good copy that it is – has its flaws. The same types of corruption that occur in the *Ambrosianus* occur also in it, but not nearly so often. Some of its corruptions are memorable: "Coytum" for "Cocytum" at line 297, "Sibillam" for "fabulam" at line 725, and "Lucrina" for "Lucrecia" at line 818. These three defects and some others the *Ambrosianus* is able to supplement. As stated above, in three places the Harley copy is flawed by omissions of two or more words that are apparently due to haplography. In all three places (at *Aeneid* 6.1, 6.288, and 6.648) the *Ambrosianus* preserves the full text. Eight other certain omissions (of two or more words) which seem not to be due to haplography may likewise be made good by reference to the *Ambrosianus*.

In some instances, both manuscripts are faulty; in such places emendation is necessary. An editor, in overruling the received text, must, in our view, avoid the enthusiasm of certain German editors of the nineteenth century, but must at the same time be fully cognizant of the amount of corruption likely to occur in informal texts like Latin commentaries on the Classical authors. Emendation here takes three forms. The most common type involves altering (correcting) some individual word or name. Sometimes this means simply correcting a spelling. Thus, at *Aeneid* 6.14, where the reference is to the wings of Daedalus, obviously *alis* is correct and not *aliis* as in *H* (*A* omits here); at line 76, where the reference is to Aeneas, *ipsum* must be correct and not *ipsam* of the manuscripts; at line 119, since *sistere* is of the third conjugation, the form *sistebat* is required in place of *sistabat* as found in *H* (*A* has an omission here); at line 137, *ablata*, modifying the noun *imagine*, must replace *ablato* (in *H*) or *ablatata* (in *A*). In places corruption is far advanced and more imaginative energy is required. At *Aeneid* 6.44, *malignus* of the manuscripts will not fit the context; we suggest the word *magniloquus*, which does. At line 150, a gloss is needed for *incestat* of the *lemma*; surely this should be *polluit*, and not *paulum* of *H* or *paululum* of *A*. At line 315, we restore *severus* as a gloss for Vergil's *tristis* against *securus* of the manuscripts. At line 601, an abstract noun seems to be demanded. We propose *contrarietas* as against *contra getas* (*H*) or *contrarias* (*A*). Names of mythological or historical figures or of places must frequently be restored to the point of recognizability. Thus, at line 123, *Alcides* must replace *Aelides* of *H* and *Aceides* of *A*; at line 290, *Baliaricae* must replace *Balolorice* of *H* and *Balero* of *A*; at line 576, *Simonidem* must replace *Hemonidem* (*H*) or *Cinoudem* (*A*); and at line 836, *Mummius* must be preferred to *Mumbus* (*A*) and *Numilius* (*H*). On occasion, a relatively rare term may be recovered by reference to some other source. At line 67, *ventriculi* may be restored from the *neutricoli* of *H* (*A* omits here) with the help of Bernardus Silvestris; at line 186, *tibicines* may be restored from *tricines* (*H*) or *triemes* (*A*) on the basis of the Servian note *ad loc*. Rarely, emendation may involve a series of words. At line 734, with the support of Servius, we are able to restore *Varro notat* from *vel so nata* (*H*) or *ibi sicut vocat* (*A*). In one place (line 106), both manuscripts read *Palinestora*, where the reference is to Elpenor. Here it is the knowledge of the commentator which we assume to be at fault, not the work of the copyists. Therefore, we leave the text as transmitted, but note the error in the primary apparatus.

A second form of emendation involves the reinsertion into the text of a word or words that are clearly required by the context, but apparently have been lost in transmission, or the deletion from the text of an alien word that has intruded. Most of our additions are single words. These, however, are often key words. We note, for instance, that the adverb "non" has been omitted in no less than four places. A short word like this might easily be passed over by the copying scribe and we believe this happened here. In some places (e.g., at lines 448, 597, 670, 701, and 731) it is necessary to add a number of words in order to achieve a readable text. The longest insertion is at line 701; here restoration is possible because the added words form a part of a quotation from Saint Augustine which appears in unimpaired form in Bernardus Silvestris. Seldom, in our view, is it necessary to strike out words conveyed by both manuscripts. We mark intrusive words in the notes on lines 38 and 817.

A third type of emendation is alteration of the received order of words. Latin word order is flexible, but not random, and surely not every and any order of words is to be allowed. That the word order of the current commentary could become wildly chaotic is undeniable. One manuscript will at times witness against the other in this regard. At line 728, the commentary identifies Vergil's "hominum pecudumque genus" as the class of "creeping" animals. Both manuscripts report as follows: "Per homines notat reptile et pecudes, ..." The order is unnatural and must originally have been "Per homines et pecudes notat reptile." The style of scholastic commentaries is simple and straightforward. Wild *hyperbata* and strange arrangements cannot as a rule be intended. We have no doubt that the commentator at line 585 wrote, "rex ... simulabat se facere tonitrua," and not "rex ... se simulabat facere tonitrua" (as *H* records), even though an experienced reader of Latin will be able to make sense out of either statement. The principle of "lectio difficilior, lectio potior," if it ever was a proper guide to the editing of Classical texts, must not be applied in the present situation.

Lacunas (blank or unfilled spaces) are to be found in both manuscripts. At *Aeneid* 5.556, a line is left vacant in the middle of a note which is not complete as it stands. We were not able to repair this place.[111] At *Aeneid* 5.139, a space has been left for some verses of Statius which are easily supplied from Servius. Perhaps the original intent was to add these verses in a different ink and the task was forgotten. In the commentary on *Aeneid* 6, short hiatuses occur in eight places in the Ambrosian manuscript, at lines 565, 597-600, 666, 670 (twice), 747, 788, and 861. We are left to wonder whether the scribe had difficulty in these places in making out what was before him in his exemplar. All eight of these hiatuses may be filled with reference to the Harley version. Two hiatuses occur in MS *A* in places where the sense seems complete despite them (at lines 667 and 763) and where MS *H* has nothing to add. At *Aeneid* 5.566-567, a *lemma* (or a number of *lemmata*) are copied, but no comments are provided after them. Likewise, no explanation follows the *lemma* "molibus" at *Aeneid* 5.439. At *Aeneid* 6.298, neither manuscript offers an explanation for "filius Palemonis," though one is needed and expected.

The *lemmata* of the present edition require separate discussion. Where *lemmata* are involved, this edition accepts the readings of the

[111] Remember that the commentary on *Aeneid* 5 is found only in the Harley MS.

manuscripts unless those readings are obviously corrupt. The point must be made that frequently even less care has been taken in the copying of these than in the copying of the comments. In places they may be made out only by means of the careful comparison of the sense of the following notes with the text of the *Aeneid*. Abbreviation is maximized and the words of a *lemma* are often represented only by initial letters. The primary apparatus seeks to indicate all deviations from the received text of Vergil including alterations of word order.[112] There are numerous deviations and these probably occur for several reasons. Some changes in the word order may have been made with a view to simplification, a more prosaic order being substituted for Vergil's poetic version. Thus, "contra Paridem" might be simpler for a student than "Paridem ... contra" (*Aen.* 5.370) and "Bellum mortiferum in adverso limine" more readily comprehensible than "mortiferumque adverso in limine Bellum" (*Aen.* 6.279). Differences in wording may simply reflect the fact that medieval manuscripts of the *Aeneid* typically contain some readings not found in the best sources. Some changes may reflect the operation of the memory of the commentator. The *lemma* on *Aeneid* 5.626 is probably based on recollection of *Aeneid* 1.756 and that on *Aeneid* 6.515 may be inspired by *Aeneid* 2.47.

The following list contains all variations that involve some difference of wording. Some readings of the Ambrosian and Harley manuscripts which have not been adopted as *lemmata* in this text, but which may be of interest are presented in square brackets. As will be seen, the commentator was aware in several places of variants in manuscripts of the *Aeneid*. *Lemmata* of this edition appear below to the left; Vergil's words appear to the right:

Aeneid 5

52 Micena	Mycenae
96 quinas	quinas *or* binas
116 Pistim	Pristim
163 dextrum litus	litus
163 distringat	stringat
238 porriciam	proiciam (most MSS)
259 triplicem	trilicem (commentary knows this reading)

[112]For the text of the *Aeneid* the edition of Marius Geymonat (Turin: Paravia, 1973) will be taken as a standard here.

312 quam *vel* quam et	quam
319 celeris	ocior
321 demum	deinde
374 moribundus	moribundum
398 iuventus	iuventas (most MSS)
409 tam	tum
439 [mollibus]	molibus
488 transvecto	traiecto
498 consedit ima	ima subsedit
505 pennis	pinnis
521 ostentat	ostentans
524 omnia *vel* omina	omina (*omnia* in some 9th cent. MSS)
527 ventis	ventos
533 summe	sume
546 impubes	impubis
626 iactatum (emendation; *H* has "iactas")	errantem
705 et reddidit	reddidit
753 rudentemque	rudentisque
797 Laurenti	Laurentem
803 non minor	nec minor
809 diis	dis
865 ossibus albis	ossibus albos

Aeneid 6

5 [protexerunt]	pretexunt
11 mentem et animum	mentem animumque
28 [sed illis *A*, sed ill *H*]	sed enim
42 in antra	in antrum
50 affata est	afflata est (most MSS)
60 Massilium	Massylum
98 ex adito	ex adyto
99 ambigua	ambages
114 [invalidius *H*; invalidam *A*]	invalidus
123 Alcides *H* (Alchide *A*)	Alciden
128 ad superas auras	superasque evadere ad auras
143 [primus *H*, postea *A*]	primo
146 facilis volens	volens facilisque
160 ferebant *vel* serebant	serebant (*ferebant* in one 9th cent. MS)
179 [per antiquam silvam *A*]	in antiquam silvam
192 [visa]	viridi

198 [quo peragant *H*, quid peragunt]	quo ... pergant
198 [peragant *H*, peragunt *A*]	pergant
201 [venerunt *H*, veniunt *A*]	venere
204 [inde *H*] unde *A*	unde
206 viret nova fronde	fronde virere nova
(quotation of *Aeneid*, not a *lemma*)	
209 braccea	brattea
216 cupressus	cupressos
224 [adversi]	aversi
228 Corineus [Comeus *A*]	Corynaeus
239 quam super speluncam [quia super speloncam *A*]	quam super
240 hanelitus	halitus
244 invirgit [inungit *A*]	invergit
250 [Eumenidis *H*, Eumenidem *A*]	Eumenidum
268 [sub obscura nocte *H*, sub osturum nox *A*]	obscuri sola sub nocte
269 [vacua]	vacuas
273 in primis faucibus [in primis foribus *A*]	primisque in faucibus
276 malesuasa [ma sua *A*]	malesuada
276 et turpis egestas	ac turpis egestas
277 labor	labos
282 et brachia annosa	annosaque bracchia
299 huic [hec *H*]	cui
300 impexa	inculta
302 [subit *A*] subigit *H*	subigit
303 cimba	cumba
309 sub primo frigore autumni [sub primo frigore *A*]	autumni frigore primo
313 prime	primi
326 quos unda vehit [quos cumba vehit *A*]	quos vehit unda
348 non	nec
376 [fatum *A*] fata *H*	fata
386 tantum	tacitum
414 subtilis [salutis *A*]	sutilis (most MSS)
415 post	trans
438 fata obstant	fas obstat *or* fata obstant
445 Phedra	Phedram
447 Pasiphe (Pa *H*)	Pasiphaen

462 [spinosa]	senta
465 quin pocius siste gradum	siste gradum
515 fatalis civitati saltu [fatalis faltu *A*]	fatalis equus saltu
524 removet	amovet *or* emovet
542 Elisii	Elysium
555 [Thesiphonumque *H*]	Tisiphoneque
556 per noctes et dies	noctesque diesque
618 et Theseus et Phlegias	Theseus Phlegiasque
629 [proficiscere *H*, profisce *A*]	perfice
638 ad lucos Letheos	locos laetos
642 palestra	palestris
648 pulchra	pulcherrima
658 odoratum lauro nemus [odera laur *A*]	odoratum lauris nemus
662 pia	pii
666 [est effata *H*]	est adfata
680-681 [lustrabat animis *H*]	animas ... lustrabat
698 ne subtrahe nostro aspectu [ne subtrahe *A*]	amplexu ne subtrahe nostro
728 volancium	volantum
730 illis	ollis
733-734 nec auram respiciunt[113]	neque auras respiciunt (*or* despiciunt *or* dispiciunt)
735 [quin supremo *H*]	quin et supremo
738 mollescere *H* [male steroi *A*]	inolescere
742 vel	aut
743 [suas manes]	suos ... manes
755 hic adversos	adversos
768 Numitor Capis	Capys et Numitor
773 Gabii	Gabios
788 huc gemine [hec Cesar *A*]	huc geminas
796 lucifer	celifer
802 cerva Erimanthi	cervam ... Erimanthi
810 primum	primam
822 [ubi cumque ferent ea *H*, ubicumque fe hec *A*]	utcumque ferent ea

[113]This actually represents my emendation or decipherment of the manuscripts. The Harley manuscript has "hec arespi" here; the Ambrosian has "hec aresei." The commentator clearly chose "auram" rather than "auras" as his following note proves.

Of all these variations from the received text of the *Aeneid* probably the most provocative is the *lemma* "mollescere" at line 738 of book six. James Henry noted the presence of this reading in a number of "second class" manuscripts, but dismissed it as erroneous.[114] We would concur that on a transcriptional ground *mollescere* can not be defended as genuine. If we review the forms of Latin writing of the early Roman Empire, we realize that this word would not likely become *inolescere*, the approved word, by an error of copying; on the other hand, in a milieu using the Gothic scripts, *inolescere* might easily become *mollescere*. Even though we must grant that such a change likely occurred, we must not overlook the marvelous intrinsic appropriateness of *mollescere*. This is the Vergilian context (6.737-738):

... penitusque necesse est / multa diu concreta modis inolescere miris.

Scholars have often noted that "inolescere" is somewhat redundant after "concreta."[115] Now, redundancy in epic is not necessarily a fault and is surely not unusual. Here, however, Vergil's statement, if *inolescere* be retained, is difficult to translate. Editors find it necessary to devise careful translations of line 738.[116] If *mollescere* be countenanced, we attain a nice alliterative effect and add another Lucretian word to the Lucretian phrase "modis ... miris." More important, *mollescere* responds nicely to the idea of hardening or coalescence which is basic to the verb *concrescere*.[117] Vergil's lines now become less opaque: "... and it is utterly necessary that taints which have grown hard over a long time become soft in wondrous ways."

An effort has been made here to keep the *apparatus criticus* from becoming insupportably ponderous. The apparatus does not usually report the addition or omission of *et, est, vero, autem, etiam, scilicet,* and *id est* or variations between *vel* and *id est*, or *vel* and *et*, or *quia* and *quod*. Nor does the apparatus note scribal corrections unless these involve a change of wording, as at *Aeneid* 5.788.

[114]*Aeneidea* (New York: Burt Franklin, 1972; reprint of 1873-1892 edition), 3: 395.

[115]So R.G. Austin, *P. Vergili Maronis Aeneidos Liber Sextus* (Oxford: Clarendon Press, 1977), p. 225.

[116]For example, R.D. Williams, 1: 504, and Sir Frank Fletcher, *Virgil Aeneid* VI (Oxford: Clarendon Press, 1941), p. 85.

[117]This is the note of Tiberius Claudius Donatus *ad loc.*:

"concretum dicitur quod ex minutis multis in unam redditur massam."

Variations in word order between the two manuscripts are not indicated. As stated above, the word order of *H* is adopted for this edition. References to word order will be made when that of *A* seems to suggest a somewhat different sense (as at *Aeneid* 6.445) or the order of *H* seems to be obviously abnormal. In the latter case, resort will be had to emendation or the order of *A* will be preferred if that seems superior (as at *Aeneid* 6.779, for instance).

Capitalization and punctuation reflect modern practice. Ellipses in the *lemmata* of the presented text indicate the omission of an intervening word, or words, in the established text of the *Aeneid*. These ellipses do not reflect the condition of the manuscripts, where no ellipses are indicated. The paragraphing of the body of the commentary accords, in most instances, with the paragraphing of the text of the *Aeneid* as given in Geymonat's edition. Occasionally, a single note is so long that it deserves to be perceived as a separate disquisition and to constitute a paragraph. In places the scribe of *H* begins a new sentence with a conspicuous capital letter. This practice may be intended to denote a new beginning, but his capitals do not regularly appear to mark the beginning of a major new segment of comment; therefore, they are not employed as a guide to paragraphing.

The numbers which appear in bold face within the Latin text and which refer to lines of the *Aeneid* have been inserted by the editor. They are not found in either of the Latin manuscripts of the commentary. Also, for the conveniece of the reader, subtitles have been added to break up the relatively long Latin text. These subtitles indicate the principal subtopics or themes of books five and six of the *Aeneid*.

Latin of the Commentary: Grammar and Vocabulary

The reader of this commentary who is a Classical purist will probably experience some pain. The student of language, however, will likely see the commentary simply as another proof that in language and literature life means development and change. Our commentator is familiar with Classical constructions, forms, and diction; he is at the same time the obvious beneficiary of various postclassical changes. In his notes, the same idea may be expressed in a Classical and in a postclassical manner in the same context (as, for example, at 5.602 and 6.289). Among the postclassical usages that are a part of his composition are the following:

(1) *Quod* tends to become a universal conjunction. It regularly introduces indirect statement, and in this construction, is almost always followed by an indicative verb. Rarely the subjunctive will be employed with (as at 6.173) or without (as at 6.14) differing signification. In one place (5.623) an imperfect subjunctive seems to be the equivalent of a future active infinitive of the Classical idiom. *Quod* also usually introduces clauses of result with the verb in the indicative; the subjunctive is employed in one instance (6.200) with no apparent difference in force. Occasionally, *quod* introduces a subordinate jussive clause with subjunctive verb (e.g., at 5.496, 6.76, and 6.186); in one instance (at 6.119), it introduces a subordinate noun clause that explains "hac lege"; in one instance (at 6.64) a *quod* clause with subjunctive verb follows *velle*; and at 6.89, the same construction follows *contingere*.

(2) *Quia* sometimes introduces *oratio obliqua*; e.g., at 6.44, 6.300, and 6.770. The verb is expressed in the indicative mood. After the impersonal *respondetur*, there follows both *quia* and the indicative (as at 5.521 and 5.626) and *ut* and the subjunctive (as at 5.516).

(3) In one instance (at 6.673) *ut* introduces a result clause that has an indicative verb; in another place (6.57) the same construction follows "contigit."

(4) Indirect questions may contain indicative verbs (as at 5.521 and 6.156).

(5) Forms of *habere* (often replacing forms of *debere*) may mean "have to, ought, must" and govern infinitives (as at 6.143, 6.555, 6.730, 6.898).

(6) The ablative of the gerund frequently takes the place of the nominative of the present participle, singular or plural (as at 6.37, 6.119, 6.134, 6.247, 6.414, 6.670). At 6.16, the gerund "veniendo" seems to stand for the dative *venienti*.

(7) *Etsi* introducing *simple* present and past conditions is followed by the subjunctive (as at 5.792 and 6.156).

(8) *Dum* at times replaces temporal *cum*. The verb is in the indicative mood for present time (as at 6.151, 6.455, 6.636); in the subjunctive mood for past time (as at 5.252, 5.560, 6.60, 6.636).

(9) A phrase involving *in* plus the ablative appears in a number of new or different uses. Such a phrase may replace a dative noun or

pronoun, as "in hoc consuevit" (5.128) and "consentire in alicuius electione" (6.808); or it may express purpose, as "in auxilio Gigantum" (6.582) and "in pena" (6.703); or it may express means as "in ensibus occisus" (6.20). "In crastino" replaces classical "crastino" (6.818). Souls are said to be "in the will (*in voluntate*) of returning to their creator" (6.311). Anchises is said to be tired "in loquendo" (6.845) rather than *ex loquendo*.

(10) Use of the infinitive as noun is expanded. It occurs as object of a preposition in the phrase "a posse" (5.231) and as accusative object of a verb in the expression "homo ... contrahit discernere" (6.12).

(11) New uses are found for the infinitive. It serves as verb in a relative clause (6.439) and also in a temporal clause introduced by *priusquam* (6.439). It is part of a construction of purpose in the expression "ad voluntatem ... manifestare" (6.77). It completes the meaning of a noun in the phrase "pre ... gaudio ... tollere," "because of eagerness to raise up" (6.515). It takes the role of a substantive clause of fact after "faciunt" (5.864) and "facit" (6.57 and 6.726).

(12) At 6.661, the infinitive "luxuriari" seems to have future force.

(13) The "double" perfect passive (5.45) and the "double" pluperfect passive (5.24, 5.193, 6.14) occur alongside the usual forms. The perfect passive infinitive is usually a combination of the perfect passive participle and *fuisse* (as at 5.3, 5.96, 5.401, 5.801, and 6.777).

(14) An analytical tendency results in the use of the present participle with forms of *esse* to express tense relations. Examples are "constans sit" at 5.516 for *constet*, "operantes erant" at 6.14 for *operabantur*, "pascentes sunt" for *pascuntur* at 6.199 and "patiens est" for *patet* at 6.147. The same tendency produces such expressions, as "Priscianus contra est" at 6.21 for *Priscianus opponit* and "Servius contra eos est" at 6.1 for *Servius eis opponit*.

(15) The nominative absolute occurs once – "distinguentes" at 6.703.

(16) The preposition *cum* stands gratuitously with an ablative of means, as "cum hasta" at 6.760 and "cum clava" at 6.20.

(17) Subordinate conjunctions may be associated with single words or phrases. Thus "quia" introduces an ablative absolute (5.*conclusio*); "licet" limits the single word "venialibus" at 6.414; and temporal "cum" defines the participle "remotus" at 6.152.

(18) Some carelessness in the choice of tenses is observed. In the same statement (at 6.156) primary and secondary tenses are mixed. At 5.626, "si viveret" seems to represent "si vixisset."

(19) In one place (6.431) "plus avarus" stands for the Classical *avarior*.

(20) At 6.532, the more explicit "respectu eorum" replaces the simple ablative of specification.

(21) In one instance (6.817), an ablative absolute is not truly absolute since its substantive refers to the subject of the main verb.

(22) Adjectives commonly precede the nouns they modify.

The commentator's vocabulary is in the main Classical. A sprinkling of postclassical words does occur. The following examples of later Latin may be noted: *absentatus* (5.363), *parilitas* (5.432), *attractorius* (5.527), *trutanni* (5.602), *canzellarius* (6.14), *apocrifarius* (6.14, of Greek origin), *flebotomia* (6.57, of Greek origin), *garcio* (6.119), *apodiare* (6.186), *materiatum* or *materiamentum* (6.415), *tortura* (6.580), *abissus* (6.580), *leccatores* (6.631), *causaliter* (6.730), *monialis* (6.777), *canones* (6.792), and *filiacio* (6.823).

Some Classical Latin words have taken on a different sense in some places: *subpeditata* in the sense of "subdued or trampled under foot" (4.*summa allegorica*); *exstare* in the sense of *esse* (e.g., 5.252, 5.370, 5.560), *existere* in sense of *esse* (6.64), *nullum* for *nihil* (6.67), *quam cito* for *quam primum* (6.274), *ipsa* (f.) for *ea* (6.288), *aliquis* for *ullus* (6.384), *ex facili* for *facile* (6.552), *luxuriari* in the narrow sense of "to have sex" (6.661), *nisi* for *solum* (6.779), and *assignare* in sense of *monstrare* (6.788).

The style of the commentary is plain throughout and generally devoid of literary artifice. There are, however, several nice metaphorical usages which the discerning reader will appreciate. Whether the commentator inherits or originates these figures in the places where they occur cannot be determined: *defluere* (6.1 and 6.285), *defluentibus* (6.154), *armarium* (6.35), and *illaqueata* (6.129).

Glossule in Virgilii *Aeneidos*

Siglorum Conspectus

A = Ambrosianus G111 *inf.*, circa 1400

A^1 = Scriba Se Corrigens

H = Harleianus 4946, circa 1450-1500

H^1 = Scriba Se Corrigens

H^2 = Qui scribit marginalia

ego = Editor Huius Editionis

[ ] uncis quadratis litteras vel verba delenda,

⟨ ⟩ uncis acutis litteras vel verba supplenda inclusimus.

⟨Glossule in Virgilii *Aeneidos*⟩

… **4.701** ⟨MILLE … COLORES: Est ad⟩miracio. Videntes enim arcum istum admirantur. **702** DUCI, id est Plutoni. **705** IN VENTOS: secundum sentenciam ⟨qu⟩a di⟨ce⟩batur animam nichil aliud esse quam aer.

Continencia huius quarti voluminis tanta est quod in principio Eneas venatum progreditur, amore incenditur, tempestate coactus ad ultimum perpetravit adulterium. In quo diu commoratus, Mercurio instigante, libidinis sue amorem reliquit; deinde Dydo moritur et in cineres mutatur. Per hoc totum iuventus designatur. Eneas ergo mortuo patre venatum progreditur quia iuvenis iam subpedi⟨ta⟩ta et postposita cura pedagogi in ludis et in inutilibus immoratur. Unde Horacius: "Imberbis iuvenis tandem custode remoto, gaudet equis canibusque." Qui perficit adulterium, amore incensus et tempestate tractus quia iuvenes in amore et libidine mentis perturbacione compellente del⟨e⟩c⟨t⟩antur, sed Mercurio instigante, talia relinquit. Mercurius enim deus ingenii et calliditatis interpretatur. Ergo ingenio instigante, amorem contempnit et deserit. Dydo contempta moritur et in cineres mutatur quia amor contemptus annichilatus et quasi in cineres exustus migrat. Dum enim de corde puerili racione ingenii amor expellitur et quasi sepultus oblivionis cinere, faville sunt.

⟨Glossule in Librum Quintum⟩

5.1 INTEREA MEDIUM: Continencia huius quinti voluminis tanta est quod in eo continetur iter Enee a Cartagine usque in Sciciliam, deinde funebres ludi in honore et commemoracione Anchyse facti et combustio navium. Actor vero continuat dicta dicendis per huius vocabuli interposicionem "interea" quod scilicet ad designandum volumen volumini

Prior interpretatio deest. Summa in pagina Dominus Jesus H[2]   3 duci] diti *codd. Aen.*   4 ⟨qu⟩a di⟨ce⟩batur] *codex terebratus est.*

9-20 *Cum hoc toto loco cf.* Fulg., *Cont. Verg. pp.* 94.16–95.1.
11-12 *Ars P.* 161-62.

subsequi ponebant “antea” et hoc est “interea.” MEDIUM: Medium dicitur quod eque distat duobus extremis et medium quicquid est inter duo extrema vel medium, id est altum, id est mare. **2** ATROS AQUILONE, non quia tunc flaret forsitan aquilo sed quia praecesserat quia secundum Lucanum ventus qui diu dominatur in mari, alio eciam orto et iam obtinente mare, ⟨colorem efficit⟩. **3** MENIA respicit. Hic bene notat “medium” acceptum fuisse secundum ratam exposicionem vel acceptionem. **4** FLAMMIS que preferebantur Dydoni in vespere. Erat enim consuetudo veterum quod mortuos et maxime reges ubicumque sunt mortui deferebantur ad domum suam flammis preeuntibus et sic feriabant usque ad octavam diem et tunc in vespere comburebant et cineres sepeliebant. In nona vero die faciebant ludos qui vocabantur neniales et possumus dicere hoc dictum fuisse non per Dydonis combustionem que fiebat in die octava sed per lampadarum accensionem in eadem die mortis circa vesperum. **6** POLLUTO: Hinc est amor pollutus quando duorum amancium alter alterius fugit desiderium. **7** TRISTE ... AUGURIUM in mortem Dydonis, quasi dicat: dubitaverunt unde esset ille ignis sed per hoc coniectaverunt per dolorem scilicet amoris relicti et quia femina est res fragilis, ultra modum furit. **10** CERULEUS: a colore nubium. **11** NOCTEM: obscuritatem. HYEMEM, id est tempestatem quia in hyeme maxime contingunt. **13** HEU: dolentis exclamacio. Per magistri desperacionem innuit maximam tempestatem futuram. QUIANAM, pro “cur” et est una dictio secundum Priscianum, vel aliter “heu” quia nymbi cinxerunt ethera quare ideo doles. [NAM] TANTI, id est tam periculosi apparent et tunc admirative. **14** PATER, secundum Thaleta qui voluit humorem mundi principium fuisse et pocius Neptunum quam alium invocat quia in mari erat tempestas. **15** ARMA: armamenta. **17** MAGNANIME: Captat eum. SI MIHI: “si” pro “quamvis.” IUPITER AUCTOR premissi itineris huius quia Jovis monitis ducebantur. **19** MUTATI, quasi dicat: Zephyrus qui prius erat nobis surdus modo per sinuaciones maris diversas nobis est contrarius. TRANSVERSA: nomen pro adverbio. **20** IN NUBEM: Tangit phisicam quia nichil aliud est nubes quam aer coadunatus sic. **23** VERTAMUS ITER secundum qualitatem elementi dictum

9 alterum H 16-17 feriebant H 18 netuales H 25 ceruleus] cera H

11-12 *Hoc loco, Servius, quem commentator noster sequi videtur, Lucanum citat (3.549), sed praesens interpretatio cum hoc versu Lucani non congruit.*
29 Prisc., *Inst. gramm.* 17.49 (GL 2:138).

est. In terra dicendum est "vertamus ab itinere" sed in mari "vertamus viam," ipsa enim navis facit viam sibi. **24** ERICIS: Erix iste fuit filius Neptuni et Veneris secundum quosdam, secundum alios Butes et Veneris sed quicumque fuisset pater uterini fuerunt fratres Eneas et Erix, sed cum fuisset occisus in Sicilia ab Hercule, litora inde vocata sunt Ericis litora. FIDA propter Acestem. **25** SERVATA in tempestate. **30** DARDANIUM, quia cum nobilissime Troiane mulieres vel virgines marinis beluis in rupibus alligate ad devorandum exponuntur ad placandum Neptunum persecutorem civitatis propter periurium Laomedontis, Ypotes Troianus quidam filiam suam S⟨e⟩gestam navi imposuit et ventis et fortune commisit ad ducendum quo vellet. Illa vero duce fortuna in Scicilia applicuit ubi Crinisus fluvius in specie Lupi vel lupi secundum quosdam concubuit et ex ea Acestem genuit, unde a genere Troyanorum fuit. **31** COMPLECTITUR OSSA, quia ibidem sepultus est Anchyses.

37 LIBISTIDIS: a Libia. HORRIDUS: ut de venacione rediens. **38** TROYA: Haec est adiectum. **40** AGRESTI ... GAZA, quia et fructus et quelibet divicie possunt dici gaza.

⟨DE LUDIS FUNEBRIBUS VEL ANNIVERSARIIS⟩

42 FUGARAT: non localiter, sed obscuraverat nec poterant videri. **45** DARDANIE: In hiis verbis intendit Eneas hortari ad neniales ludos quia tunc erat anniversaria dies Anchyse. ALTO ... SANGUINE, quia Dardanio mediante, filio Iovis et Electre, qui genuit Erictonium, Erictonius Troem, Tros Ylum et Assaracum. DIVUM: Divi dicuntur quia prius homines sed postea deificati fuerunt. Dii vero perpetui sed Cato dicit econtrario. **46** ORBIS merito dicitur annus quia orbiculariter tempus volvitur post diem dies, post septimanam ⟨septimana⟩, scilicet post mensem mensis sequitur. **47** DIVINI: vel deificati vel cari. **48** ARAS: Per aras notat mortalem fuisse. Que inferis diis conveniunt et asscribuntur sed per altaria que altis diis de quibus mencionem facit in proximo notat

47 exponentur H 48 persecutorem civitatis *post* Laomedontis H 55 gaza ... agresti *codd. Aen.*

3 Dardanidae *codd. Aen.*

7 Cato: *secundum Servium (ad loc.) Varro vel Ateius.*
12 *Infra Aen.* 5.54.

ipsum esse deificatum et modo immortalem. **49** NI FALLOR: Hoc dicit propter diversorum diversas sentencias de anni inicio. Volebant enim quidam annum inchoare in Marcio, alii in Aprili vel fit temperamentum "ni fallor." ACERBUM: propter mortem patris. **50** HONORATUM: propter eiusdem deificacionem. SIC ... VOLUISTIS: quasi diceret quod ille moreretur. **51** AGEREM, id est viverem vel ducerem et sic a maiori hortatur et invitat. **52** MICENA: secundum Latinam declinacionem. **55** NUNC ULTRO: Ab oportunitate loci et temporis invitat ad faciendum ludos. **56** MENTE: voluntate et disposicione. NUMINE: potencia et nutu. Ergo quandoquidem dii volunt et locus permittit **59** POSCAMUS VENTOS, quia putabat hoc posse Anchisen. **60** VELIT: pater meus. **62** PENATES: dii familiares. **63** EPULIS: sacrificiis. **64** PRETEREA: Preter sacrificia sunt ludi faciendi et subiungit quinque et hoc in nona die post anniversarium. ALMUM ab alo, -is quia calore diei omnia aluntur. **65** RETEXERIT umbras removendo. **69** CRUDO: duro. CESTUS: ⟨C⟩estus cum dyptongo est plumbum pugilum; sine dyptongo est cingulus Veneris.

72 MATERNA: Quia arbor ista dedicata est Veneri, merito ergo sacrificaturi marito Veneris ea se accingunt. **75** ILLE: Eneas. **77** CARCHESIA: vasa. **78** NOVO, id est recenter mulso vel sero. Et merito hic tria ponit in sacrificio animarum quia calor qui per vinum designatur quamdiu est in corpore conservat animam; lacte vero infans nutritur; sanguis iterum sedes est anime. **80** ITERUM ... RECEPTI: semel ab igne quando combussit corpus patris et modo secundo vel "nequitquam recepti" a Dyomede quos coactus tempestate reddidit vel "nequitquam" quia non amplius visurus erat ipsum vel quia non pervenit in Ytaliam.

81 ANIMEQUE: Pluraliter dictum est, enim ⟨est⟩ anima que confert vitam et non motum ut in herbis et arboribus; iterum est anima que confert vitam et motum et non sensum ut in ostreis. Est iterum que confert vitam et motum et sensum et non racionem ut in brutis animalibus. Est que confert hec quattuor ut in homine. Nec tamen putandum est quattuor animas esse in homine sed propter unius diversas potencias que sunt in ipso hic dictum est vel "anime" genitivus sed nugatorium est quia soli corpori reliquie et cineres referendi sunt.

82 FATALIA: a fatis promissa. **83** QUICUMQUE: Hoc dicit quia videbatur ei remotus. **84** ADITIS, ab adeo, adis per antyphrasim eo quod minime alicui preter sacerdotem adire licet. ADITIS sepulti scilicet

17 volui H 17-18 moriretur H 19 Micena] Mycenae *plerique codd. Aen.* 30 mariti H | carthesia H 39 harbis *ex* arbis H 47 adytis *codd. Aen.*

Anchyse. **85** Giros septena: Per hoc vult notare errorem suum iam fuisse septem annis et merito per volumina serpentum annos intelligit. Primi enim Egyptii antequam litere essent invente in designacione cuiusdam anni serpentem pingebant caudam tenentem in ore ita quod se videbatur consumere et hoc tali racione quia annus orbiculariter vadit et se quodam modo consumit. **91** Levia: plana. Pocula: ⟨s⟩cyphos. Serpens: participium.

95 Genium: Genesis est natura; inde genius quasi dicat "naturalis deus." An putat ibi natum famulum. Hoc dicit quia antiquitus servi cum dominis solebant comburi rogo ut servirent eis apud inferos vel quascumque maxime dilexerant ut uxores vel secundum Pytagoram famulum dicit serpentem qui dicitur de spina hominis nasci qui dicitur medulla vel quia putabat Eneas aliquem eius, id est patris, servicio tamquam deo deputatum. **96** Quinas: Per parem numerum, ut superius "bina capita," voluit notare patrem fuisse mortalem sed modo hic per imparem ipsum fuisse deificatum.

105 Phetontis: pro "Phebi." Quattuor sunt equi solis propter eiusdem totidem proprietates. Unde eis nomina conveniunt: primus enim dicitur Ericteus, id est rubens, secundus Acteus, id est splendens, tercius Lampus, id est fervens, quartus Phylogeus, id est amans terram. **108** Pars ... parati: Figurativum est in coniunctione singul⟨ar⟩is cum plurali. **110** Tripodes, id est ymagines deorum. **111** Palme: arbor immarcessibilis coloris quo coronabantur ad designandum immortalitatem fame. **112** Talenta apud Romanos continebat l⟨xx⟩ libras. Unaqueque enim gens legitur secundum proprium talentum suum. **113** Commissos et promissos.

56 quasi dicat *post* deus H   58-59 quecumque H   60 medulla *ego* iena H *Cf.* Serv. *ad loc.*   62 quinas *aut* binas *codd. Aen.*   69 figurativam H   72 lxx libras *ex auctoritate Serv. ad loc.*   73 legitur] legitur *vel* libre *intra rugam obscuratur*

56-57 genius ... deus: *sententia Remigii secundum Vat. Myth. Tert.* 6.19 (*p.* 185).

59 Pytagoram: *Cf.* Serv. *ad Aen.* 5.95; Isid., *Orig.* 12.4.48; *Vat. Myth. Tert.* 6.19 (*p.* 185).

62 superius: *Aen.* 5.61, 62.

65-68 *Cf.* Fulg., *Mit.* 1.12 (*p.* 23): "unde et ipsis equis condigna huic nomina posuerunt, id est Erytreus, Acteon. Lampus, et Filogeus."

⟨DE CERTAMINE NAVALI⟩

116 PISTIM: nomen navis. MENESTEUS: dominus navis et eo ordine exequitur quo superius promisit. **117** MOX, id est postea. ITALUS, quia in Italiam venit et ab eo quedam familia Memmia. **118** GYAS: proprium nomen domini sed ab isto nullam familiam dicit descendisse quia forsitan ignobilior fuit aliis. CHIMERAM: nomen navis. **123** CERULEA a colore maris.

124 EST PROCUL: Facit topographiam, id est loci descriptionem, ut inde appareat in illo cursu oportunitas. SPUMANTIA propter assultus maris. **125** OLIM, id est aliquando. **126** CONDUNT interposicione nubium. **127** TRANQUILLO, id est tranquillitate. **128** CAMPUS, id est planicies maris, id est scopuli. MERGIS: Legitur Ysacon filium Priami quadam die se precipitasse a muris sed quia illesus extitit, in hoc consuevit quod sepe se precipitaret et miseracione deorum factus est avis officio mergus. Unde Ovidius: "Nescius assumptis Priamus pater Esacon alis vivere lugebat" sed avis ista semper querit delectabilia loca. APRICIS: delectabilibus. Unde eciam quidam delectabilis mensis anni dicitur Aprilis quasi Aperilis quia tunc terra aperitur in flores vel secundum Servium Aprilis ab apristicon, id est sine frigore quia tunc fugit frigus vel quia post frigus. **129** VIRIDEM ... METAM: Ramum ibi posuit. ILICE: arbor sacrata Herculi. Quare laborantes inde coronabantur. **132** LEGUNT: Eligunt SORTE secundum sortem quis est primus. **134** POPULEA: Populus est arbor dedicata Herculi, unde in *Bucolico*: "populus Alcide." Inde laboriosi coronabantur. **135** NUDATOS: Bene dicit quia nudatum est quod aliquando nudum, aliquando non, nudum quod semper. **137** INTENTI erant bracchiis et brachia remis. **137-138** PAVOR ... HAURIT, id est ferit et alludit vocabulo secundum ethymologiam eius quia pavire est ferire, inde pavimentum quod feriendo politur sed ne videretur ex inhertia subdit LAUDUMQUE et cetera.

2 Pistim] Pristim *codd. Aen.* 3 Italis H 4 Mcmma H 11 tranquilla H 12 mergis] magis H 16 apriscis H 20 ilicem H 26 pavor ... haurit *ego* pava haurit H haurit ... pavor *codd. Aen.*

3 superius: *Aen.* 5.66.
15-16 *Met.* 12.1-2.
19 apristicon: *quasi ex* ἀ-φρίκη. *Cf. infra ad Aen.* 6.312 (*p.* 155) *et* Serv. *ad loc.*
23 *Ecl.* 7.61.

139 TUBA[M]: Merito dicit tubam fuisse in ludis de morte Anchyse; tuba enim fiebat sonus in funeribus regum, tibia vero in funeribus pauperum et puerorum unde Stacius: “Tibia, cui teneros solitum deducere manes.” **141** ADDUCTIS in pectus more navigancium. **144** BIUGO, quia [est] hoc numero equorum solebant antiqui currere in curribus; nam si plures essent unus alium impediret, si pauciores non sufficerent. **145** CARCERE: singulare pro plurali; carcer enim in singulari est proprie ille hominum locus exilii, carceres vero retinacula illa ante equos a cursu. **146** UNDANCIA: fluxa. **149** VOLUTANT per activitatem sui et per equorum.

154 EQUO DISCRIMINE: pari velocitate. **162** MIHI DEXTER: versus me. **163** DEXTRUM LITUS AMA, scilicet scopulum, id est metam determinatam quia litus dicitur quidquid undis maris diluitur. DISTRINGAT, id est colligat ut in multis locis. PALMULA: extrema pars remi et est in modum palme lata. **164** CECA, id est in mari latencia. **170** RADIT: transit. **172** EXARSIT: Proprie dictum est quia omnis dolor procedit ex fellis commocione ex diffusione calidi in affectu. **173** LACRIMIS: Litotes est. **174** DECORIS, quia turpe est domini irasci. SOCIUM, id est sociorum, scilicet oblitus salutis socii quia salus nautarum in rectore navis est vel “socium” accusativi casus. **178** AT: quamvis. UT: postquam. **179** FLUENS IN VESTE, quia vestis fluebat et est optima posicio.

187 EMULA: imitatrix. **190** HECTOREI: fortes quia Hector fortis fuit vel forsan socii eius fuerant. SUPREMA: Commendando sic captat eos. **192** GETULIS SIRTIBUS: quando scilicet tendebant in Affricam. **193** SEQUACIBUS: propter pericula que perpessi ibi fuerant, que adhuc abhorrebant. **195** QUAMQUAM O: pro “nunc si posset fieri.” **196** HOC VINCITE: In hoc vincendo vitate vel hoc nefas. **198** EREA, id est fortis quia quorum es est materia fortia sunt vel quia erata erat ante et retro. **199** SOLUM, id est maris soliditas; quicquid enim potest aliud sustinere respectu illius solum dicitur. Ut superficiem terre dicimus solum quia sustinet homines sic et aera quia aves, aquam quia pisces et naves.

37 ille] illud H   38 undancia *codd. Aen.* nudancia H   41 dextrum litus] litus *codd. Aen.*   42 stringat *codd. Aen.*   46 calidi *sc.* fellis   47 socium] sotium H 48 sociorum, socii] sotiorum, sotii H   52 sotii H

32-33 *Theb.* 6.121. *Hunc versum Statii, qui a Servio citatur ad Aen. 5.138, addidi. Spatium in* MS *H relictum est.*

200 Rivis, id est rivatim. **203** Iniquo, id est stricto. **205** Murice, id est in lapide ubi solet murex circumnatare in quo requiescit. **208** Contos: Conctor, -aris per "o" et "u" est scrutor, -aris, inde "conto" quo mare scrutatur, sed cunctor per "un" et "c" est moror, -aris. Trudis dicitur a trudo, -dis quod est pello.

212 Aperto, quia iam erat ultra scopulum. **213** Columba, quasi colens lumbos, scilicet que est domi privata et est luxuriosa avis, sed palumbes quasi lumbis parcentes quia raro coeunt, que scilicet sunt silvestres. **215** Exterrita pennis, non quia ale ipsarum terreant sed quia signum sunt timoris. **217** Neque commovet, id est non videtur commovere. **220** Primum, id est primo. I primi qui erant cum Cloanto.

231 Possunt quia posse videntur, quia sicut desperacio retardat a posse, ita spes impellit ad illud. **237** Voti reus, nisi solvam vel quia inclusus est qui vovet quo usque persolvat. Qui vero perficit votum absolutus est. **238** [Proicinalis] Porriciam: Et est porricere quando super aras exta ponebantur et est verbum sacrifitii. Proicere quando inde auferebatur. **240** Nereidum: nimphe aquarum. Phorci: Deus est maris qui multas filias habuit et cum eis transfretare proposuit et submersus est cum eis. Panopeaque virgo: Per hoc notat alias non esse virgines. **241** Portunus: Deus portuum et est idem quod Palemon, filius Inous et Athamantis, sed Palemon Grece, Portunus Latine, cuius fabula satis est nota.

244 Tum, id est finito ludo. Ex more, quia aliquo existente victore mos erat sub preconio eius manifestare victoriam vel propter tumul⟨t⟩um vel quia non erat omnibus cognitus. **248** Dat ferre: donat habere. Greca est huius grammatica, ita scilicet verbum cum verbo iungere. Magnum: Per hoc innuit diversitatem talentorum apud diversos. Apud Romanos enim in talento octoginta libre. **251** Meandro: Adiectum est hic et est civitas ubi depicta fuit et sic est commendacio a loco. Meandro duplici: Translative dictum est. Meander enim est fluvius voluptuosus in Frigia vel in Syria et vadens per amfractus. Unde ponitur in multis locis pro involucione.

63 conctor *pro* contor H 71 primi] prium H | Cloante H 75 porriciam, porricere *ego* proriciam, proricere H *Cf.* Macrob. *Sat.* 3.2.2-6 proiciam *plerique codd. Aen.* 77 afferebatur H 81 Ino H

88 octoginta libre: *cf.* Liv., *Ab urbe cond.* 38.38 *et* Plin., *Nat. Hist.* 33.15.52, *sed vide supra ad Aen.* 5.112.

252 PUER[R]: Ganimedes. REGI⟨U⟩S: pro filius Troili regis Troye quem fabula dicit raptum fuisse a Iove aquila ministrante, sed qui sciunt rei veritatem dicunt quod Saturnus et Titanus fuerunt duo fratres, homines scilicet divites et potentes, sed Tytanus quosdam genuit qui dicti sunt Gigantes pre corporis magnitudine, Saturnus vero Iovem. Sed quia postea Iupiter pugnavit contra ipsos, dicitur pugnasse contra gigantes. Qui dum iret ad praelium quadam die apparuit ei aquila. Ab aquila enim accipiens ⟨augurium⟩, bellum incepit et victor extitit. Unde postea aquilam in clipeo depinxit et inde Romani, ut ostenderent se de eius progenie, depingebant aquilam in armis. Sed Iupiter postea pugnam accipiens cum Troo, rapuit filium eius Ganimedem aquila ministrante, quia sub sic depictorum armorum tutamine et simili racione dicitur rapuisse sub specie tauri Europam, quia per navem ubi taurus pingebatur. **253** FATIGAT per representacionem picture. **254** PREPES: Secundum Priscianum dicitur qui et que volat in altum, a "pre" et "peto." **255** ARMIGER: Phylosophice dictum est ut supra exposuimus. **257** CUSTODES, scilicet pueri.

258 VIRTUTE: Per hoc notat Cloantum non virtute sed deorum auxilio quos invocavit tenuisse victoriam. Unde plus laudat Menesteum. **259-260** TRIPLICEM ... DEMOLEO vel "trilicem" pro nomine Greco. **260** IPSE: Eneas. **261** SUB ILIO: non per "n" quia vocalis naturaliter longa potest corripi sequente vocali in alia dictione. **262** DECUS propter aurum. TUTAMEN propter operis qualitatem vel IN ARMIS, id est inter armatos. **265** AGEBAT: Hic respicit ad laudem Enee qui tam fortem potuit superare et nota munera fuisse conveniencia quia Cloanto ut auxilio deorum ⟨chlamydem aquile⟩ et Ganimedis picte largiuntur, Menesteo nunc quia virtute victor extitit lorica virium designatrix tribuitur. **267** CIMBIA sunt vasa in modum cimbe oblonga. ASPERA SIGNIS, id est ymaginibus. Per hoc notat anaglifum opus, id est sculptum non pictum.

269 TENIS: illa dependencia mitre fibule et dicitur hec tena, huius tenę, qua utuntur eciam milites armati. **274** EREA, id est firma. **276** TORTUS: tortim. **277** PARTE: ex parte oris. SIBILA: sibilancia. **278** CLAUDA, translacione quia proprium est animalium pedes habencium claudicare. **282** PROMISSO, vel quod promiserat pro vita eius deo in illo periculo vel quod ei ante ludos. **284** OPERUM ... MINERVE, id est lanificii. **285** GENUS: per genus.

111 triplicem] trilicem *codd. Aen.* | nomen H | Greci H 120 anglisum H *Cf.* Serv. *ad loc.* 123 parte[1]] parce H 125 vita] nita H

106 Prisc., *Inst. gramm.* 5.24 (GL 1:156).

⟨DE CERTAMINE PEDESTRI⟩

287 GRAMINEUM pro graminosum quia nomina in -eus desinencia materiam signant, ut ferreus de ferro, ligneus de ligno, unde apparet causa. COLLIBUS ... CURVIS: ypallage. **288** THEATRI, a theoror quod est contemplor. **290** CONSESSU: Consessus quarte declinacionis regia sedes. **296** NISUS: Nitens amore pueri dicitur sed ad removendam parvam suspicionem addit pio. **298** ACARNAN: Acarnensis civitas est. **300** TINACRII: Sicilienses. Acros enim est mons. **301** SENIORIS: pro senis. **305** ⟨NEMO ... NON DONATUS⟩: ut munera pretenderet. **306** GNOSIA, id est Cretensia et est commendacio telorum. LEVATO, id est exterso. **308** UNUS, id est communis. TRES: Specialia munera victoribus primis pretendit. **310** FALERIS: Falere sunt ornamenta equorum. **312** TREICIIS, quia in Tracia optime sunt sagitte. QUAM: pharetram vel QUAM ET tunc dicetur balteus dari secundo cum pharetra. **313** BALTEUS qui cingit et qui dependet.

316 LIMEN factum ante illos. **317** NIMBO, id est velocitate et diversitate. ULTIMA, id est in superficiem harene vix signabant vestigia eorum pre nimia celeritate vel ULTIMA, id est finem, id est metam, signabant a longe. **319** CELERIS ALIS, id est velocitate. Fulmina et venti dicuntur habere alas propter velocitatem. **320** PROXIMUS erat numero sed loci quantitate differens. **321** POST DEMUM: Unum ⟨verbum⟩ superfluit secundum Priscianum. **323** QUO ... SUB IPSO, id est iuxta quem ipsum. **324** CALCE: Large accipe planta. **325** HUMERO: ⟨currentis est gestus⟩ vel illius improprie. **328** LEVI, id est plano. **329** IUVENCIS: Hic innuit consuetudinem, scilicet ⟨ad⟩ ludos facere sacrificium. **330** FUSUS: vel sanguis vel Nisus. **334** AMORUM: Per plurale secundum Servium notat turpem amorem quod minime, id est per singulare huius nominis, faceret. **339** ET NUNC: Quia si non caderet Nisus, esset quartus.

340 HIC: pro tunc. **343** LACRIME: vel pre gaudio vel ut eos flecteret. **344** GRATIOR, quia fortitudo pulchritudine magis placet. **346** PALME, id est victorie. FRUSTRA, quia quartus alter et ita frustra quia tribus primis debebantur maiores honores. **349** ORDINE: quasi diceret: quin sic

3 apparet *ego* oporteret H 10 celorum H | exterso *ego* extenso H 13 balteus] balneus H 18 celeris] ocior *codd. Aen.* 20 demum] deinde *codd. Aen.* 22-23 currentis est gestus: *Haec verba addidi ex nota Servii ad loc.* 23 iuvencis] iuvenris H 27 esset] et est H 29 pulchritudinis H

21 Prisc., *Inst. gramm.* 17.85 (GL 2:156).
25 Serv. *ad loc.*

it ut diximus non mutabitur, scilicet quin premia reddantur ⟨Euryalo⟩. **350** Amici: Salii. **360** Refixum: ablatum a templo Neptuni a Danais post Troyam et hunc Helenus ei dono dederat.

⟨De Certamine Pugillatorio⟩

362 Post ubi: Peractis duobus ludis in motu de uno loco ad alium, sequitur tercius in eodem loco, scilicet ars pugillatoria. **363** Virtus: pro vires, si enim de illa virtute animi diceret, in tali ludo nichil est. Animus: pro animositas eadem causa predicta. In pectore: pro in corde quia cor a quo est animositas. In pectore est presens, id est non aliquo eventu absentatus vel presens pro intus. **365** Geminum: quia inter duos existit huiusmodi conflictio. **366** Auro et vitis, id est auratis vitis quibus tauri in sacrifitiis cooperiebantur. Unde invenitur "auratum iuvencum" et "auratam iuvencam." **369** Virum, id est virorum. **370** Solus qui: Laudat eum a preterito facto.

370 Contra ... Paridem: Dicunt quidam et sic videtur quod hec laus nulla est cum Paris hauquaquam animosus vel fortis extiterit. Sed Nero in quodam suo opere attestatur fortem fuisse sed rudis erat ut in domo bubulci nutritus et ut dicit Nero cum primum venisset Trojam, intravit certamen in ludis quibusdam contra Hectorem, quem pene subactum luctamine reddidit brachiorum, donec Hector iratus gladium extraxit et tunc tandem timore confessus est se esse filium Priami. Quare Hector ei pepercit.

372 Victorem, quia multos alios vicerat. **373** Bebritia: Regio est de qua veniens Butes dicebat se esse de gente Amici, antiqui et nobilissimi viri. **374** Moribundus: Nomina in -bundus desinencia similitudinem signant. **375** Talis qualem prediximus. **377** Verberat: Sic per corporis quantitatem et artis ostentacionem alios intendit deterrere. **378** Huic, id est contra hunc. **380** Alacris: pro alacer. Nomina enim tam in -er quam in -is exeuncia per terminacionem in -is femineum, per terminacionem in -er masculinum genus signant. **384** Que finis: Dicitur hic finis et hec.

8 huierus H 12 Paridi H | Paridem ... contra *codd. Aen.* 14, 15 Nero] non H 22 moribundum *codd. Aen.* 27 signat H

10 *Cf. Aen.* 9.627.
14 Nero ... opere: *Troica Neronis secundum Servium ad loc.*

387 HIC: tunc. **388** PROXIMUS facultatem ostendit huius facti. THORO: "Herbe" bene jungit quia primum de herbis tortis faciebant lectos. Unde eciam thorus dicitur a tortis herbis. **389** FRUSTRA, cum modo non pugnes. **391** MAGISTER ... NOBIS: Mihi et tibi. Nomina re Latina tam cum dativo quam cum genetivo construuntur sed cum dativo loquendo ad ignorantes deberent construi vel NOBIS DEUS, id est quem pro deo habuimus. **393** PENDENCIA, quia victores subactorum spolia solent dependere in suis domibus. **395** SED ENIM: Ab obiectis excusatus pretendit senectutem in causam quia frigescente sanguine cessat impetus et sic **396** VIRES ... EFFETE tractum est a muliere. Postquam enim aliquem fetum edidit, minuuntur in ea vires. Unde effetum pro debilitatum ponitur. **398** IUVENTUS: pro iuventa iuxta prenotatam differenciam. **400** ⟨NEC DONA MOROR⟩, id est non curo vel exspecto, sed ultro pugnarem. **401** CESTUS: Hos cestus dicunt sic fuisse paratos: scilicet plumbeos globos in cathenis dependentes et tergoribus insutos fuisse confirmant et fuere coria quibus brachia induebantur et pectus tegebatur et pugnis, id est ambabus manibus, ictus ingeminabant. **404-405** TANTORUM ... BOUM, scilicet et tunc admirative vel Teucrorum. **407** ANCHYSIADES: Eneas et est nomen patronomicum. **409** TAM SENIOR, id est aliquantulum senex cum diminucione positivi; aliter enim repugnans est facto quod sequitur. **411** TRISTEM: propter mortem Ericis occisi ab Hercule. **412** GERMANUS, quia Erix et Eneas uterini fratres fuerunt. **415** EMULA, quia mollit et consumit et conterit et vires relaxat. **417** TROIUS: Bene dicit quia Entellus non erat Troyanus. **418** SEDET: pro placet. AUTOR, quia illius pugne preceptor. **419** PUGNAS, id est arma. TIBI, id est prope te. REMITTO: postpono.

426 EXTEMPLO: cito et hoc inde est quia viso aliquo signo in sacrificio cito de templo exiebant unde inolevit extemplo; id est cito nunc dicendum est extemplo. **428** ABDUXERE: Morem explicat pugillatoria arte utencium. **429** LACESSUNT: provocant. **430** ILLE: Dares. **431** HIC: Entellus. **432** GENUA LABANT: Genua labant proceleumaticus pro dactulo et hoc pro temporum parilitate. **433** NEQUITQUAM, quia non ad victoriam perducencia. VULNERA: ictus. **436** CREBRA: pro crebro. **437** GRAVIS: immobilis. **438** EXIT: pro vitat. Duobus invenitur locis

32 nobis ... magister *codd. Aen.* 38 effete ... vires *codd. Aen.* 40 iuventus] iuventas *plerique codd. Aen.*, Serv. 47 tum *codd. Aen.* 51 virium relaxatam H 57 ex timplo H 59-60 dattulo H

62 duobus ... locis: *hic locus et Aen. 11.750.*

Virgilium posuisse exit pro vitat. **439** MOLIBUS: ... . **443** OSTENDIT DEXTRAM: Notat eum peritum in arte pugilatoria quia ibi solent abscondi dextre. **446** ULTRO: sine coactione Daretis. **448** CAVA: putrefacta. Optima comparacio de arbore putrefacta ad senem. ERIMANTO: silva.

450 STUDIIS: amoribus. **456** DAREN, quia dicitur Dares, -ris et Dares, Daretis, ut Cremes, Cremis et Cremes, Cremetis. Unde dicet in proximo Dareta ... est cum dicat Daren in accusativo. EQUORE: planicie. **457** NUNC ILLE: Habundat "ille" secundum Servium.

466 ALIAS: quam in principio. NUMINA, quia ⟨Eryx⟩ ipse deus est. **471** VOCATI, quia intenti erant dolori vel quia non nimis dona affecta bant quod erat signum victi. **474** TEUCRI: Merito istis et non Siciliensibus proprietatem suam enumerat; illis enim erat cognita sed istis non. **476** ET QUA SERVETIS: racione.

⟨DE CERTAMINE SAGITTARIO⟩

485 PROTINUS: Finitis tribus ludis de cursu navali, pedestri, et arte pugillatoria, sequitur quartus ibi sagittarum iaculacione. **487** INGENTI ... MANU: In hoc notat quantitatem illius ligni. MALUM: Malus secundum quosdam dicitur arbor navis quia solet fieri de arbore que dicitur malus et eius fructus malum sed hoc non procedit quia pocius et sepius fit de habiete. Dicunt ergo quidam quod sic dicitur a rotunditate que est in summitate illius, in quo est similis fructui mali. **488** TRANSVECTO, id est extenso vel in fune qui transit malum in summitate. **492** HYRTACIDAE: patronomicum. HYPPOCOONTIS: pro nomine. EXIT, quia evenit ei primus locus. **493** VICTOR ... MODO: in secundo secundum Urbanum qui ita exponit vel victor voti compos quia ut superius predicatus est ita contigit. Vel scilicet est victus vel victor in respectu ⟨quorum⟩ dicitur quia et

63 molibus *codd. Aen.* mollibus H *Explanatio deest.*   65 cana H   72 notati H   75 qua servetis] quas H

8 simile H | traiecto *codd. Aen.*   10 exit] *Cf. Aen. ad loc.*: primus ... exit locus   11 modo ... victor *codd. Aen.* | fecundo H | secundo: *id est*, secundo loco   13 vel[1]] ne H

64 Notat eum peritum: *id est, Entellus ex peritia et fiducia aliquid inusitatum et inexspectatum agit.*

70 Serv. *ad loc.*

71 ⟨Eryx⟩ ipse deus est: *Cf. Aen.* 5.391-392, 483-484.

11 secundum Urbanum: *Vide* Serv. *ad loc.*

12 *Aen.* 5.196.

si victus a Cloanto, tamen reliquorum duorum victor fuit. **496** FEDUS: De hoc federe diversi diversa dicunt. Dicunt enim quidam quod finito singulari certamine inter Paridem et Menelaum ita volentibus Troyanis et Grecis et iam pene Paride subacto, Pallas miserata iussit Pandarum telum inter ipsos proicere. Quod fecit Pandarus et ita turbavit fedus illud quia diffinitum fuerat quod per illos duos bellum finiretur. Alii dicunt quod in illo certamine Paride iam deficiente, Troyani inierunt consilium ut Helena redderetur. Quod videns Paris iussit Pandarum fedus quoquo modo turbare. Alii dicunt quod hoc fecit, Hectore iubente. IUSSUS vel a Minerva vel a Paride vel ab Hectore. **498** CONSEDIT IMA, id est, sors eius ... propter eum vel **501** PRO SE, id est, iuxta vires suas. PHARETRIS: a pharon quod est mors. Dicitur pharetra taliter propter sagittas. **504** ADVERSI, id est oppositi. **505-506** EXTERRITA PENNIS ALES: Pennis dat signum timoris ut canis cauda. **506** OMNIA: Scilicet referendum est ad hominem non ad columbam quod sic videretur hyperbole. **507** ADDUCTO: extento. **509** MISERANDUS, quia numquam habebat plenam victoriam. **511** QUIS pro "quibus." **514** FRATREM, scilicet Pandarum quem pro deo habebat. **516** PLAUDENTEM, quia evasisse putabat sed opponit Evangelus et Vergiliomastix quare dicit Vergilius Eneam huiusmodi avem in hoc discrimine posuisse cum constans sit matri sue, id est Veneri, esse dedicatam. Respondetur ut perfecte ymitaretur Homerum qui huius avem in tali certamine apponi dixit vel alii dicunt quod cum omnes aves aliter deo sint dedite, magis voluit odium matris incurrere quam alterius dei quia scivit se ei posse reconciliari facilius quam aliis. **517** IN ASTRIS: in aere vel quia quilibet spiritus illuc tantum ad mundanam animam redit.

519 EMISSA ... PALMA, quia ubi deest causa ibi deest effectus. **521** OSTENTAT: Hic ⟨Vergiliomastix⟩ exclamat quomodo dicit Virgilius illum ostentare artem cum nichil est ad quod iacularetur. Respondetur quia in motu et modo habendi apparet et percipitur sciencia huius. **522-523** MAGNO ... AUGURIO, id est significacioni, sed improprie ponitur

23 ima subsedit *codd. Aen.* 25 tanliter H 26 pinnis *codd. Aen.* 29 miserandum H 32 Vergiliomastix] mastius H *Cf.* Serv. *ad Aen.* 5.521 33 huiusmodi] huius H 39 reddit H 41 ostentans *codd. Aen.* | Vergiliomastix] *Cf.* Serv. *ad loc.* 43 appet H | huiius H

25 pharon quod est mors: *Cf. Gr.* *φᾶρος (amiculum ferale).*

32 *Evangelus fortasse est idem qui Vergilium culpat in Saturnalibus Macrobii, sed in eo opere de columba fixa nusquam disseritur.*

augurium cum sit hec species divinacionis ⟨in volatu⟩ vel in garritu avium. Sed tamen hac oracione sic posuit quia sagitta in qua hoc contigit similitudinem habet saltem in pennis cum avibus. **523** DOCUIT POST, quia scilicet combuste sunt naves ut audietis. **524** SERA, id est mala esse. OMNIA vel omina. **525** NAMQUE, quia vere monstrum istud. **527** IN VENTIS, quia prius fuit mutacio in aera et sic in ignem cineremque. Iuxta ⟨publicam⟩ opinionem loquitur quia videtur in discretis astra terris ferri. Quod non est aliud nisi quod ventus continuus ex motu siderum in sublunari regione reperiens ignem ante se ducit et impetu suo generat huius coruscaciones in modum linee extense vel forsitan hoc dicitur evenire quia humor nebule altius ascendens corripiatur ab igneo splendore stellarum et ita collucet quia ignis naturaliter attractorius est humoris. **531** ABNUIT: Imo letus recepit quia putavit bonum portendere ut de flamma apud Troyam quam bonum esse dixit Anchyses. **533** SUMME: respectu circumstancium. **534** EXORTEM: sine sorte et palma. **536** CRATHERA: Hoc cratera, hec cratera numeri dubii est. **537** CISSEUS: rex Tracie, pater Eccube. **543** INGREDITUR DONIS, id est accepit dona.

⟨DE LUSU TROIAE⟩

546 IMPUBES, id est quod est sine pubere. Puber et pubes idem significant, sed pubes substantivum est et collectivum. Cetera sunt adiectiva. **547** EPHYTIDEN: pro nomine illius. **550** AVO: ad honorem illius, scilicet Anchyse. **556** TONSA, id est plana cum dicturus sit Ascanium proicere in sequencibus galeam a capite. Opposicio oritur quid hic corona. Quidam dicunt quod vocat hic coronam galeam ... vel quia esse potuit corona super galeam. **557** BINA ... HASTILIA: quem morem Romani adhuc servabant. **558** LEVIS, id est planas ut inductas corio. **559** CIRCULUS, id est torquis. **560** TRES ... TURME EQUITUM: Hoc tractum a Romanis; multa enim asscribit Troyanis que proprie erant Romanorum ut hic. Tres enim apud Romam erant classes, id est tres familie tantum,

49 omnia vel omina] *Lectiones codicum Aen. variant.* | quia] *post* monstrum H 50 ventos *codd. Aen.* 51 publicam *Cf.* Serv. *ad loc.* 58 sume *codd. Aen.*

2 impubis *codd. Aen.* 7 *post* galeam *linea vacat in cod.* H 10 tres equitum ... turme *codd. Aen.* 11 Romanorum] Troyanorum H

6 in sequencibus: *Aen.* 5.673-674.

scilicet Tacienses a Tacio Tyto, rege Sabinorum, quia facta concordia inter Sabinos et Romanos in ostentacione amoris dicta est quedam familia; sic alia Ramnetes a Romulo et ista familia nobilior ceteris extitit; tercia Lucens a Luc⟨um⟩one, qui dum exiret contra Sabinos in auxilio Romanorum prece Romuli, recepit precium, vicum scilicet in Roma ac si pugnasset. Secundum Cathonem tamen a nullo recepit hec familia nomen, sed sic ad placitum dicta est et inde eciam, scilicet ab hoc trinario numero, inolevit consuetudo ut diceretur tribus pro familia, inde tribuni, illi scilicet qui presidunt illis; inde eciam tributum dicitur. **561** BIS SENI QUEMQUE et sic XXXVI. **564** POLITES: filius Priami quem Pirrus occidit ante ora patris ut superius audivistis. Sed dicunt tamen quedam hystorie quod usque in Ytaliam venit et ⟨ad⟩venit Politium opidum cuius erat filius hic (**563-564**) PARVUS ... PRIAMUS. **566-567** VESTIGIA PRIMI ... PEDIS ... OSTENTANS ... ALBAM: ... . **569** PUEROQUE PUER: Arguit ab etate quia puer puerum solet diligere. **570** EXTREMUS numero non virtute. **572** PIGNUS AMORIS: Tres pueros nominatim posuit et duobus equos asscripsit, tercio non. Unde exclamat Evangelus quod quasi pedestrem eum reliquit. Respondetur quod hoc fecit quia eum comprehendit in hoc nomine **573** CETERA ... ⟨PUBES et⟩ que sequuntur vel potest dici tres equos ennarasse si (**565-566**) QUEM THRACIUS ... EQUUS quantum ad Priamum. **566** VESTIGIA PRIMI: Hic est merito de secundo equo, id est Atis. De tertio, Yuli scilicet, est in aperta.

575 PAVIDOS vel gaudio vel quia in tali arte non erant exercitati. **582** INFESTA, more scilicet Ludi. **586** ET NUNC: Tria assignat hic que sunt in prelio: pacem, fugam, et assultus. **588** LABIRINTUS dicta est domus Dedali quasi labor intus. Cuius fabule hec fuit veritas. Servus nomine Taurus concubuit cum Pasiphe sub specie vacce in talamo facto, sed natus est Minotaurus quia dubium fuit an fuerit Minois an Tauri. **594** DELPHINUM SIMILES: Non superfluit una istarum comparacionum, ut dicit quidam, sed merito tot facit ut per laborintum vagos illorum amfractus, per delphines motus illorum innuat. HUMIDA: non ad diffe-

17 vicem H 23 Purus *in* Pirrus *corr.* H[1] 26 pedes H | alba H | *post* albam *explanatio deest* H 27 puer[1,2]] purum H 32 Thracius] tercius H 34 Acis H

23 superius: *Aen.* 2.531-532.
24 quedam hystorie: *cf.* Serv. *ad loc.*
29 exclamat Evangelus: *De hoc loco in Saturnalibus Macrobii nusquam disseritur.*

renciam sed ut epyteton notet. **602** TROIAQUE et cetera: versus trutannorum, Servius enim hunc non exponit. TROIANUM ... AGMEN ... PUERI, id est ludus factus a Troyano agmine quod erat pueri, id est vi Iuli, et sic ponitur causa pro effectu, id est agmen pro ludo dicitur. TROYA, quia Troia est pro nomine ludi vel Troya et pueri simul iungantur. Nec ideo mutatur sentencia vel ludus ille dicitur Troya Pueri et Troyannum Agmen.

⟨DE INCENSIONE NAVIUM⟩

603 HACTENUS: Peractis ludis, sequitur incensio navium. “Hactenus” si est una dictio, tunc est dieresis. SANCTO ... PATRI: Anchyse.

604 PRIMUM respicit ad hoc quod multa mala eventura sunt, post istud ut de morte Palinuri. FIDEM: mutabilitatem. **606** MISIT: Merito dicitur Iuno mittere Yrim quia est aer in quo fit huius arcus. Qui qualiter fiat superius diximus, sed mittit ad comburendum naves quia arcus iste apparens signum est tempestatis future. **607** VENTOS: propter velocitatem illius. **608** SATURATA DOLOREM: Huius grammatica sentencia: non saturavi dolorem, non adimplevi desiderium. **610** NULLI VISA: quantum ad divinitatem. **611** CONCURSUM, puerorum scilicet. **613** ACTA: Acton harena interpretatur. Secundum alios acta proprie vocatur locus occultus et amenus iuxta litus. **614** PROFUNDUM: Sic in oportunitate temporis Troyades ingreditur hortari ad combustionem navium, cum scilicet in mare respicerent quo multa mala passe erant et adhuc erant intrature. **615** HEU: conquestio Troiadum. **618** HAUT IGNARA: Litotes est ubi per remocionem unius oppositi intelligimus aliud oppositum. **620** DORICLI: pro nomine cuiusdam Troiani. ⟨T⟩MARII: gentile a monte in Tracia quasi dicat talis aparuit cum quondam fuissent et genus et nomen et fama et sic sibi erat credendum.

623 O MISERE: In hac oracione Yris sub specie Beroes intendit Troyanas matronas animare ad comburendas naves et hic est finalis causa et hoc facit, scilicet persuadet ab utili, ab honesto, et ab multis aliis

44-45 trutannorum] *verbum Celticum, idem quod “vagabundi”* 45 pueri Troianum ... agmen *codd. Aen.*

2 hactenus[1]] hac ... tenus *codd. Aen.* 3 patri] pueri H 9 sentencia] sonat H 10 nulli *corr. ex* nulla H 12 acton *ego* accon H | acta[2] *corr. ex* actia H

7 superius: *In parte commenti quae non superfuit? Cf.* Serv. *ad Aen.* 4.700.

circumstanciis. O MISERE: Vocando miserias instigat ad contrarium miserie et sic ad navium combustionem que causa sunt miserie quia putabat quod destructis navibus ibi remanerent. **626** SEPTIMA ... ESTAS: Hic exclama⟨n⟩t emuli Virgilii quare dicat modo vii annos cum superius ei dixerit Dido cum venit ad Cartaginem "iam te iactatum septima estas" et post ibi per totum annum fuisse. Respondetur quia potuit esse etsi in septimo anno venerit Cartaginem quia ibi revera non tantum moratus est quod non est in hiis ludis in eodem septimo, sed hec solucio non valet quia per totum annum moratus est Cartagine. Alii dicunt quod bene potuit esse quod in principio septimi anni venerit Cartaginem et modo est finis eiusdem quod innuit per "vertitur." Alii dicunt quod est unum de illis que emendaturus est Virgilius si viveret et dicit Servius quod est una de insolubilibus questionibus vel forsitan superius numeravit et illum annum in quo recessit a Troya et illum in quo venit Cartaginem et sic duos extremos quamvis perfecti non essent, modo vero non nisi unum extremorum nominavit ut in multis locis facimus. **629** FUGIENTEM, quia cupienti velocitas ipsa tarda videtur. **630** HIC ERICIS: Superius hortata est per mala que passe sunt; per bona futura modo hortatur, scilicet ab oportunitate loci et multis aliis. **632** NEQUITQUAM: cum sede careatis. **635** QUIN: pro igitur. **636** NAM MIHI: argumentum ab honesto. **639** QUATUOR ARE, ut sacrificarent Neptuno forsitan iiii qui navali cursu certaverant vel uxores eorum. **640** DEUS: hic iterum ab honesto.

644 MAXIMA NATU: Talem ostendit cui credi debeat. **646** NON BEROE: verba Purgonis non intendentis dissuadere sed persuadere. Ubi enim dicit non esse Beroen sed deam, magis hortatur ad incendium. RETHIA: regio Beroes. **647** DORICLI: pro nomine coniugis Beroes. SIGNA: argumentum a signo. **650** IPSA EGOMET: Sic hortatur et probat a casu non esse Beroen, sed quia posset eam liquisse et illa⟨m⟩ tamen postea venisse, addit **(651)** EGRAM. **652** MUNERE, pro officio sacrificii scilicet. **654** MALIGNIS: In hoc notat iam ipsas ad incendium accensas. **655** MISERUM: magnum. **658** SECUIT: Hoc quantum ad arcum illum.

28 iactatum *ego* iactas H errantem *codd. Aen.* 48 Pugonis H

28 dixerit Dido: *Aen.* 1.755-756.
35-36 Serv. *ad loc.*
36 superius: *Aen.* 1.755-756.
38 duos extremos: *Commentator, ut apparet, rationem inclusivam Romanorum temporis metiendi commemorat.*

659 TUM VERO, quia inde augmentatus est furor quod modo putaverunt deam fuisse. **662** CONICIUNT: Simul iaciunt. VULCANUS, id est ignis.

665 EUMELUS: Merito huic asscribit inicium in hoc loco fuisse quia Eumelus bona vox interpretatur. **666** NIMBO: glomeracione fumi. **674** SIMULACRA, quia non fuerat in rei veritate pugna. **677** SICUBI, id est si alicubi sint saxa. **679** MUTATE: a proposito. Ovidius tamen dicit eas mutatas fuisse in ardeas.

682 STUPA: quasi stipa, unde scilicet stipantur rime in navibus. LENTUS propter humorem. **683** EST: pro consumunt. CORPORE, navium scilicet. **685** ABSCINDERE: pre dolore. **686** VOCARE, pro vocabat, quia ubi deficit humanum consilium divinum est implorandum. **687** AD UNUM, id est omnino vel quod vix uno excepto. **690** TENUES: pauperes. **693** IMBRIBUS: Imber dicitur ab ubertate et copia aquarum. **697** SEMUSTA, pro semiusta.

700 CONCUSSUS, id est dolens ACERBO ... CASU, de amissione quatuor navium. **701** NUNC HUC: Post subdit quomodo animum divideret. **702** VERSANS: Ponit deliberacionem Enee. SICULISNE ... ARVIS, scilicet in Sicilia remaneat quod amonebat utilitas an tendat in Ytaliam quod Nautes suggerebat quia fatatum erat. **704** NAUTES: pro nomine. SENIOR: senex. Et est argumentum ab etate quod suo debeat credi consilio quia in antiquis sciencia in senibus viget prudencia, sed quia potest esse senex etate et puer moribus addit (**704-705**) QUEM DOCUIT ... TRITONIA. Dicitur Pallas Triontia, id est trina noticia quia in cognicione trium, id est creatoris, anime mundi et creature, constat omnis sapiencia. DOCUIT: sed quia posset docere et nichil proficere subiungit ET ... REDDIDIT et cetera. **707** FATORUM: Pluraliter dixit quia in tribus consistit divina disposicio, futuris, presencibus, et preteritis. ORDO: Ordinantur enim sic res quod prius sunt future, postea presentes, ad ultimum preterite. **709** NATE DEA: Summa huius consilii est quod faciat civitatem ut ibi remaneant senes et mulieres que sunt belli sarcina, ipse vero in Ytaliam tendat cum iuvenibus. TRAHUNT: Quantum ad dei providenciam hoc refertur quia ad provisa quodammodo trahimur. RETRAHUNT differendo.

57 deam] de inde H 68-69 semusta] semusca H 72 arvis] an H 74 Nautes[1]] Namitas H 77 Tritonia ... quem docuit *codd. Aen.* 80 et[2] reddidit] reddidit *codd. Aen.*

58 Eumelus *quasi ex* εὐμελής.
61 *Ovidius haec non dicit.*
78 *Cf. Vat. Myth. Tert.* 10.1 (*p.* 221).

711 DIVINE STIRPIS, quia filius Crinisi fluvii ut diximus. TIBI: ad utilitatem tui. **718** PERMISSO NOMINE, id est a nomine illius qui permisit.

721 BIGIS, propter eius duas qualitates, scilicet frigiditatem et humiditatem, vel propter incrementum Lune et detrimentum vel quia parvi splendoris respectu solis. NOX: pro luna. **722** VISA DEHINC: Ut Eneas huic consilio consentiret introducit patrem eius. Addidit testandi ⟨causa⟩. Queritur quare dicat Anchysen descendere a celo cum in sequencibus dicat eum esse apud inferos. Hic quidem dixit quantum ad animam que de celo descendit et adverse quod dicet in sequencibus ad hoc respicit quod corpus in terra remanet vel manes ad inferos descendunt vel forsitan aliquis deus fuit sub specie patris. **725** FATIS ... ILIACIS, non tua nequicia vel delicto. **726** IOVIS IMPERIO: Sic auctoritate Iovis ostendit hoc esse faciendum. **729** LECTOS: electos per afferesim. **730** GENS DURA: Probat per consequens negocium sic esse faciendum. **733** NON ME: Ad quod posset dubitare quomodo hoc posset facere subiungit facti facultatem. **735** ELISIUM: Elisios misericordia quia ibi sunt qui misericordiam sunt consecuti. De hiis omnibus dicemus in sexto et quid sit ductus Sibille. **737** TUM GENUS: In hac parte tangit causam descensus. **738** TORQUET MEDIOS: Egyptii sole oriente dixere naturalem diem incipere, Caldei in vespere, Athenienses in meridie, Romani in media nocte et secundum illos hic loquitur. **739** SEVUS, quia lux est odiosa manibus. **740** CEU FUMUS, quia nichil aliud erat nisi spiritus. **743** IGNIS sacrificii. **744** LAREM: deum familiarem. PERGAMEUM quem attulit. VESTE: Nichil aliud est Vesta nisi hic ignis inferior unde dicitur in templo illius dee esse ignis perpetuus. CANE: propter favillas vel quia dea religionis est que in canis, id est in senibus, invenitur. **745** ACERRA: vas in quo ponitur thus.

750 TRANSCRIBUNT notando quemque remansurum proprio nomine. **751** NIL: pro non. **752** IPSI: ituri in Ytaliam. **753** RUDENTEMQUE: Talis versus dicitur a quibusdam ypermeter, id est superabundans. Alii dicunt quod non si desinat in vocale et subsequens incipiat a vocale, sed

88 fluvii *ego* fluvius H 89 promisso H 96 adverso H 98 Iliacis ... fatis *codd. Aen.* 99 delicti H 108 sevus] sonus H 109 ignis *codd. Aen.* agnos H 115 rudentisque *codd. Aen.*

88 *Supra ad Aen.* 5.30.
94, 96 in sequencibus: *Aen.* 5.734-735.
106-107 *Cf.* Serv. *ad loc.*: "... *dies secundum Aegyptios inchoat ab occasu solis, secundum Persas ab ortu solis* ... ."

est sinalimpha. **755** ARATRO: Unde urbs dicitur ab orbe vel ab urvo, id est capite carruce, ut diximus supra. **760** YDALIE: a loco ubi colitur. **761** AC LUCUS: In luco vel iuxta lucum erat tumulus Anchyse.

764 AUSTER, quod iste ventus de Scicilia ducit in Italiam. **772** ERICI: fratri Enee ut divo. **773** CEDERE: sacrificari. **774** TONSE: collecte.

⟨DE CURSU ITALICO⟩

779 AT VENUS: Eneas quibusdam dimissis recedit iterum. Mater pro filio curiosa est et merito Neptunum in hac tempestate precatur. Est enim deus maris, unde dicitur Neptunus quasi nube tonans. **780** PECTORE: Ad remociorem illorum questuum qui tantum constant in labiis. **781** IUNONIS: Intencio est Veneris in hac oracione Neptunum ad misericordiam et pietatem super Eneam filium commovere et hoc multis argumentis ab utili et honesto. IUNONIS: Merito hoc asscribit Iunoni quia aer est causa commocionis in mari. **783** QUAM NEC LONGA DIES NEC PIETAS: Duo ponit que solent iram mitigare, scilicet temporis diuturnitas et aliqui eventus miserie in adversarium. Que quia istam non mitiga⟨n⟩t apparet magnam eius esse nequiciam et immisericordiam. **788** SCIAT: quasi dicat quia nescio. **789** IPSE: Ad hoc quod [dici] non insequitur inducit eius testimonium. **790** CELO, id est per affectum celestium. **791** NEQUIQUAM, quia postea placasti. **792** HOC AUSA TUIS: quasi dicat etsi non licuisset et sic captat eum a persona adversarii. **796** LICEAT: quasi dicat vix licebit tibi propter Iunonem. **797** LAURENTI, quia proprie Laurentum opidum est sic dictum propter laurum inventam ut supra diximus. **798** SI CONCESSA: Si affirmativum ponitur pro siquidem. **801** UNDE GENUS: Legitur in fabulis Saturnus Celi patris pudenda abscidisse et in mari proiecisse et inde Venerem natam fuisse. In quo

118 urvo] orbo H *Cf.* Serv. *ad Aen.* 1.12. 119 carruce] *id est aratrum rotis ornatum* 121 quod] que H

5 illorum questuum] *perperam pro* illis questibus 10 nec pietas] pietas nec *codd. Aen.* 13 ego nescio H quia nescio H^1 15 peccasti H | hec hausa tius H 16 etsi] nisi H 17 Laurenti H Laurentem *codd. Aen.* 20 Celii H

119 supra: *Fortasse in parte commenti quae deest.*
19 supra: *Fortasse in parte commenti quae deest. Cf.* Serv. *ad Aen.* 1.2.
20-30 *Cf.* Serv. *ad Aen.* 5.801; *Vat. Myth. Tert.* 1.7 (*p.* 155); Bernardus Silvestris *ad Aen.* 1 (*pp.* 10-11).

hoc latet misticum quod Saturnus dicitur tempus ⟨quod⟩ fructus terre consumit ex effectu celestium. Procreatos proicit in mare, id est in lacunam ventris, que consumendo et appetendo mari similis est. Nascitur inde Venus quia ex ciborum superfluitate provenit in homine luxuria quia "sine Cerere et Bacho" ... . Alii sic exponunt: dicitur Venus nata esse de spuma testiculorum quia Veneria ars non potest exerceri sine virium et renum dampno. Tamen nata esse de spuma dicitur quia impetus ille cito transit et deficit et quia humanus sudor in coytu salsus est ut dicunt physici. In mari nata dicitur ideo quia salsum est. MERUI QUOQUE, scilicet ut vero me confideres et hoc probat argumento a preteritis. **803** NON MINOR est mihi quam tibi vel minor cura non est in terris quam scilicet est in mari. TESTOR et inde illos duos fluvios adducit in testimonium. **805** EXANIMATA: sine animo. **809** NEC DIIS NEC VIRIBUS EQUIS, quia dii magis Achylli consenciebant quam Enee et fortior erat. **810** CUPEREM, quia potest hoc videri fecisse ex communi Troianorum deletione probat quod fecit singulariter. **811** PERIURE: Hic respicit ad Laomedonta. Quod dicitur Neptunus fecisse Troyam nichil aliud est nisi quod illa civitas erat iuxta mare et iuxta mare erant illa que necessaria erant composicioni illius ut cementum et cetera. [quod] Apollo ⟨dicitur Troyam fecisse⟩ quia sapiencia hominum eam composuit. **813** AVERNI: non inferni sed illius fluvii. **814** UNUS ERIT, scilicet TANTUM, quia Palinurus ⟨queretur⟩. Queritur quare dicat de uno tantum quod moriturus sit cum de duobus verum sit, scilicet de Palinuro et Miseno. Respondetur: non negat plures quam unum esse morituros, scilicet unum tantum moriturum esse dicit, scilicet Palinurum, quia Misenus in litore moriturus est quod notat: QUEM ... TANTUM ... GURGITE, et cetera.

817 GENITOR: secundum Thaletem, qui dicebat humorem omnium principium. **822** CETE: indeclinabile hoc cete. **823** GLAUCI, illius dei maris. INOUS: ab Ino matre sua. **824** TRITONES: dii marini. PHORCI: Phorcus fuit quidam potentissimus qui cum in magno exercitu mare transiret, cum eo submersus est. Thetis et que sequu⟨n⟩tur nomina sunt dearum marinarum.

24 que] *perperam pro* qui 30-31 merui quoque] minuiquam H 31 vero] non H | consideres H 32 non[1]] nec *codd. Aen.* 34 diis] dis *codd. Aen.* 36 nideri H 37 dilectione H 47-48 tantum ... quem gurgite *codd. Aen.*

26 sine ... Bacho: Ter., *Eun.* 732: "sine Cerere et Baccho friget Venus."

827 HIC PATRIS: Finito colloquio Veneris et Neptuni, revertitur ad Eneam. HIC: pro tunc. VICISSIM, quia contristabatur de sociis relictis apud Acestem. **829** INTENDI, quia ut erigantur vela tenduntur brachia. **830** PEDEM vocat lignum quod est iuxta pedem mali vel cum quo erigitur malus. **833** PRINCEPS: primus ante omnes. **835** NOX: umbra terre. **838** CUM LEVIS, quia cito advenit et cito recedit, sompnus dicitur levis. Item dicitur venire ab astris quia obscuritas aeris causa est quare sompnus veniat in hominem. **840** TRISTIA, id est mortifera. **842** FORBANTI: socio Palinuri. HAS: pro tales. **843** IASIDE: a patre Iasio. **846** MUNERA: officia. **847** VIX, quia vis dei iam diffundebatur in illo. **848** VULTUM: qualitatem. **849** IUBES: quasi dicat, "Scio quia non in eadem serenitate diu durat mare." MONSTRO, id est mari. **850** ENEAM: pro Eneamne. **854** DEUS, id est Sompnus. LETHEO, id est oblivioso. RORE, quia sompnus humida facit interiora. **855-856** SUPER UTRAQUE ... TEMPORA: Phisicam tangit. Est enim sompnus quies animalium virtutum cum inte⟨n⟩sione naturalium. Animales virtutes voco V sensus, naturales ut digestiva et similia. Qui qualiter fiat videamus. Ex epate ergo exit quidam fumus et ex visceribus qui ascendens per venas usque ad cerebrum replet eas ita quod anima illam aeriam substanciam que V sensus operatur emittere non potest; unde virtutes animales quiescunt, sed paulatim natura operante aer ille colatus et subtiliatus transit in quandam aeream substanciam subtiliorem donec omnino deficit et tunc homo expergiscitur. **861** VOLANS: Ad deum respicit.

864 SIRENUM: Syren interpretatur attractio et sunt Syrenes monstra maris que cantu attrahentes naves faciunt periclitari. Secundum veritatem perscrutantibus sunt quedam saxa in mari Sciciliensi ubi unda repercuciens sonum emittit et frangit naves. **865** OSSIBUS ALBIS, quia ibi periclitantium hominum ossa apparebant. **867** PATER: Eneas. **870** O NIMIUM: conquestio Enee de morte Palinuri. **871** NUDUS: sine sepulchro.

56 sotiis H 74 emittere] entitere 80 perscrutantes H 81 albis] albos *codd. Aen.* 83 sine] sune H

67-68 sompnus ... interiora: *Cf.* Willelmus Conchensis, *Philosophia* 4.19 (Maurach, pp. 104-105).
68-77 *Cf.* Willelmus Conchensis, *Philosophia* 4.15-19 (Maurach, pp. 100-105)
78 Sirenum: *Cf. Vat. Myth. Tert.* 11.9 (*pp.* 233-234).

Continencia huius quinti voluminis tanta est quod in eius principio ad tumulum patris revertitur; deinde ludos ordinat; ad ultimum naves combuste sunt. Cum ergo in precedentibus voluminibus precedentium etatum proprietates ut diximus annumeravit ut in quarto iuventutis, in isto quinto virilis etatis mores Virgilius perstrinxit. Quod ergo dictum est Eneam ad tumulum revertisse signat quod in hac virili etate homo incipit ad facta patrum respectum habere illis se confirmando honesto et utili tunc primum deserviendo. Quod vero ludos ordinat nichil aliud signat nisi quod liberalibus artibus homo in hac etate et doctrine sapiencie vacat quod ludus et ocium a rusticis reputatur. Unde merito in hiis ludis Entellus et Dares locum pugne dicuntur habuisse quasi in omni doctrina imperium et ⟨flagrum⟩ debent interesse. Quod habetur ex illorum nominum interpretacione; Entellus enim sonat imperans, Dares cedens quia magister in doctrina imperium super discipulos debet habere et cedendo corrigere sicut alibi verberandi sunt pueri ne insolescant. Dein naves comburuntur que sunt instrumenta periculosa quia illa que causa et instrumenta sunt mortis incurrende in hac etate postponuntur ubi alienum lectum concutere et similia facere non oportet. Sed incendium istud efficit Beroe, quasi ordo veritatis, quia extinctio viciorum fit per ordinis veritatem, id est dum consideracio incipit fieri inter bona et mala, iterum hoc fit flamma celesti et invisibili quia racione et ingenii fervore et ductu discrecionis superincumbente.

88 etates H 97 cedens] sedens H 98 sedendo H

84-105 *Cf.* Fulg., *Cont. Verg. p.* 95.1-13.

⟨Glossule in Librum Sextum⟩

1 SIC FATUR LACRIMANS: Continencia huius sexti voluminis tanta est: in principio eius continetur preparacio descensus Enee ad inferos; in medio descensus ipse; in fine regressus ab inferis. Sed quia de locis inferorum triplex fuit apud philosophos sentencia, que unaqueque fuerit dicamus. Fuerunt ergo quidam qui dixerunt sublunarem regionem esse locum inferorum propter eius mutaciones; ibi enim modo calor, modo frigus, modo lux, modo obscuritas est et quia nichil est ea inferius. Alii quidquid est sub firmamento locum inferorum esse dicebant quia inferius dicitur ab infra, sed quidquid est sub firmamento subest alicui, ipsum vero nullis subiacet. Unde invenimus quandam partem vocari Eliseos Campos qui est locus piorum propter istam partem que est super lunam ubi nulla est commutacio. Aliam partem Tartarum dicunt, scilicet locum penarum, propter illam partem que subest lune. Tercii dicebant humanum corpus esse locum inferorum; dum enim anima est in corpore, detinetur quasi sub fedo et tenebroso carcere. Ita possumus de locis inferorum diversas diversorum sentencias assignare.

Sed quicumque sit locus inferorum notandum est quod quatuor modis fit descensus ad inferos. Est enim naturalis descensus, est viciosus, est virtuosus, est nigromanticus. Naturalis descensus ad inferos est secundum philosophos quando anima a compari stella, natura cooperante, per planetas descendit et coniungitur corpori. Voluerunt enim phylosophi a prima hora nascentis mundi simul omnes animas creatas esse et deinde deum super unamquamque animam singulas stellas posuisse loca-

2 fatir H | talis A 3 preparacio] apparatus A 4 ipse *om.* A 5 fuerit] fuit A 6 ergo *om.* A 8 et … inferius *om.* A 9 quidquid … quia *om.* A 10 inferius] infernus A 11-12 elisii camporum H 13 Tartara A 14 dicunt H 15 anima *om.* A 16 sub *om.* A 17 sentencias] opiniones A 18 notandum … quod *om.* H 19 est[2]] et A 20 est[1] *om.* A | est[2]] et A | ad inferos *om.* A 21 cooperante] quo operante A 22 per planetas *om.* A | enim *om.* A 24 deinde *om.* A | deum *om.* H | animam *om.* H

6-17 *Cf.* Macrob., *In Somn. Scip.* 1.10-11.
18*sqq.* *Cf.* Bern. Silv., *Comm. super Aen. ad loc.* (*p.* 30).
24 super … posuisse *idem quod* superposuisse, *quasi commentator dicere velit*: “deus unicuique animae singulam stellam praefecit.”

liter, non eternaliter et inde tempore convenienti et determinato iuxta divinam disposicionem per planetas ad corpora descendere. Viciosus descensus est quando aliquis descendit ad cognicionem temporalium et illis irretitus numquam revertitur ad suum creatorem. Virtuosus descensus est quando aliquis ad cognicionem rerum temporalium descendit et cognita natura temporalium et earum mutabilitate ad creatorem suum revertitur. Unde invenimus in auctoribus quosdam descendisse ad inferos et non revertisse, ut Theseum et Pirithoum, quia inhonesta causa descenderunt, scilicet ut raperent uxorem Plutonis Proserpinam quia illi qui ad fervorem luxurie et viciorum immundiciam descendunt vix aut numquam possunt se retrahere et hic est viciosus descensus. Quosdam invenimus descendisse et revertisse, ut Herculem et Eneam, quia honesta causa descenderunt. Hercules ut inde monstra raperet sicut Cerberum descendit; Eneas vero ut videret patrem suum quod est opus pietatis et caritatis quia qui bona intencione ad temporalia descendunt liberius exeunt. Nigromanticus descensus est quando aliquis per sacrificium descendit ad colloquium demonum vel animarum.

Sed cum sint ut diximus quatuor descensus ad inferos, de duobus tantum in hoc volumine mencionem facit, scilicet de virtuoso et nigromantico. Eneas enim accipitur in hoc loco sub tipo sapientis qui ut videat patrem Anchisem ad inferos descendit et Eneas dicitur Grece ennoyas, id est totus in mente. Anchises vero unus pater celsa inhabitans interpretatur quod est ipse creator quia cum ceteri patres transeant nec perpetuo perdurent, creator manet immutabilis et eternus. Sed ut sapiens melius creatorem agnoscat, ad cognicionem temporalium descendit ut per magis cognita minus cognitorum habeatur noticia. Sed tamen

25 non eternaliter] et essentialiter H 28 ille intentus A 29 descendit *om.* A 29-30 et temporalium *om.* A 30 earum mutabilitate] eorum mobilitate A 32 revertisse] redisse A 33 ad] ob A 34 immundiam A | descenderunt A 35 poterunt A 37 raperet] reciperet A 38 est] erat A | caritatis] memorie A 39 quia] enim A | temporalia *om.* A 42 *ante* quatuor *add.* tantum H 43 virtuoso A vicioso H 45 videret A | Eneas *om.* H 46 ennoyas *om.* A | Anchyse H | unus ... celsa] unus pater H celsa A 47 quia ... ceteri] sed oportet quod A 49 cognoscit A

26 descendere: *sc.* animas.

46 ennoyas *quasi ex* ἔννους. *Cf.* Fulg., *Cont. Verg. p.* 102; Bern. Silv., *Comm. super Aen. p.* 10.

hoc facit prius sepulto Palinuro quia Palinurus quasi palon noros, id est errabunda sonat visio. Palon Grece, errabundus Latine, unde palantes, id est vagantes, noros visio vel videre. Palinurum ergo sepelivit Eneas priusquam patrem videret quia nullus nisi errabunda visione postposita et fervore luxurie et amore terrenorum ad cognicionem patris potest venire. Descendit autem ductu Sibille. Sibilla enim quasi zeibole, id est divinum consilium, dicitur quod est humana racio. Zeos enim lingua quorundam Grecorum sonat deus, bule consilium. Inde Sibilla quasi zeibula. Sed Eneas ductu Sibille descendit ad inferos. Sibilla descendit ad inferos; quicumque enim ad temporalium cognicionem descendit, ad hoc eum divinum consilium, id est humana racio, perducit et hic ad virtuosum descensum respicit.

De nigromantico vero facit mencionem ubi dicit Sibilla Misenum prius esse sacrificandum quam ad inferos veniat quia in rei veritate Eneas istum occidit et demonibus sacrificavit. Unde eciam de laude eius multa apponuntur quia demones in sacrificiis unum de melioribus postulant. Sed hic queritur quare huic posito in loco sapientis huiusmodi descensum asscribat eciam cum sapienti descendere ad inferos non contingat nisi raro. Ad hoc respondendum est quod sacrificium demonum apud antiquos inhonestum fuit reputatum. Virgilius vero nigromanticus fuisse dicitur. Nactus ergo occasionem ut sua sciencia pateret de nigromantico descensu interposuit.

Et notandum quia volumen istud triplici subiacet lectioni. Est enim fabulosa lectio, philosophica et historialis et hoc habemus a Macrobio qui inducit unum versum de hoc sexto dicens Virgilium nec poeticum figmentum deseruisse nec philosophicam veritatem. Nec tamen hec ubique simul requirenda sunt; quedam enim tantum ut poeta, quedam ut

51 hic A | Palinuro, Palinurus] Paulinuro, Paulinurus A palonoros H | noron H 53 sepelit H 54 viderat H 57 zeos] theos A 58 bole A | unde A 59 zeibula] divinum consilium A | descendit[1] ... Sibilla *om.* H 61 hic] hoc A 63 faciet A 64 sacrificandam A 66 *post* apponuntur *add.* hic A 67 hic *om.* A | huic] Enee A | in *om.* H | huius H 68 asscribat] attribuit A 70 vero] enim H 71-72 nactus ... interposuit *om.* H 73 triplici] trine H 74 hoc ... a] hic dicimus de H 75 porticum A 77 simul *om.* A | inquirenda A

51 *Cf.* Fulg., *Cont. Verg. p.* 95; Bern. Silv., *Comm. super Aen. p.* 28.
56*sqq.* *Cf.* Serv. *ad Aen.* 6.12; *Vat. Myth. Sec.* 87 (*p.* 105); Isid., *Etym.* 8.8.1.
74 *In Somn. Scip.* 1.9.8.

historiographus, quedam ut philosophus ponit et quandoque istorum trium simul tenet ordinem et quando hoc, quando illud exequitur. Legendo exponemus. Peccant ergo qui ubique fabulam, ubique historiam, ubique philosophiam volunt assignare. In hoc ergo volumine hec exempla dicenda sunt:

1 SIC FATUR: Quidam volunt hos versus primos esse de precedenti volumine qui pendent ex supradictis. Sed Servius contra eos est dicens quia fuit mos antiquorum et fere ubique Virgilii a preposicionibus vel coniunctionibus volumina incipere. Item Homerus quem iste imitatur ab eisdem verbis et eodem modo incepit sextum volumen. LACRIMANS: Ad historiam quia socium quem diligebat amiserat vel lacrimatur Eneas quia etsi sapientem racio moneat ut terrena spernat et studium et amorem celestibus gaudens impendat, tamen aut vix aut numquam hoc potest facere sine magna carnis compunctione et gemitu quia naturaliter intendit voluptatibus defluere. CLASSI, post conquestionem scilicet uni navi quam regebat. Una navis potest dici classis a calon quod est lignum vel CLASSI, illi toti navium collectioni quia immisit dominus et servi immiserunt. Hic nichil nisi historia. **2** TANDEM non ad tempus quia parum interfuit quousque veniret ad Ytaliam sed "tandem" ad desiderium respicit, id est post multa desideria. ALLABITUR: celeriter venit ut "labere, virgo, polo" et hoc iuxta preceptum Heleni et persuasionem patris. Et merito descendit ad civitatem Cumas in qua erat Sibilla ut per eam ad inferos descendat quia sine racione humana que nobis manifestat divinam voluntatem nequimus perfectam cognicionem de rebus temporalibus habere. EUBOYCIS HORIS CUMARUM, quia Euboyca regio est in Asia cuius civitas est Calchis de qua venientes quidam hanc civitatem constituerunt quam dixerunt Cumas vel a spuma maris quasi spumas vel ab

78 posuit A 79 hoc] hic H | illud] id H | exequetur A 80 ubique historiam *om.* A 81 ergo *om.* A 81-83 hec ... volunt *om.* H 83 primos *om.* A 84 Servius *in marg. dext.* H^2 85 vel] et A 86 volumina *om.* A | item] iterum H 87 ab *om.* A 89 moneat ut] moverit et A 92 questionem A 93 classi A 94 illi] illud A 95 parum] pater A 96 desiderium] desideria A 97 celeriter venit *bis* H 102 Euboyca] Euboia H 104 duxerunt H | quasi spumas *om.* A

84 *Ad Aen.* 6 *praef.*

86 *Re vera* Homerus *sextum librum suum eo modo non incipit. Cf. Il.* 1.357 *et* Serv. *ad Aen.* 6.*praef.*

94-95 servi immiserunt: *Cf. infra ll.* 116-118.

97-98 *Cf.* Serv. *ad loc. et Aen.* 11.588: "labere, nympha, polo."

eventu quodam quia dum applicarent viderunt ibi pregnantem mulierem; cumene enim Grece, pregnans dicitur Latine. **3** OBVERTUNT PRORAS PELAGO ut adhuc naute solent facere quia prora firmior est pars navis et ideo illisiones fluctuum potest sustinere et ideo sic inverterunt proras vel applicuerunt terre a pelago. **5** PRETEXUNT, id est pretegunt. **6** SEMINA FLAMME: Fisicam tangit quia, ut dicunt philosophi, in silice essencialiter non est plus ignis quam in hoc ligno vel in alio corpore, sed non casualiter; ex collisione enim duorum corporum que sunt sicce nature generatur impetus, ex impetu calor, ex calore aer ignescit et in scintillam transit. **8** FLUMINA: vel ad sacrificandum quod futurum erat vel quia viva aqua lustrari more antiquorum post aliquod infortunium deberet ut a perturbacione mortis Palinuri. Et nota quod cum servilia officia sociis Enee asscribat, Enee ut principi et philosopho asscribit doctrinam et studium et hoc est (**9**) AT PIUS ENEAS agnomen. ARCES: Arces vocat templum Apollinis quia sapiencia in altis habitat. **10** SIBILLE: Adiectum est nomen proprium. Sed legitur quandam Sibillam in tempore Tarquini fuisse et ei libros vendidisse; unde oritur questio an una et eadem fuerit Sibilla hic quam vidit Eneas et illa que tunc vixit. Respondeo: quondam tot fuerunt Sibille ut in sequentibus audietis; quelibet enim sapientes dicebantur Sibille, id est sapientes. HORRENDE, id est venerande vel quia multa mala futura prenunciabant ad historiam vel quia caro racionem divinam et eius precepta reformidat. **11** ANTRUM: Antrum vocat sapienciam; ut enim in antro latent abscondita, ita nulli totum innotuit sapiencia. MENTEM ET ANIMUM: Quidam pro eodem accipiunt mentem et ani-

105 *post* dum *add.* illi A | pregnantem *ego* pugnantem AH 106 cumenem H | pregnans *ego* pugnans AH *Cf.* Serv. *ad loc.* | pelago proras *codd. Aen.* | pelago] perela H *om.* A 108 collisiones A | vertunt A 109 pretexunt *codd. Aen.* protexerunt AH | pretegunt *ego* protegunt AH *Cf.* Serv. *ad loc.* | semina] scientia H 110 fisicam] philosophiam H | silie A 111 *ante* non[1] *scr. et exp.* tegunt H | non[2] *om.* A 112 enim *om.* A 113 scintilla A 115 infortunum A 116 mortis *om.* A | et] sed A | x *in marg. sinist.* A | cum *om.* A 117 asscribat] ascribit A 118 hoc est] hic est H *om.* A | arces[2] *om.* A 119 adiectivum H 121 fuerit] fuisset A 122 hic *om.* A | tunc] tantum H 122-123 respondeo … tot] respondendum est quod infinite A 123 audietur A | quilibet H | sapiens dicebatur H 124 horrende] hic A | caro] raro H 126 formidat anterum A 127 latent] latens A | tota A 128 mentem et animum] mentem animumque *codd. Aen.*

123 audietis: *Hunc locum non inveni.*

mum et tunc inculcacio vel est perysologia, unius dictionis superflua posicio. Alii dicunt quod una et eadem substancia dicitur mens et spiritus, animus et anima, sed spiritus dicitur sine omni corpore, anima ab officio animandi, mens quia discernit, animus quia appetit et desiderat. Sic ergo distinguunt. **12** DELIUS VATES inspirat mentem et animum Sibille, id est humane racioni, quia homo ex sapiencia contrahit discernere bonum a malo et appetere. APPERITQUE FUTURA, quia homo ex sapiencia cognoscit quedam multociens futura per preterita. **13** LUCOS TRIVIE: Trivia dicitur Luna propter tres potestates. Est enim Proserpina in inferis a proserpendo quia proserpendo ab inferiori emisperio vadit quoad superius ascendit. Dicitur Dyana in silvis quia in herbis et arboribus humor lune dominatur; Luna in celo quia inde lucet. AUREA: Per aurea tecta sapienciam intelligite quia ut aurum precellit omnia metalla, sic sapiencia res omnes. Et nota quod lucos vocat inferiora, scilicet aquam, aerem, terram, sed illos lucos subit Eneas quia sapiens per illorum cognicionem ad creatoris cognicionem descendit, vel Sibilla, id est humana racio, ducit Eneam per lucos Trivie, id est per sublunarem regionem quia humana racio supra lunam non ascendit.

⟨DE DAEDALO ET MINOTAURO⟩

14 DEDALUS: Commendato loco de quo mencionem fecerat in proximo per materiam ubi dicit "aurea," commendat per artificem, scilicet per Dedalum. Sed quia fabulam tangit eam extra dicamus. Martem ergo et Venerem adulterium perpetrantes Sol Vulcano indicavit qui catenis subtilibus eos detentos ut operantes erant eos ostendit. Unde Venus persequens filias Solis et maxime Pasiphen, eam adamare taurum coegit, sed taurus fugiens se permiscere ei, per artificium Dedali hospitis sic decep-

129 et tunc inculcacio] vel est incultacio A 129-130 vel ... posicio *om.* A 132 quia[1,2] *om.* A 133 sic ... distinguunt *om.* A 135 bonum a malo] malum a bono A 136-137 lucos Trivie] Trivie luco A 138 in inferis] aput inferos A | proserpendo[1]] preserpendo A | proserpendo[2] *om.* A 138-139 vadit quoad *om.* A 140 humor lune] luna A | inde] ibi A 141 intellige A | precellit] excedit A 142 et] sed A | vocat] notat A 143 illos] istos A | illorum] istorum A 144 ascendit A 146 supra] super A

3 ubique H | per[3] *om.* A 4 fabula H 5 cathenis H 6 detentos *om.* A | ostendit] ligavit A 7 et] id est H 8 fugiens *om.* A

tus est quod facta acerna vacca et corio bovis circumdata et Pasiphe intus inclusa, cum ea concubuit et inde natus est Minotaurus. Et non cognito quod per Dedalum factum fuisset, eo cooperante, facta est domus ad monstrum includendum. Sed post, hoc cognito a Minoe, cum filio suo in carcerem positus est ubi, fingens se sacrificaturum, in nova cera cum pennis ad hoc acceptis sibi et filio suo remigium alarum paravit. Deinde ipsis volantibus filius nimis alta petens in mare cecidit; unde Ycareum mare dictum est. Pater vero usque in Sardiniam, deinde Cumas venit et ibi templum Apolinis constituit.

Quid vero sit quod Venus filias Solis persequitur videamus et que sint filie Solis. Sol quinque filias habuisse dicitur: Pasiphen, Medeam, Circen, Phedram, Dircen. Et hoc propter quinque sensus corporis quorum omnium sol est causa secundum philosophos et maxime visus qui reliquos quatuor complectitur quia enim qui clamat videt et palpanda notat et degustanda aspicit et odoranda intendit. Filie vero dicuntur, non filii, propter sensuum debilitatem. Et per has quinque sensus intelligimus quod ex nominis interpretacione possumus habere: Pasipha dicitur quasi pasiphanon, id est apparens omnibus; visus enim ut diximus reliquos quatuor aspicit. Secunda Medea quasi medenidealis, id est nulla visio, dicitur, quod est auditus. Tercia est Circe, que cironocrise, id est manuum iudicium, dicitur; per hoc tactum habemus. Quarta Phedra dicitur quasi pheronedon, id est afferens suavitatem, quod est odoratus. Quinta Dirce quasi drimocrise, id est acria iudicans; gustus enim dulcis et amari iudex est. Sed eas persequitur Venus quia luxuria humanitatis quasi noverca illecebris carnis sensus corporeos obumbrat et destruit.

Sed ad veritatem fabule transeamus. Dicunt enim quod in rei veritate Pasiphe fuit uxor Minois, que, adamato apocrifario et canzelario Tauro nominato, Dedalo efficiente, cum eo concubuit et genuit Minotaurum.

9 circumduta A 10 non] vero A 12 postea A 13 carcere H 14 suo *om.* H 18 vero sit] ergo A | filias] felicis A 19 sunt A 19-20 Pasiphem, Medeam, Circem, Federam, Dircem A 22 enim] et eum H 25 ex *om.* H | habere] intelligere A | Pasiphem A 26 pasipharion H 27 quasi] id est A | medenidealis *ego* medidealis AH *Cf.* Fulg., *Mit.* 2.7. 28 que] quasi A | cyronocrisie A 29 iuditium H | per ... habemus *om.* A | dicitur[2] *om.* A 30 pheronedon *ego* phetonedon H pheucendon A *Cf.* Fulg., *Mit.* 2.7. | conferens A 31 drimocrise *ego* democrise AH *Cf.* Fulg., *Mit.* 2.7. | acria *ego* aeria A acrn H *Cf.* Fulg., *Mit.* 2.7. 32 eos H | humanitatis *om.* A | quasi *om.* H 33 illecebris carnis *om.* A 35 Pasiphe *om.* H | cancellarius H 36 et Minotaurum *om. H*

Qui ad fabulam in parte homo, in parte taurus dictus est quia cum in essencia esset filius Tauri, Minois filius putabatur, unde dictus est Minotaurus, vel quia Pasiphe geminum habuit partum. Sed quod dicitur Athenienses devorasse ficticium est ideo quoniam interim victi maxima tributa Minoi persolvebant. Quod Dedalus alis dicitur evolasse, secundum rei veritatem incarceratus fuit, sed inde elapsus navigio effugit; deinde templum istud fecit et hoc est DEDALUS et cetera. UT FAMA EST: Per hoc notat ibi aliud quam fabulam latere. **15** PREPETIBUS: velocibus quantum ad fabulam propter volatum vel quantum ad navigium ad veritatem quia naves propter velocitatem dicuntur volare. CELO, id est aeri ad volatum vel ille qui navigat quodammodo se terra subtrahit et celo et aeri et vento se committit. **16** INSUETUM eciam ad naves potest transferri quia nondum consuetum erat transfretare.

16 AD ARCTOS: Secundum situm loci loquitur quia veniendo a Creta ad Cumas fit processus versus Arctos cum Cume sint inter nos et Cretam insulam. **17** CHALCIDICA ... ARCE, id est Cumas quam statuerunt qui de Euboyca regione venerunt. SUPER in hoc loco construitur cum ablativo propter racionem in eodem sensu quo cum accusativo vel potes dicere quod ibi est protheseos paraloge. **18** REDDITUS, quia cum volabat terra quodammodo auferebatur cum proprium sit iter hominum super terram. PRIMUM: Cum primum venerit ad Calchidam, queritur quare dixerunt "primum hiis terris." Respondeo: quia si prius ad Calchidam venerit que insula est et terra instabilis, non ideo tamen ad terram venisse dicitur vel in rei veritate ibi primum venit. SACRAVIT: Merito dicitur Dedalus remigium alarum suarum Apolloni consecrasse quia deus

38 essencia] veritate A | esset] est H 38-39 unde ... Minotaurus *om.* A 40 iterum H 41 alis *ego* aliis H *om.* A 42 fugit A 43 istud] illud A | hoc] hic H | est[2] *om.* A 44 aliud] ali aliud A 45-47 volatum ... ad *om.* A 47 vel] nam A | terra *ego* terre AH | contrahit A 48 naves] nones A | potest *om.* A | referri A 49 nundum A | traffetare A 50 Arcos H | secundum] scilicet A 51 processus versus] progressus ad A | Arctos *ego* archos H artos A 52 arce *om.* A 53 Euboia H | regione *om.* A 54 potestis A 55 est] esse A | proseos paralange H | volabat] volebat H 56 terra *ego* terre A trahere H | hominis A 57, 59 venerat A 58 dixit A | respondeo] respondendum A | Calchidam *ego* Calchidum A Colchidam H 59 tamen *om.* A 60 sacravit] sacratum A 61 remigia A | Appolini A 61-62 quia deus est sapiencie] qui sapientia dicitur H

58 *Civitas Chalcis sita est in insula Euboia. Cf.* Serv. *ad Aen. 6.2.*

est sapiencie et quia sapiencia sua hoc adinvenit. **20** In foribus: Commendavit locum per materiam, per artificem, ecce per picturam nunc commendat. Androgeo: Androgeus filius Minois superans in palestra et in ceteris ludis Athenienses, ab ipsis tamen convocatis, in ensibus occisus est. Unde pater eius Megarenses sibi subiugavit. Quod metuentes Athenienses pepigerunt septem corpora virorum ad cibum Minotauri singulis annis mittenda. In tercio anno sorte missus est Teseus et auxilio Adriane occidit Minotaurum que dederat ei picem et clavam. Quam picem cum demasticavit cum clava eum occidit et hoc erat ibi depictum. Androgeo pro Androgei teste Prisciano, qui hunc versum duxit in exemplum dicens quod dativus pro genetivo ponitur more quorundam Grecorum. Pendere a pecunia dicitur quia in pecunia et possessione omnia commissa antiqui solebant luere. **21** Miserum: interiectione secundum Servium quasi dicat quod est miserum. Dicunt tamen quidam miserum pro miserorum, sed Priscianus contra est dicens omnia nomina huius terminationis habencia neutrum non nisi raro sincopari. **22** Stat: Hic respicit ad picturam quia urne in quibus sorciuntur non habuerunt talem fundum ut stare possent, sed ut galee ⟨erant⟩ et eciam necesse erat ut non starent. Ductis sortibus, quia solebant ponere albos et nigros lapillos in urna. Si plus exirent de albis, bonum omen indicabatur; si plus de nigris, malum. **23** Contra, scilicet Athenas in pictura et revera sic est quia Creta est contra Athenas. Elata, quia ut ait Salustius Creta versus orientem altior est. Hic nil allegorice et hoc est adhuc preludium donec ad ramum aureum veniatur. **24** Hic, id est ex alia parte picture. **24-25** Furto Pasiphe, id est adulterio vel furto Pasiphe quantum ad

62 et quia] quia H et A 63 ecce *om.* A | nunc] modo A 64 Androgeo] Androgrus A 66 Megarenses … subiugavit] Megarem defluxit H 68 sorte] forte H 69 Adriagne H 70 demastigavit A 71 Androgeo, Androgei] Androgro, Androgri A | ducit A 72 ducens H 74 omnia commissa *om.* A | ludere H | miseram H | interiective A 76 pro] id est A | omnia *om.* H 77 teriectionis A | neutra A | *post* raro *add.* inveniuntur A 78 habent A 79 talem *om.* A | possint A 80 staret H 83 sic] ita A 84 adhuc] ad hoc H 85 donec ad] ante A | veniatur *om.* A 86 furto Pasiphe[1,2]] furto H Phasiphi (Phasiphe) A

71 *Inst. gramm.* 7.13 (GL 2:297)
75 Serv. *ad loc.*
76 *Inst. gramm.* 7.24-25 (GL 2:306-307).
83 *Hist.* 3.58.

furtivam supposicionem. **25** MIXTUM ... GENUS propter illam commixtionem viri et tauri ut exposuimus et forsitan propter partum duplicem. **26** MONUMENTA VENERIS: vel Veneris certitudo, scilicet luxurie, vel Veneris illius dee que Pasiphen cum sororibus persequebatur. NEFANDE: turpis et illicite. **27** ILLE: notabilis, de quo loquuntur auctores. HIC LABOR, unde domus laborintus quasi labor intus. INEXTRICABILIS: insolubilis. **28** REGINE: Adrianes. SED ENIM: preterea. **29** RESOLVIT, quia docuit eum laborem domus illius et subiungit modum, (**30**) CECA REGENS et cetera. **31** SINERET: Deest "si" et est assinteton, defectus coniunctionis. **33** BIS PATRIE, quasi dicat "manus cecidere" quia "patrie." Pre pietate mortem describere nequit. **34** PERLEGERENT Eneas et socii eius. **35** UNA est PHEBI ... SACERDOS, id est Sibilla, quia racio quasi armarium Phebi, id est sapiencie, dicitur. Dicitur eciam TRIVIE ... SACERDOS quia racio humana in sublunari regione locum habet tantum et dominatur supra vero lunam intellectus ⟨dei⟩. **36** DEIPHOBE: proprium nomen illius Sibille. GLAUCI, quia Glauci filia. Sed nota in hoc loco Achatem a societate Enee subtractum ex quo cum Didone morari cepit. Quamdiu enim cum Dydone non cohabitavit Achates comes redditur illi. Achates interpretatur tristicie consuetudo quod laborem studii designat. Dum enim Eneas luxuria tenetur, studium relinquitur. Cum vero ad cognicionem rerum tendit, studium recipit. Sed Achates ille premittitur et Sibillam secum ducit; labor enim studii pretermissus racionem comitem sibi adiungit in reditu et post longum tempus. Sed Achates et Sibilla removent Eneam ab aspectu picture quia racio et studium retardant animum a consideracione inutilium. REGI, quia sapiens se ipsum regit et carni imperat. **37** POSCIT: Ad hoc respicit quod notatur in diversis locis ut dictum est

87 furtivam supposicionem] suspectionem A | mixtum ... genus] truge A 90 Phasiphem A | *ante* sororibus *add.* suis A 91 denotabilis A | hic *om.* A 92 laberintus H 93 Adrianes *ego* Adrianues A Adriagnes H | sed enim *codd. Aen.* sed illis A sed ill H 94 ceca] cecha H ceta A 95 absinteton A 96 bis] hec A | quasi dicat] hic dicit A 97 eius] sui A 98 una] omni H | *post* racio *add.* est H 99 dicitur[1] *om.* H 101 Deiphobe] dium A 102 Acatum A 103 quamdiu] quam dic A 105 significat A 106 luxuria tenetur] luxuriaretur A | reliquit A 107 iste A 108 inducit A | premissus H | racionem] racio enim H 112 hec H

88 *Supra p.* 104, *ad Aen.* 6.14.

superius de Apolline qui in quadam parte anni apud Liciam, in altera apud Delon dabat responsa et hoc quia in diversis locis nisi per successiones temporis esse nequit, quasi dicat "iam tempus est ut responsa accipiamus"; senserat enim iam tenuisse Apollinem. Sed hoc dicit increpando et merito quia dum Eneas nimis longam operam dat inutilibus delectacionibus deditus, increpat eum racio, admonens scilicet, quod postquam homo ad etatem hanc venerit, animum vanis pascere non debet. **38** SEPTEM ... IUVENCOS: Sunt quidam qui per hos volunt intelligere septem motus corporis quia ut iuvenci in diversa trahunt, ita motus corporis ducunt ad diversa, scilicet anterior et posterior, dexter et sinister, inferior et superior, circularis. Hos oportet mactare quodammodo et occidere et cohibere corpus alicui [nisi] studio insistere. Similiter per septem bidentes intelliguntur septem membra corporis, scilicet duas manus, duos pedes, caput, pectus et pudenda. Et bene per bidentes et cetera intelligimus membra que sunt corpora in terram prona et bruta et nullam cognicionis perspicaciam habencia, sicut e contrario per capras ad alta repentes et acutius videntes in multis locis animas intelligimus alta discernentes et perspicue speculantes. Bidentes istas antequam ad templum veniamus oportet mactare et membra ab appetitu carnis antequam ingrediamur studium cohibere. **39** LECTAS, id est electas quia nec linguam nigram nec aures perforatas nec caudam aculeatam habentes dedite erant sacrificio. Bidentes dicuntur a biennio vel a duobus dentibus eminencioribus et sic nigromanticum descensum innuit factum propter demonum colloquium. **41** SACERDOS, quia racio divina aperit.

113 qui] quod A | altero H 114 successionem A 117 dum *om.* A | utilibus A 118 delectacioni H 119 homo *om.* H | hanc *om.* A | animum vanis] inanibus animi H 120 hoc H 124 occidere *om.* A | alicui ... insistere] in alio nisi sistere studeat H | x *in marg. sinist.* A 125 *ante* duas *add.* in H 126 duos] duo A | pudibunda A | bene *om.* H | et cetera *om.* A 127 sunt corpora] habent torpora A 128 sic A 129 repentes] petentes A | et] id est H | acutius] altius A | animos A 130 perspicua A 131 mactare] occidere A 132 studio A | nec] ut A 133 nigram] magnam H | aculcatam A 134 sacrificio] ad sacrificium A 135 et sic] nunc A 136 qui A

113 superius: *Fortasse in parte commenti quae non superfuit. Cf.* Serv. *ad loc.*: "*... supra [ad Aen. 4.143] diximus Apollinem sex mensibus apud Lycios et sex apud Delum dedisse responsa.*"

120-132 *Cf.* Bern. Silv., *Comm. super Aen. ad loc. (p.* 39).

⟨De Sibylla et Antro Eius⟩

42 Excisum: Ponit topographiam, id est descriptionem loci templi, scilicet quod erat in latere montis. In antra: Bene dicit in antro ubi non est lux perfecta sed quasi quoddam crepusculum quod non potest dici lux nec tenebre, ymmo amborum connexio in quo mansisse Sibilla dicitur quia nemo in hac vita plenam et perfectam scienciam invenire potest. **43** Aditus et hostia: Servio attestante, idem est aditus et hostium sed propter aliud et aliud nominatum est illud aditus et hostium, scilicet introitus ille, sed quia quidam adeunt et intrant per illum dicitur aditus, quia vero quibusdam obstat dicitur hostium ab obstando. Alii dicunt diversa esse vocantes lignum illud ostium et dicitur hostium ab "hostio, -is" quod est "adequo, adequas" quia ibi lignum foramini adequatur; aditus vero ipse introitus. **44** Totidem, quia quot hostia, tot aditus et tot voces, ad hystoriam; sed spiritus ille magniloquus singula hostia replebat voce sua. Potest eciam dici quia racio quod interius deliberat in sapiencia aliis manifestat que sunt infinita, sed ponit finitum pro infinito. **46** Tempus: senciens se iam recepisse spiritum. **47** Non vultus, non color unus: Vultus est pars illa qua disnoscitur aliquis sed merito dicit vultum Sibille accedentis ad Apollinem mutatum esse quia quilibet accedens ad sapienciam mutare statum suum et priorem vitam debet. Alii dicunt "non vultus prior"; nec mirum, scire enim futura non est humane nature. **49** Maior, quia humano corpore locuta fuerat, modo vero locutura erat divino et ideo maior. Videri, id est videbatur. **50** Mortale: Humanum sonat qui preterita vel presencia loquitur, sed hic dicebat futura; ideo nec humanum sonabat. Affata est Eneam ⟨quando⟩ quan-

2 loci *om.* A 3 antra] antrum *codd. Aen.* | dicit] dixit A | in antro *om.* A 6 potuit H 7-8 aditus[2] ... illud *om.* A 9 illum] illud A 10 vero *om.* H 11 nominantes A | ostium ... dicitur *om.* A 13 aditus[1] *ego* aditum A foramen H | ipse introitus A ipsum introitum H 14 magniloquus *ego* malignus AH *fort. pro* multilinguus? | replevit A 15 quia *om.* A | quod] que A 16 aliis] illius A | sed] et A 17-18 non[2] ... unus *om.* A 20 debet] oportet H 22 locutura] locuta A 23 videri *bis* H 24 qui] quia A | hec A 25 humane A | affata] afflata *plerique codd. Aen.* | quandoquidem H quut quidem A

7 Serv. *ad loc.*

11-12 hostio *idem quod* adequo: Vide *Sexti Pompei Festi de Verborum Significatu cum Pauli Epitome, pp.* 334, 415-416.

16 ponit: *sc.* poeta.

doquidem NUMINE iam existente propiore. **51** CESSAS IN VOTA, id est incepcionem votorum. Dicit enim Servius aliud esse "cessare in re" ut quando post rei incepcionem cessamus ab ipsa et tarde ducimus ad finem; ⟨aliud est⟩ "cessare in rem" quando tarde venimus ad incepcionem. VOTA, quantum ad promissa; PRECES, quantum ad oraciones. Et nota quod racio Eneam hortatur ad vota; ut enim ayt Plato, "in maximis et minimis rebus divinum invocandum est auxilium." Nisi enim donum dei permittit, non contingit ut homini rerum cognicio innotescat. **52** NEQUE ENIM ANTE, quia nemo nisi deo cooperante potest ad sapienciam aspirare. **52-53** ANTE ... ORA: introitus templi. **53** ATTONITE, quia accepturi responsa ibi erant attoniti. **56** PHEBE: In hac oracione iuxta exhortacionem Sibille, intendit Eneas Phebum ad misericordiam promovere et hoc per preterita beneficia eius et aliis modis et merito deum sapiencie invocat utpote accessurus ad sapienciam.

56 SEMPER MISERATE: Nam cum ceteri dei Troianos persequerentur, Phebus minime. Ipse enim cum Neptuno civitatem condidit. Quod nichil aliud est nisi quod eam Laomedon per sapienciam constituit et a mari confluente ibi per mercaturam multa habuit necessaria. **57** DARDANA: Legitur quod mortuo Hectore Greci et Troiani longas inducias et adeo firmas habuerunt quod Troianis ad castra Danaum exire et Danais civitatem intrare licebat. Contigit autem quadam die ut Troianis egressis ut annuas exequias Hectoris colerent, Polixena visa est pariter et amata ab Achile. Quam cum peteret in coniugium, concessum est ei si bellum et exercitum in Greciam duceret. Quod cum nequiret facere, cessavit cum milite suo. Hecuba vero, nondum oblita mortis Hectoris, colloquium eius in templo Apollinis petiit et se daturam Polixenam sibi repromisit.

26 propiore] priore AH *Cf. Aen.* 6.51. | cessas ... vota] cessas servo H cesalservo A 27 incepcione A | notorum H | cessa H 29 tarde venimus] non invenimus H 30 et] sed A 31 Plato] Cato A | in *om.* A | maxie A 34 ante] autem A 35 itroitus A | attonite] adeoin A 36 in *om.* A | iuxta exhortacionem] mixta exhortacione A 40 semper miserate] semper ste H spiritum site A | cum *om.* A 42 a] in A 43 Dardana] danda A 45 Danaum] Danaorum A | exire *om.* A 46 autem] unde A 47 Hectoris] Herculis A | coleret A 48 coniugem A | ei *om.* H 49-50 Quod ... suo *om.* A 50 nundum A 51 eius] Achilles A | Polixenam *om.* A | promisit H

27 Serv. *ad loc.*
31 *Timaeus* 27C. Vide *Interpr. Calcid. p.* 20.6-8.

Itaque eo ingresso in templum Apollinis cum filio Nestoris, Paris cum multis aliis ibi latens, in eum surrexit et statim Antilocus interfectus est. Achiles vero, non sic cito sed tandem missa sagitta a Paride post statuam Apollinis latente, interfectus est. Ideo dictum est Apollinem manu Paridis eum interfecisse. Unde ille dixit "direxit" quia voluntate Apollinis factum est.

Sed per talum occisus est; per cetera omnia enim erat impenetrabilis. Achiles dicitur esse filius Thetidis et Pelei. Peleus interpretatur lutum; Thetis vero pro mari accipitur, id est pro humore, quia omnis homo procreatus est ex luto et aqua constans. Achiles vero dicitur sine labiis. Per hunc res loquens intelligitur. Hoc quod erat a matre immersus in Stigias undas significat quod contra omnes labores munitus erat. Sed tamen sauciatus per talum mortuus est cum per cetera insauciabilis erat, quia cum contra cetera vicia fortis esset, a libidine victus est. Quod per talum Venus intelligitur phisicum est. Dicunt enim phisici quod quedam in talo vene sunt que a virilibus et renibus descendunt. In illis habitat luxuria, quibus fle⟨b⟩otomia diminuitur luxuria et per eas labitur. Amore Polixene periit; Polixena enim multorum peregrina dicitur seu quod amor peregrinari facit mentem ab ingenio seu quod apud multos libido ut peregrina vagatur.

60 MASSILIUM populi sunt a quibus diverterunt dum Cartaginem venirent. SYRTIBUS: ubi sunt pericula attractiva. **61** FUGIENTIS, quia animo festinantis ut diximus velocitas ipsa tarda videtur. **62** HAC: themesis. TROIANA: quasi adversa.

63 VOS QUOQUE: Facta prece specialiter ad Apollinem, ad ceteros intendit oracionem. **64** DEE: Quidam voluerunt quod hic solum Iuno et Pallas invocarentur per hoc quod tantum dee invocabantur que Troiam persequebantur. Legitur namque tres deas, Iunonem et Palladem et Ve-

52 eo] ego H   54, 55 est, est[1]] fuit A   54 sic *om.* H | tandem] tarde A   54-55 post ... latente *om.* A   55 Apollinem] Apollinis in H   56 ille] ipse A | direxit H rexit A directi *vel* derexti *codd. Aen.*   58 est *om.* H | omnia *om.* H   59 esse *om.* A   60-61 quia ... constans *post* 59 Pelei H   61 *post* homo *add.* natus H   62 res *om.* A   63 in ... undas] Stigiis undis A   65 erat] esset A   67 et *om.* H   68 luxuria[1] ... diminuitur *om.* A   68–69 per ... labitur] per quas luxuria innuitur H   69 perit H   71 ut *om.* A   72 Massylum *codd. Aen.*   74 festinanti H | themesis *idem quod* tmesis   76 specialiter *om.* A   77 tendit A | dee *om.* A

58-71 *Cf. Vat. Myth. Tert.* 11.21, 24 (*pp.* 240-242).

nerem, Paridem adduxisse ut iudex existeret que earum pomum aureum haberet. Per Palladem theoricam vitam habemus; per Iunonem activam; per Venerem voluntariam. Per aureum pomum habemus summum bonum et hoc propter materiam et formam quia sicut aurum cetera excedit metalla, ita hoc bonum propter formam; vero quia sicut forma illa rotunda est, carens principio et fine et sine ymo, ita et bonum illud. Et merito pomum vocatur quia pro honesto labore fructus exspectatur. Sed ambiguum est que illarum dearum hoc pomum habeat quia quidam preferunt vitam contemplativam ceteris, ut philosophi; quidam activam, ut practici et politici, id est civitatum custodes; quidam voluntariam active et contemplative, scilicet Epycurii. Venus vero videtur pulchrior Paridi quia sensus qui est Paris contemplari vel agere nequit.

64 QUIBUS OBSTITIT, id est quibus displicuit vel ypallage, id est qui obstitistis Ilio. **65-66** O ... DA: captatio. Diis quibus preces sunt intense subiungit honestatem peticionis, scilicet quod hoc quod poscit promissum est a fatis et sic debitum.

67 LATIO: quasi dicat licet indignus sum, tamen reliquias deorum sinite requiescere que mecum erraverunt hucusque. Minervam enim et Cibelem secundum quosdam attulit in Ytaliam. Minerva dicitur quasi intima cognicio quod est sapiencia que in cerebro sedem habet. Tria namque sunt que sapienciam perfectam reddunt: ingenium, scilicet vis inveniendi; racio, scilicet vis discernendi inventa; memoria, scilicet vis conservandi. In cerebro namque sunt tres cellule vel ventriculi. Prima est anterior in qua est ingenii exercicium; secunda media in qua est vis racionis; in tercia, scilicet in posteriori, est vis memorie. Atque ideo sapiencia intima cognicio dicitur.

80 adisse A | extiteret A | aureum *om.* A 82 habemus *om.* A 83 materiam] naturam A | metalla] mala H 84 sicut *om.* A 84-85 rotunda ... ymo] caret vicio H *superscr.* uno (*pro* inicio?) H[1] 88 ceteris *om.* A | philosophi] physici H 88-89 practici et[1] *om.* A 89 id ... custodes *om.* H 90 scilicet] ut A | videtur] est A 91 sensus ... Paris] Paris qui est sensus A 92 ypallage] impellere A 93 Ilio *ego* in hoc H *om.* A | captatio] captatis H capturis A 94 subiungis A | *post* quod[1] *add.* qui H 95 sic] sit A 97 que] qui H | urraverunt A 100 sunt *om.* H 102 namque] enim A | vel ventriculi *ego* vel neutricoli H *om.* A *Cf.* Bern. Silv., *Comm. super Aen. ad* 6.68 (*p.* 47).

96–*p.* 112.117: *Cf.* Bern. Silv., *Comm. super Aen. ad* 6.68 (*pp.* 46-47).

Cybele dicitur quasi cubele, id est solida, id est terra, que sola inter quatuor elementa solida est. Quod ideo contingit quia tribus aliis circumvallatur, id est aqua, aere, igne. Soliditatis namque circumvallacio et confectio cause sunt. Unde ignis qui a nullo circumvallatur rarus est et subtilis; aer vero qui ab igne circumfunditur densior est igne; aqua vero que ab aere et igne densior est illis; terra vero que a tribus circumfunditur densissima est vel solida. Unde Plato in *Thimeo* soliditatem nullam preter terram dicit. Hanc deam turritam coronam habere dicunt propter ingencia edificia; matrem Cereris et Bachi et Palis; est enim Ceres naturalis potencia terre producendi segetes, Bachus naturalis potencia terre in vineis, Pales in pascuis. Minervam et Cybelem, id est exercicium sapiencie et terre cultus, attulit Eneas.

69 TUNC PHEBO: Hucusque preces continentur; ammodo vota continentur, et sic post peticionis ostensionem facti remuneracionem subiungit. **70** DE NOMINE PHEBI: Hic promittit se facturum quod postea Augustus Cesar adimplevit. Unde non cassa fuit promissio quia qui supplevit de genere Enee fuit. Fecit enim Augustus Cesar Phebo et Dyane marmoreum templum et ibi ludos Apollinares instituit. Et hec est magna laus Augusti ut quod parens suus vovit ipse perficiat. **71** TE QUOQUE: Non "te" ad personam, sed ad nomen referatur. Quod enim dicitur de Sibilla, filia Glauci, in tempore Tulii Hostilii de alia verum fuit; secundum alios in tempore Superbi Tarquinii. Multe Sibille fuisse leguntur quia Phemonoe in Lucano eciam Sibilla vocata fuit. De qua Sibilla legitur quod novem libros de fatis Romanorum, id est de infortuniis et remediis eorum, composuit. Quadam vero die aggrediens Tullium Hostilium, obtulit ei ad vendendum, poscens inde trecentos aureos Filipporum. Ille

106 dicitur *om.* A | *post* que *add.* terra A 108 soliditas A | namque *om.* A 110 qui] quia A 111 aere] aqua H 113 dicit *om.* H 114 Pallis A 119 peticionis ostensionem] peticionem A 121 qui *om.* H 124 perfecit A 125 nomen] naturam A | dicit A 126-127 secundum alios *om.* A 127 dicuntur A 128 phemonoe *ego* Phemonee A Femonoe H | fuit *om.* A 130 eorum] eorundem A | Hostilius A 131 inde *om.* A | aureas A

109 ignis, *id est* aether.
112 31B (*Interpr. Calcid. p.* 24.7).
128 *Pharsalia* 5.126, 187.

magnitudinem auri abhorrens, recusavit. Unde hec indignata tres combussit. Die crastina reliquos sex ei obtulit et sub eodem precio. Ille iterum recusavit. Quare illa plus indignata iterum tres combussit. Tercia die tres solos residuos eidem pro eodem precio obtulit. Coniciens ergo Tullius Hostilius aliquod boni in eis contineri, tandem dato precio eos accepit et illis positis in templo custodes constituit, primo duos, deinde tres, postea quinque, deinde sex, sic usque triginta. Hoc tamen quidam Superbo Tarquinio asscribunt. Magna: pro scriptis supra notatis. **72** Hic: pro tunc. Ego, quia etsi non in se, tamen in suis sucessoribus. **74** Viros, quia nec pueri nec iuvenes nec senes, sed viri sacrati sunt racioni. In illis enim etatibus primis est nimietas caloris; in senectute vero nimietas frigoris et humoris, sed in virili etate est temperancia. Atque prime propter nimiam molliciem et ultima etas pro nimia debilitate non intelligunt; virilitas vero moderata intelligit. Unde Plato humanam etatem esse dixit cere comparabilem quia si nimium dura vel mollis nimium, non impressum recipit; si vero temperetur figura impressa retinetur. Nec ... manda ut soles. Tunc mandat Sibilla ventis et foliis scripta quando quod dicit racio humana in verbis tantum consistit. Tunc racio vero non mandat quando quod dicit veritati concordat. **76** Finem dedit, id est tacuit, sed Servius aliter exponit: "finem dedit ore loquendi," id est impetravit circa ipsum quod ore non scripto loqueretur. Contrario sic tunc locutus est Eneas.

132 Unde hec] quare illa A | indignata] irata H | tres combussit] tribus combustis H 133 crastina] alio A | reliquos *om.* A | ei] eidem A | et ... precio] ad vendendum A | *ante* ille *add.* et dum A 134 iterum[1] *om.* A | noluit A | quare illa *om.* A | iterum[2]] alios A 135 residuo H | eidem *om.* A | credens A 136 Tullius Hostilius *om.* A | dato *om.* A 137 illis] illos A | positis *om.* A 138 quidam *om.* A 139 pro ... notatis] scriptis suis notans A 140 hinc H | pro] et A | suis *om.* A 142 enim] eius A | x *in marg. dext.* A 144 prime] prima etas A | etas *om.* H 145 Plato] planta A 146 cere *om.* H 147 non] nec H 148 nec manda H ne ... manda *codd. Aen.* manda A | ut soles *om.* A 149 in *om.* A | tunc *om.* H 150 racio] racioni A | non *om.* A 150-151 finem ... exponit *om.* A 151-152 ore ... impetravit *om.* A 152 circa ipsum *ego* circum ipsam H econtrario ipsam A 153 contrario] cum A | tunc *om.* H

145 Calcid., *Comm.* 328 (*pp.* 322-323).
151 *ad loc.*

⟨De Responsis Sibyllae⟩

77 At, id est sed. Nondum paciens Phebi, id est nondum sufficiens ad exprimendam voluntatem Phebi quia in principio spiritus ille magniloquus tantus advenit quod homo non potest tunc sufficere ad voluntatem illius manifestare. Alii dicunt "dum" esse ibi sillabicam adiectionem et superfluere et tunc legunt sic nondum paciens, id est non paciens vel non paciens, id est nondum acquiescens. Immanis in antro, quia celestia tangit sapiencia. **78** Bachatur: Merito sacerdoti Apollinis attribuit bachari quia unum et idem dicitur Bachus et Apollo, sed propter diversa officia diversa sortitus est vocabula. Sol enim dicitur Apollo quia humores calore suo et splendore tenebras exterreat; dicitur Bachus quia est causa vini. **79** Excussisse, id est manifestare, sed dictum est per similitudinem equi volentis excutere possessorem suum quia sibi est honeri. Deum, id est Apollinem. **78** Magnum: Dicit secundum consuetudinarium loquendi usum; unus quisque enim asserit prevalere aliis diis suum deum. Si ad racionem referatur, racio nostra non est "paciens," id est contenta, Apollinis. Semper enim magis scire desiderat et dicitur immanis quia ut diximus celestia tangit. **77** In antro bachatur, id est studet, quia sapiencia est quasi antrum quia nulli tota innotuit. Bachari pro studere in multis locis ponitur. Unde eciam sic difinitur: studium est vehemens anima et cetera. Et hoc facit si possit excussisse deum, id est ut possit quia qui sapienciam novit minus peritis eam manifestat. Sed **(79-80)** tanto magis os rabidum ille fatigat, quia qui profert sapienciam magis laborat querendo ornatum verborum. **80** Fera corda domans: Apollo domat fera corda quia sapiens per sapienciam omnem ferocitatem cordium tam in se quam in aliis reprimit. Fingit, id est

2 nondum paciens] nundum A | Phebi nondum paciens *codd. Aen.* 3 magniloquus *ego* malignus AH 5 ibi *om.* A 6 superfluit A 6,7 nondum] nundum A 6 non[1]] nundum A | paciens[2]] proteres A 7 non *om.* A | paciens *om.* A | immanis in antro *codd. Aen.* imaph H in antro A 9,10 dicitur *om.* A 10 sortiti fuerunt A 11 extiriat H 13 per] propter A | volentes A | dominum A | quia] qui A 14 honori A | deum ... Apollinem *om.* A | dicit *om.* A 15 unus] unde A 20 ponitur *om.* A | sic] qui sicci A qui sicci *in lingua Italiana* hoc loco sic *Latine dicitur*. 21 anima *om.* H | hic H | excutere A 22 id ... possit *om.* A | peritis] parius A 23 rabidum *codd. Aen.* rapidum AH | perfert A 24 laborat *om.* A

18 *Supra ll.* 7-8.
20 *Vide* Bern. Silv., *Comm. super Aen. ad* 6.13 (*p.* 31).

ponit. PREMENDO, id est opprimendo, id est ab illicitis retrahendo. **81** HOSTIA ... DOMUS: templi sapiencie. Notandum quod in hac oracione Sibille non Sibilla sed Apollo per Sibillam intendit de futuris Enee fateri nociva. Et merito dicitur Sibilla futura predicere quia per racionem et sapienciam possumus multociens cognoscere futura. **83** O ... DEFUNCTE, id est finite. Defunctos enim finitos dicimus vel "defuncte," id est liberate MAGNIS ... PERICULIS. Sed bene dicit defunctum esse periculis pelagi et non pelago quia adhuc intraturus erat mare antequam ad illam partem Ytalie veniret in qua regnaturus erat. Sed non tormenta passurus et sic fuit consolatoria oracio ne desperata securitate permaneret Eneas. Ne in terra sperasset omnia evasisse, mala de adversitatibus futuris subiungit ei. **84** SED TERRA: Futura mala predicit Enee ut cum perveniret ad ea, fortius ea perficiat. "Nam levius ledit quicquid previdimus ante"; sicut enim inhers homo destruitur solo timore, sic probus homo econtrario per cognicionem malorum coniungit se ad illa et corroboratur. IN REGNA LAVINI: Si dicatur a Lavinia uxore Enee, preoccupacio est et ad tempus Enee referendum est. Si a Lavinio fratre Latini qui ibi ante regnavit proprie dictum est. **85** MITTE, id est dimitte. CURAM, id est timorem. DE PECTORE, id est de corde, continens pro contento et subiungit quare, scilicet propter bella. **87** CERNO, quia divinanti futura cernuntur ut presencia. TYBERIM ... SPUMANTEM, quia super Tyberim fuit bellum inter Turnum et Eneam. **88** NEC SYMOIS ... NEC XANTUS, quia Tyberis et Numicius in loco istorum erant et ut sepe cecidit in Symoonte et Xanto, iam casurus est in istis. NEC DORICA CASTRA, quasi castra Turni qui de origine Grecorum descenderat et venerat in Ytaliam. **89** ALIUS ... ACHILES, id est alius tyrannus vel fortis ut Achiles quia

27 ponit *pro* componit. *Cf.* Serv. *ad loc.* | retrahendo] reprimendo A 28 templum A | notandum quod] notandum H nota quod A 29 fari H 31 possimus A 33 sed *om.* H | bene *om.* A 35 in ... erat *om.* A 36 fuit] finit A 37 in terra] iterum H | sperasset] speraret A | *ante* mala *add.* omnia H 38 veniret H 39 perficiat] perferat A | x *in marg. dext.* A 40 enim *om.* A | inhers] in eis A | homo[1] *om.* A | sic probus] sicut probet A 42 dicantur H 43 Enee] poete A | ante *om.* A 45 *post* contento *add.* in me H 47 ut] ne A | spumantem *om.* A 48 Xantus] sanctus H 49 Numicius] nimtius H | istorum] isto A 49 cecidit] cccidit A 50 quasi] quia A 51 et venerat] inveniret H 52 alius[1] *om.* A

39 *Distich. Catonis* 2.24 (Baehrens *PLM* 3:225).

Turnus et est eadem figura que est ibi: “Typhis et Automedon dicar amoris ego.” Et hoc possumus facere si contingat quod aliquis in aliquo, scilicet in virtute vel in vicio, sit nominatissimus et pluribus cognitus, tunc proprium nomen illius possumus ponere pro nomine appellato illius rei in qua dicitur prevalere, ut “Medee Medea forem,” id est crudelis crudeli; “Tifis et Automedon dicar amoris ego,” id est rector et ductor. **90** NATUS ET IPSE DEA: Venilia. Sed opponitur quod dea non fuit Venilia cum Amata soror eius mortalis esset. Respondeo quod hoc in multis videmus ut dicetur in sequentibus de Turno et Iuturna quia memor Iuturna immortalis fuit et dea. ADDITA, id est odiosa. **91** IN REBUS EGENIS ad hoc respicit quod famem in itinere passurus est ut predixit Arpia. **92** QUAS, quasi dicat multas ad auxilium contra Turnum. Deinde causam malorum subiungit. **93** CAUSA MALI ... CONIUNX ITERUM respicit quod sicut Helena prioris, ita et Lavinia causa sequentis mali futura est. **95** NE CEDE MALIS, id est ne frangaris adversitatibus et hoc unusquisque sapiens debet facere, scilicet adversitatem ingruentem si possit a se removere, et si non possit, saltem debet diminuere et attenuare et si neutrum, quod sequitur animo tollerare. **96** QUAM TUA TE: quam res et possibilitas tua pacientur. VIA PRIMA: Enumeratis malis que futura sunt ne desperet subiungit de remedio eorum. **97** A GRAIA URBE, scilicet ab urbe Evandri quia Evander, qui de Greca gente ducebat originem, adiuvit Eneam contra Turnum. QUOD MINIME RERIS: inimicus. Ex inimici auxilio sibi auxilium non estimat.

98 TALIBUS: Hactenus fuit vaticinium Sibille. EX ADITO: Hic aditus, -tus, -tui est introitus; hoc aditum, -ti secreta pars templi dicta per

53 Turnius A 53-54 dicar ... ego] et cetera A 55 in[2] *om.* A | noratissimus A | plurium H | cognitus *ego* cognitius H *om.* A 56 nomen *om.* A | nomine *om.* H 58 et[1] ... ego *om.* A 60 hoc *om.* A 61 Turno *ego* Mezentio AH | Iuturna] in turna A | quia memor *om.* A 62 adiosa A 63 passus A 65 coniunx *om.* A 65-66 respicit quod] dicit quia A 67 ne[1] ... malis] n ne re fo H cave refo A | fugaris A 68 facere] facta A 69 et[3]] eciam A 70 animo *om.* A 71 possilitas A | pacietur H | via prima] vicuror? A 72 a Graia urbe H Graia una A Graia ... ab urbe *codd. Aen.* 72-73 scilicet ... Evandri *om.* A 75 extimat A 76 ex *om.* A | adyto *codd. Aen.* 77 dicta *om.* A

53,58 Ovid., *Ars Amat.* 1.8.
57 Ovid., *Her.* 6.151.
63 *Aen.* 3.256.
69-70 si neutrum: *sc.* sit possibile.

antyphrasim. **99** HORRENDAS per mala. AMBIGUA, quia modo prospera, modo adversa promittebat vel AMBAGES quasi ambiguitates, id est responsa integumentis involuta. REMUGIT: non aperte dixit vel REMUGIT, id est iterat ut memorie infigat. **100** OBSCURIS: in integumentis. FRENA, id est revocamina. **101** STIMULOS: incitamina. Sapiencia enim divina investigantem ab archanis retrahit. **100** FURENTI: Ideo racio, quia in divinis perquirendis et futuris premonstrandis humanam possibilitatem transcendit, furens reputatur. Est enim mos hominis ut quod in se sentit habeat pro possibili, quod vero in se non fuerit pro impossibili. Unde Salustius: quod sibi quis facile factum credit equo animo accipit. **102** FUROR: vaticinium. CESSIT: recessit. Oritur questio quare dicat spiritum illum recessisse, de quo prius nichil dixerat. Respondeo quod non omnino recessit, sed mitigatus est aliquantulum. **103** HEROS proprie terrarum dicimus dominos; hera enim est terra. NON ULLA: Cognitis que sibi futura a Sibilla erant, quia Sibilla de descensu ad inferos nichil dixerat, de quo curiosus erat, ideo transit ad illud Eneas captans eius benivolenciam dicens (**104**) O VIRGO, ... NON ULLA ... FACIES, id est qualitas. MI, id est pro mihi per apocopam, sed apocopacio ista non est in usu. Servius dicit "mi" esse adverbium blandientis. **105** OMNIA PRECEPI: Queritur cum dicat se omnia precepisse quare Sibillam consulat. Respondeo quod "omnia" non refertur nisi ad cognicionem futurorum quia si ab Heleno et ab Arpiis futura mala cognoverat, non tamen eventum et finem ab eis preceperat et ideo statim consulit. PEREGI, id est cognovi ab Heleno et Arpiis. **106** UNUM ORO: Istud unum postulat ut ad

78 per *om.* A | ambigua AH ambages *codd. Aen.* 79 permittebat H 80 remugit[2] *codd. Aen.* remigit AH 81 iterato H | ut *om.* H | infingat A 82 revocamina stimulos] revocancia frena A | incitamenta A | divina *om.* H 83 ideo *om.* H | racio *om.* A 85-86 ut ... possibili *om.* A 86 non *om.* A 87 factum *om.* A 88 vaticinium] nati civium H | dixit A 89 non dixerit A | quod *om.* A 90 omnino *om.* A | heros] hos A 91 dominos hera] omnia et ethera A | non ulla *codd. Aen.* non nulla H nisi nulla A 92 a Sibilla[1] *om.* H | erant ... Sibilla[2] *om.* A 92-93 nichil dixerat *om.* A 93 curiosus] casus A | *post* erat *add.* tunc A | istud A 94 non ... facies *om.* A 95 pro *om.* A 96 percepi H 97 queritur *om.* A | precepisse *ego* percepisse AH 98 referentur A 99 si *om.* A | ab[2] *om.* A | mala] illa A 100 preceperat] percepit A

87 *Cat.* 3.2.
91 hera enim est terra: *Cf.* Serv. *ad Ecl.* 4.35.
96 Serv. *ad loc.*

inferos eum ducat ut patrem ibi videat. Istud desiderat; nichil enim aliud querit sapiens nisi ut per creaturarum cognicionem creatorem cognoscat. Et hoc esse faciendum, id est ut ad inferos eum ducat, multis et pluribus argumentis probat. Sed modo prius hanc literam secundum nigromanticum descensum, deinde secundum theologicum legamus. Sed nota quod differunt ciomanticus descensus et nigromanticus; enim ciomanticus est quando sacrificatur animabus ut cum eis colloquium habeatur. Cie enim sunt anime; unde sciamantia sciencia sacrificandi animabus. Nigromanticus est quando nigris et demonibus sacrificium impenditur; unde nigromancia sciencia talis vocatur. Legamus ergo secundum ciomanticum descensum sic: UNUM ORO: Suspensa est oracio ut "contingat ire ad conspectum" et HIC: Licere probat ab oportunitate loci, sic QUANDO, hoc est "quandoquidem." HIC ... IANUA, id est introitus et principium. INFERNI IANUA REGIS, id est Plutonis. Dicunt enim in rei veritate quod iuxta Cumas erat quidam locus obsitus montibus et plenus paludibus ad quem conveniebant sacrificaturi demonibus. Unde legitur Ulixem unum de sociis suis, id est Palinestora, et Eneam Misenum sacrificasse. Et ideo hic locus dictus est ianua quasi principium descendendi ad inferos quia ibi conveniebant ad colloquium animarum. Secundum philosophicum descensum sic legatur: IANUA per quam ad inferos, id est ad regionem caducorum, ingredimur; est enim hec terrestris habitacio in qua nascimur. Sed hunc descensum inferni dicimus esse terram que Dis appellatur quia omnes divicie in terra reperiuntur. INFERNI: oportunitas a loco. **107** ACHERONTE: Acheron interpretatur sine gaudio propter sacrificium super illum fluvium de humano sanguine factum. **109** DOCEAS iter quo itur ad colloquium animarum. SACRA: execrabilia vel SACRA iuxta reputacionem. **110** ILLUM: Probat idem per argumentum a merito, scilicet se debere ad patrem descendere. **112** ILLE MEUM: argumentum

102 desiderat] defert H 103 nisi *om.* H 104 esse *ego* est A *om.* H 105 prius *om.* A 106 secundum *om.* A | sed] et H 107 ciomanticus[1] *pro* sciomanticus 108 cie *pro* scie 108-109 cie ... anime *post* 109 animabus A 110 perpendit H 112 sic *om.* A | suspensiva A | ut contingat *om.* A 112-113 ire ... conspectum] re a conspectu A 113 loci *om.* A 114 hoc H et A | ianua] ca A 115 inferni ianua] inferni H ianua A | dicunt] dicens A 117 conveniebat A 118 suis *om.* A | Palinestora *per errorem pro* Elpenorem AH 120 colloquium] collectionem H 121 per quam] postquam A 122 enim *om.* H | hec *om.* A 124 in ... reperiuntur] inter terram recipiuntur A | inferni] intro A 125 *post* Acheron *add.* que A 127 quo itur] quod ducit A 128 idem *ante* argumentum A 129 se *om.* H

a debito. **114** Sortemque senecte: Horacius dicit diversarum etatum diversas esse sortes. Est enim sors puericie ludere, iuvenum canes amare, senum esse in ocio et pacem diligere. Sed ultra hanc sortem participatus est Anchises eorum que filius passus est. **115** Quin: argumentum a necessario, quasi dicat imperavit et sic necesse est. **116** Orans: pie exhortans. Mandata: cogencia iussa quandoque enim pater monet quandoque invitum trahit; unde "precibusque minas regaliter addit." Sed ne videretur impossibile quod petebat, postquam ostendit debitum esse quod petebat, ostendit possibilitatem peticionis dicens (**117**) potes. **118** Echate, id est luna.

⟨De Orpheo et Eurydice⟩

119 Si potuit ... Orpheus: argumentum a minori, quasi dicat, "Si potuit, possum quia prevaleo illi." Legitur in fabulis Euridicen Orpheum habuisse uxorem. Hanc adamavit Aristeus. Quem fugiens calcato serpente translata est ad inferos. Quam tamen Orpheus lege accepta extraxit. Huius fabule duas invenimus exposiciones. Designat enim artem musicam. Sic due sunt partes artis musice, una que consistit in vocum modulacione et dicitur arismetica, alia que consistit in proporcionali tantum vocum cognicione. Unde per Orpheum qui dicitur quasi oreaphone, id est vox optima speciem que est in vocum modulacione intelligimus; per Euridicem illam speciem musice que est in proporcionali tantum vocum cognicione. Euridice enim dicitur quasi profunda iudicacio quia etsi garcionibus scire contingat vocum modulacionem, tamen perfectorum est scire vocum proporcionalitatem. Dicitur autem Euridice coniunx Orphei

133 *ante* filius *add.* filium A | quin] quia A 134 necessario] contrario A | impavit H 135 monet] morti A 136 quandoque] quando enim A | invitum] in vicium A 137-138 quod ... esse *om.* A 139 *ante* Echate *add.* et H

2 potuit[1]] potes A | Orpheus *om.* A | diceret A 4 *ante* uxorem *add.* in A | Aristens quam A 7 sic] sed A | sunt *om.* H | partes] interpres H | artis *om.* A 9 x *in marg. dext.* A | quasi *om.* A | oreaphone *ego* orephone H ore phonos A. *Cf.* Fulg., *Mit.* 3.10 (*p.* 77) 12 enim *om.* A | indicacio A | quia *om.* A 13 perfecterorum A

130 *Ars P.* 155-174.
136 Ovid., *Met.* 2.397.

quia in hoc coniuncta sunt quod hec et illa sunt species musice. Sed Euridicen amat Aristeus quia sapiens magis amat hanc speciem musice quam aliam. Ares virtus vel optimum dicitur; inde Aristeus, id est virtuosus. Sed cadit Euridice ad inferos quia multis latet hec sciencia et a paucis, quia vix a sapientibus, cognoscitur et hoc calcato serpente quia omnem humanam astuciam superat serpens. Hanc requirit Orpheus quia qui scit vocum modulacionem cicius descendit ad proporcionalitatum cognicionem, sed perdidit Euridicen cum respexit quia putat se acquisisse illam cum non perfecte cognoscat.

Alio modo exponitur hec fabula. Dicunt enim Orpheum Apollinis et Calliopes filium fuisse et citharam qua arbores trahebat, fluvios sistebat, feras leniebat habuisse. Huic erat Euridice uxor que dum per prata vagaretur ab Aristeo pastore amata est dumque eum fugeret calcato serpente et veneno recepto mortua est. Quo dolore promotus Orpheus ut coniugem extraheret ad inferos descendit; at uxorem tali condicione ne respiceret retro eam recepit. Per Orpheum ergo habemus sapientem et eloquentem; unde Orpheus, quasi oreaphone dicitur, id est bona vox, scilicet filius Apollinis et Calliopes quia isti duo vocem disertam efficiunt. Habet citharam, id est oracionem, quia pigros ad honestum aliquod opus incitat, instabiles ad constanciam invitat, truculentos mitigat, et ideo dictus est saxa attrahere, fluvios sistere, feras lenire. Huic Euridice, id est anima vel naturalis concupiscencia nupsit, id est naturaliter coniuncta fuit. Nemo enim absque anima vel naturali concupiscencia invenitur. Unde in poematibus legitur genium quendam deum humane nature esse qui cum homine nascitur et moritur. Unde Oracius: "genius ... deus

15 hoc *om.* A 16 Enristeus A 17 optimum *ego* optunum H oportunum A *Cf.* Vat. Myth. Tert. 8.20 (*p.* 212). | inde] unde A 18 multos A 21 qui *om.* A | scit] sic H | proporcionalitatum cognicionem] proporcionem vocum A 22 perdit H | Enridicen H | cum respexit] ea respecta H | accipisse A 23 cognoscit H 25-26 et ... habuisse *om.* A 25 sistebat *ego* sistabat H 26, 35 huic *ego* hec AH 26 Euridic A | uxor *om.* A | sagaretur A 27 dumque] dum A 28 recepta H | *post* Orpheus *add.* et A 29 abstraheret A | at] et H 30 retro *om.* A | *post* retro *add.* extraheret ad inferos descendit H | eam recepit] accepit A | ergo habemus] habeamus A 31 *post* eloquentem *add.* accipimus H | ore phonos A | dicitur id est *om.* A 32 disertam efficiunt] discretam faciunt A 34 instabiles] ista bilos A 35 consistere A 36 iuncta A 37 enim *om.* A

39 *Ep.* 2.2.187-189.

humane nature mortalis in unumquodque caput." Quem intelligimus esse concupiscenciam que in humana natura dominatur et Euridice, id est bonus appetitus, ei adiungitur. Data est enim ad operandum bonum. Hec deambulat per prata, id est errat per terras que modo virent et statim arescunt. Et sicut flos feni, sic omnis gloria mundi. Dum per hec errat Euridice modo hoc, modo illud admirando, adamatur ab Aristeo. Aristeus interpretatur virtus divina, Ares virtus; unde Ariopagus villa virtutis. Theos enim deus dicitur. Divina autem virtus dicitur deus quem in se homo iustus habet. Huic pastoris officium asscribitur quia virtutis est officium greges, id est cogitacionum, actionum, sermonum multitudines, custodire. Vult Aristeus Euridicen sibi coniugere, id est concupiscenciam sibi virtus unire, ut scilicet concupiscencia solum bonum querat, malum autem abhorreat. Euridice Aristeum fugiens in prato serpentem calcat, id est in hac temporali terrenaque vita temporale bonum tangit. Serpens dicitur bonum temporale quia in inferiora serpit et cum pulchrum videatur nocivum est. Veneno serpentis, id est delectacione temporalium, ad inferos trahitur, id est ad terrena relictis celestibus penitus reducitur. Uxoris sue morte promotus Orpheus ad inferos vadit, id est ad temporalium cognicionem descendit, ut visa eorum fragilitate concupiscenciam inde trahat. Umbrarum dominos mulcet, id est terrenorum possessores bonorum. Tandem postquam diu cantavit, id est sapienciam suam et eloquenciam suam diu ibi exercuit, uxorem recepit, id est concupiscenciam a terrenis extraxit, hac lege quod eam perdat si retro respiciat, id est si se iterum ad temporalia reflectat.

121 Si fratrem: Legitur Castorem et Pollucem fratres fuisse quorum alius, scilicet Pollux, deus, Castor vero mortalis fuit. Ne ergo perpetuam mortalitatem Castor haberet, dicunt Pollucem cum eo divinitatem partitum esse et ad inferos descendisse ut ille ad superos ascenderet.

40 capitum H 42 est *om.* A 45 illud] istud A 46 ares virtus *om.* A 47 enim] vero H | autem] vero A | quam A 48 huic *ego* homo H hoc A 50 *ante* vult *add.* unde A | Aristeus] Euristeus A 51 inire A 52 serpentem calcat] serpens trahit H 54 in *om.* A 55 nocivium H | serpentum A 56 *post* celestibus *add.* pi serpentibus celestibus H 57 morte *ego* mortis H ex descensu A 59 id est] et A | possessiones H 61 suam *om.* H | ibi] tibi H 62 hanc A | aspicit A 63 se] oculos A 64 fratrem] fratrum A 65 alius scilicet *om.* H 67 descendisse] ascendisse A | ascendat H

44 et sicut ... mundi: I *Petr.* 1.24; *Iac.* 1.10; *Isaias* 40.6.

Quod nichil aliud est nisi quod due stelle sunt quarum una propter maiorem fulgorem divinitatem habere dicunt, altera vero mortalitatem dumque Pollux ad inferius emisperium descendit, Castor ad superius ascendit et ita Pollux cum fratre partitur divinitatem. Vel aliter per hos duos fratres intelligimus animam et corpus quorum anima rationalis est et immortalis, corpus vero mortale. Sed anima mortalitatem corporis partitur ad tempus ut deinde corpus immortalitati spiritus societur. Quemadmodum anima ex consorcio corporis hanc regionem mortis incolit, ita corpus ex consorcio anime vite regionem inhabitat. **122** Quid Thesea: Theseus dicitur quasi divinus, id est bonus deus; theos enim deus vel divinus, eu bonus. Per hunc intelligimus racionabilem virtuosum. Hic ad inferos descendit secundum descensum virtutis quantum ad se. **123** Alcides: Alchides dicitur quasi Alcides vel ab Alceo patre Amphitrionis vel ab Alcamena matre eius et interpretatur fortis et pulcher. Alce enim Grece virtus dicitur Latine, idos forma. Per quem fortem practicum accipimus qui gloria rerum gestarum pulcher est. Unde Hercules, id est lite gloriosus, dicitur. Hic quoque eodem descensu descendit ut in sequencibus dicetur.

123 Et mi: Sic hucusque secundum sciomanticum descensum legimus; modo ad philosophicum revertamur. **106** Unum oro: Eneas in hoc loco accipitur sub typo sapientis, Anchises sub figura creatoris qui solus inhabitans summa est quia solus immutabilis est. Sed Eneas orat Sibillam ut eum ducat ad inferos quia nullus nisi racione duce potest cognicionem temporalium habere et naturam eorum perfecte cognoscere. Orat descendere ut patrem videat quia per cognicionem creature itur ad cognicionem creatoris. Quando, id est quandoquidem. Hic est ianua: Ianua postrema pars domus est et in exitu domus. Unde per ianuam terram que postrema pars mundi et infima est intelligimus. Sed terra est

68 est] fuit A | sunt *om.* H 69 dicitur A 72 animam] animum *superscr.* H[1] | x *in marg. sinist.* A 72, 73 anima] animus H 72 racionabilis A 74 deinde] demum H 75 *ante* anima *add.* est H | *ante* ex *add.* huius H 76 animi H | inhabitabit H 78 en bonum A 80 Alcides[1] H Alciden *codd. Aen.* Alchide A | Alcides[2] *ego* Aelides H Aceides A | vel *om.* A | ab Alceo *ego* a ceo H ab Acheo A 81 Almena H 82 Grece *om.* A | Latine *om.* A 83 gestarum] gestarunt A 84 quoque] quod H 86 hicusque A | secundum *om.* H | chiomanticum A 89 summa *om.* H 90 ducat] dicat A 93 hic est ianua] hoc est ianua H hic ianua A 94 domus[1] … exitu *om.* A

85 *Infra pp.* 159-160, *ad Aen.* 6.391.

ianua "inferni regis," id est Plutonis, quia in visceribus terre latent divicie. Plutos enim Grece divicie Latine. **107** TENEBROSA PALUS: Quid enim aliud est homo quam ea ex quibus constituitur. Sed palus ita tenebrosa est ibi effecta quia caro humana ex palude et luto creata anime naturaliter omnia scienti tenebras et ignorancias ingerit. ACHERONTE REFUSO: Acheron sine gaudio interpretatur, sed refunditur Acheron; nullus enim in tanta est compositus leticia quin ad tempus aliquid doleat. **109** DOCEAS ITER: Istud iter sunt virtutes quibus utitur ad contemplacionem creatoris. Sed has docet Sibilla, id est racio, et pandit ostia quia non tantum docet racio que sunt virtutes, sed producit ad istas vel illas. **110** ILLUM EGO, quia sapiens nullo timore, nulla timoris angustia, ut fuit in martiribus, a delectacione creatoris destituitur. **111** HIIS HUMERIS, id est hiis cogitacionibus. **112** ILLE ... COMITATUS ITER, quia deus unumquemque comitatur si bonus sit et in servis suis compatitur in hoc mundo qui dicitur mare propter mutabilitatem et inconstanciam. **114** INVALIDUS: quantum ad hystoriam nec ad deum potest referri. **115-116** MANDATA DABAT ... UT TE ... PETEREM, quia voluntas est creatoris ut ad racionem tendatur. Cetera que sequuntur non mutantur.

124 TALIBUS qualia precesserunt. ARASQUE TENEBAT: Consuetudinem notat antiquorum qui sacramentum facientes vel iurantes ansas quasdam que in capitibus altaris erant tenebant in manu. **125** SATE SANGUINE: ab eo quod proximo loco dixerat, scilicet "et mihi genus a summo Iove" inchoat. SATE SANGUINE, quia Iovis Venere mediante. **126** TROS: gentile nomen. ANCHISIADE: patronomicum. FACILIS DESCENSUS: Hoc diversis modis potest exponi quia per istum potest designari mors que facile et subito venit. Per **127** NOCTES et DIES, quia et de die et de nocte moriuntur homines. Hec eciam est ianua Ditis, id est Plutonis, qui nichil

96 inferi H 97 tenebrosa palus *codd. Aen.* A ie pa lu H 98 enim *om.* A | ex] eo A | ita] ista A 99 ibi effecta *om.* A 100 sicienti A | iungit | Acheronton A 102 est compositus] compositus H est positus A 103 docens A 103-105 virtutes ... sunt *om.* A 105 producit ... illas] perducit ad ista secundum illas A 106 fuit] sic A 107 a ... creatoris] ad delectacionem creatoris tendencibus A | destituit A 108 ille ... iter *codd. Aen.* ille ce rter H ille ex A 110 invalidus *codd. Aen.* invalidius H invalidam A | x *in marg. dext.* A 111 nec ... referri *om.* A 114 precesserant A 115 nota A 116-118 sate ... inchoat *om.* A 118 inchoat *ego* inchat H | satem H 121 et de[1]] et H de A 122 Ditis] ducis A | qui] quod A

113 cetera ... mutantur: *Vide expositiones ad Aen.* 6.118-123 (*supra pp.* 119-122).

est nisi terra. Ianua vero est pars domus qua fit introitus ad regem. Unde ianua Plutonis est mors quia homo per mortem intrat terram. **128** SED REVOCARE, quia difficile est post mortem animam evadere et ad superos tendere. **129** HIC LABOR tantus. PAUCI hoc (**131**) POTUERE: et hoc est PAUCI; deinde subiungit qui fuerunt: **129** QUOS EQUUS AMAVIT: Hic enumerat tria genera hominum quibus licet ad superas auras ascendere: illos "quos amavit Iupiter equus." Illos dicitur amare equus Iupiter quibus confert celestia sola gracia deus et nullo merito eorum preeunte ut parvulis morientibus ante tempus discretionis qui non merito sed sola gracia dei assequuntur requiem. **130** AUT ARDENS: Hic notat illud genus quibus patent celestia per virtutem, quos scilicet devexit virtus. Hos dicitur virtus vehere qui virtutem colentes adipiscuntur celestia. **131** DIS GENITI POTUERE, scilicet ascendere. Per istos intelligit bonos practicos ut supradictum est ut sunt defensores patrie. **126** FACILIS DESCENSUS: Hoc potest referri ad utrumque descensum, scilicet ad nigromanticum et theologicum. Ad nigromanticum descensum sic: quia facile est ad colloquia demonum descendere per sacrificium quod est quidam descensus ad inferos, sed evadere ab huiusmodi consuetudine grave est. Consuetudo enim est quasi altera natura nec tamen aliqui evadunt nisi quibus divina concedit gracia vel qui theoricam suscipiunt vitam vel qui boni practici sunt. Et iste descensus patet per (**127**) NOCTES et DIES, quia semper ad hoc colloquium demonum possumus descendere quod patet IANUA. Ad theologicum sic: FACILIS DESCENSUS, quia facile est ad cognicionem temporalium descendere. Ianuam hic vocat terrenorum cognicionem. NOCTES et DIES, id est prosperitates et adversitates quia adversitas et prosperitas predicant nobis fragilitatem terrenorum. **128-129** SED REVO-

125 revocate H | difficile est *om.* A 126 tantus pauci *om.* A | poterant A 127 equus amavit] equos A 128 enumerantur A | aureas A 130 precedente A 132 dei *om.* H | requiem] regem A 132-133 hic ... virtus *om.* A 134 virtutem] virtutes H | adipiscunt A 135 potuere scilicet *om.* A | bonos *om.* A 136 descensus *om.* A 137 hoc *om.* H | referre A | ad[2] *om.* A 138 descensum *om.* A | colloquium A 140 huius A | *in marg. sinist.* Aristis (*pro* Aristotelis?) A[1] *cum digito indicante* 144 hoc *om.* A | demonum *om.* H 146 ianu H 148 predicat H 148-149 revocare gradum] revoca et ena H revo grandis A

136 *Supra p.* 122, *ad Aen.* 6.123.
140-141 consuetudo ... altera natura: *Sententia proverbialis est. Vide* Julian., *Misopogon* 353A.

CARE GRADUM AD SUPERAS AURAS HOC OPUS, HIC LABOR EST, quia licet homo sapientissimus sit, grave tamen est illi ab illecebris terrenorum mentem retrahere. Vel hic dicatur omen esse quod habet anima iusta secundum philosophos descendendo a compari stella qui est facilis, natura per planetas operante, et tunc ianua leti dicatur corpus humanum et merito quia anima coniuncta corpori tunc primum incipit esse in inferis. SED REVOCARE GRADUM est grave quia anima illaqueata et compressa corporis voluptatibus acquiescens vix evadere valet. Reddit tamen quare reditus sit difficilis quia "silve tenent omnia media." In silva duo sunt, obscuritas et feritas, id est habitacio ferarum. Quantum ad philosophos temporalia bona vocat silvas quia illaqueant hominem ne possit ad celestia redire vel corpus humanum quia ibi est obscuritas quam confert anime. Quot enim naturas animalium sibi induit homo, tot feras dicitur habere. **132** COCHITUS alia est causa quia quasi Cochitus circumvenit illa loca. Cochitus interpretatur luctus et lacrime. **133** QUOD SI TANTUS: Dico quod gravis est descensus ad inferos. QUOD, id est "sed si tantus amor est tibi innare Stigios lacus." **134** BIS: Hic opponit emulus Virgilio quod dixit Eneam bis innare Stigios lacus cum non nisi semel hic cum Sibilla innaverit quia certum est et constans Eneam deificari. Respondeo quod quamvis modo descendisset, tamen umbra eius est post mortem ad inferos descensura quia ut superius diximus tria sunt in homine: ymago, umbra et anima. Alii fugientes obiectionem sic legunt litteram referendo sic ad Sibillam: "si tantus est tibi me bis innare Stigios lacus," quod illa modo et post mortem sit descensura. Vel allegorice BIS, quia unusquisque semel per naturam descendit, iterum per virtutem vel per vicium.

149 ad superas auras] superasque evadere ad auras *codd. Aen.* | aures A | hoc *codd. Aen.* hic AH | est *om.* A 150 illi *om.* H | ab ... terrenorum] a terrenis A 151 hoc A | omen esse] omen A esse H 152 qui] que A | est *om.* H 153 dicitur H 155 gradum *om.* H | est grave *om.* A 156 volet A | camen H 157 redditus A | silve ... media] tenent media omnia silve *codd. Aen.* 159 silvam A 162,163 Cochitus[1], Cochitus] Choitus A 162-163 quasi ... loca *om.* A 164 gravis] facilis A 166 Stigio H | hic *om.* A 167 quia *om.* H | deificaret H 168 eius *om.* H 170 referendo *om.* A 171 quod] cum A 172 allegorice *om.* A

152 qui est facilis: *sc.* descensus.

165 bis: *Circa hunc totum locum vide Servium ad loc.*

169 superius diximus: *fortasse in commento quod non superest super librum quartum. Cf.* Serv. *ad Aen.* 4.654.

135 INDULGERE, id est satisfacere. INSANO, id est magno. Ille scilicet indulget qui voluntatem suam adimplet. Sic "insano" qui nigromanticum descensum facit.

⟨DE RAMO AUREO⟩

136 ACCIPE: Docet que prius sunt facienda quam descensus pateat ad inferos et hoc est **(136-137)** LATET AUREUS ARBORE ... RAMUS: Fabula sic habet quod Horestes missus a Iove in insaniam pro matris interfectione et ducente Philade venit in Tauricam regionem inventaque sorore sua Effegenia eius auxilio Thoantem regem occidit. Deinde ablata ymagine Dyane, fugerunt ad Ariciam quod est opidum iuxta Romam ubi constituerunt templum dee, disponentes quod nullus ibi nisi fugiens sacerdos esset et ita quod si superveniens interficeret sacerdotem ibi stantem, eius officium subintraret et ibi esset donec ab alio superveniente interficeretur. Item Horestes et Effigenia sacrificaverunt arborem Proserpine ut qui alium vinceret ramum illius arboris offerret Proserpine. Voluerunt autem per fugitivum sacerdotem fugam Horestis designare. Per hoc quod unus occidebat alium designabant morem Taurice regionis ubi homines Proserpine solebant sacrificari. Per hoc quod dicit oportere aureum ramum habere notat quod oportebat eum sacrificare aliquem et hoc obscure hic tangit Virgilius.

138 IUNONI INFERNE, id est inferorum regine, proprium pro appellato vel INFERNE, id est inferiori ad differenciam superioris Iunonis. Secundum hanc sentenciam prius legamus literam. **136-137** LATET ... RAMUS et cetera: Hoc țotum ad qualitatem nemoris supra notati referatur. **138** DICTUS pro dicatus. **143** PRIMO AVULSO: Quia dixerat quemlibet descendentem ad inferos habere ramum, ne putare posset, cum tot descendissent quod totus esset discreptus et non esset ibi alius, ideo

3 et hoc est *om.* A 4 missus] factus A | in insaniam] insanus A 5 et *om.* A | Philade] Pallade H 6,11 Eufigenia H 6 ablata *ego* ablato H ablatata A 6-7 ymagine Dyane] Paladio H 7 venerunt A | quod est *om.* A 8 templa A | nisi] non A 9 ita quod si] sic A 10 superventente A 11 item] iterum H | sacrificaverat A 12 vinceret] interficeret A | arboris *om.* A 14 occidebat] interficiebat A | designabat A 15 ubi] ut H 16 oportere H 19 Iunonis *om.* A 21 et cetera *om.* A | hoc totum] hic enim A | supra notati] sic notari A 22 pro] id est A | primo *codd. Aen.* primus H postea A | avulso *om.* A 23 ne *om.* H 24 descendisset H | disserptus H

subiungit PRIMO. Per ramum istum qui ita latet in arbore sapiencia est intelligenda que latet in humano corpore. Quod per arborem intelligi corpus habeat a Pithagora innuitur. Pithagoras enim adinvenit Y Grecam habentem duo brachia vel brachiantem ad modum arboris. Dextrum brachium est rectum et longum, strictum iuxta stipitem, latum a superiori parte; sinistrum breve et curvum, latum iuxta stipitem, tendens in acutum. Per hanc itaque litteram vitam humanam vult designare quia sicut brachia illius littere veniunt quasi ab una radice et in altum illa litera continuo protenditur, postea dividitur, sic omnis vita ab uno incipit et consimilis sibi est usque ad annos discrecionis. Quidquid enim interim facit homo nec virtus nec vicium debet dici. Post annos vero discrecionis dividitur vita hominum quia tunc quidam ingrediuntur viam virtutis que recta est et durabilis et ideo designata per dextrum brachium illius litere; alii terrenorum delectacionem per curvum et breve ingrediuntur quia huiusmodi delectacio brevis est et curva et ducens ad precipicium. Sed in arbore, id est in humano corpore, **(136-137)** LATET ... AUREUS ... RAMUS, id est sapiencia que pluribus locis auro comparatur pro qualitate huius metalli utpote principatum tenens inter cetera. Similiter nichil melius vera sapiencia ac ramum oportet descendentem ad inferos decerpere quia sine sapiencia non bene venitur ad temporalium cognicionem. **142** Per pulchram Proserpinam intelligimus sublunarem regionem que videtur pulchra cum non sit. Sed ad hanc afferendum est munus, id est sapiencia, quia sine sapiencia non bene moratur aliquis in sublunari regione. **143** Per hoc quod dicit unum ramum post alium crescere notat quod licet sapiencia ab uno capiatur, ab alio iterum capi potest et sine docentis diminucione. **136** LATET, quia cum magno labore acquiritur et nulli se offert sapiencia sponte. **137** RAMUS pro sapiencia ponitur ut dictum est. Unde mater Virgilii sompniavit quod virgam peperisset que celum altitudine tangere possit. Quod sompnium dum Lucrecio fratri

25 primo] post A 27 Grecum A 28 vel brachiantem *om.* A 29 superiore A 31 itaque *om.* A 32 *ante* illa *add.* ita A 34 enim *om.* A 35 nec[1] *om.* A 36 quidam *om.* A 37 ideo *om.* A | dextrum] rectum H 38 *ante* terrenorum *add.* post A | ingrediuntur *om.* H 39 est *om.* H 41 ramus *om.* A 42-43 similiter ... ramum] per simile naturaliter habet ramum H 43 ac ramum *ego* camum A 43-44 desserpere H 44 temporalium] talium A 46 munus] Misenus A 47 in] sub A 48 hoc quod dicit *om.* A | ramum *om.* H | alium] aliud A | nota A 50 perquiritur A 51 oferre A | pro sapiencia] Proserpina A 52 mater] magister H | pepisset H 53 altitudine *om.* A | tangere possit] tanget H | sompnum A | fratre A

suo retulisset, ipse ayt quod paritura esset filium qui eque mira sapiencia repleretur. AUREUS: ad dignitatem sciencie. FOLIIS, quia sciencia obumbratur et latet ut fructus in arbore. LENTO, id est flexibili, quia modo de celestibus, modo de terrenis disserit vel LENTO, quia quicumque laboraverit pro eo acquirendo, licet magno labore, consequi poterit. **138** DICTUS, id est dicatus. IUNONI INFERNE, id est sublunari regione vel infra, id est Proserpine, et per Proserpinam memoria intelligitur in hoc loco de qua omnis sapiencia proserpit. Huic eciam dicatus ramus dicitur quia scienciam et facundiam memoria conservare debet ut a cellula eius tempore convenienti progrediantur et inde exeant quasi ab eius secreto. **139** LUCUS: obscuritas et ignorancia. **143** INSTITUIT, quia numquam ⟨bene⟩ venitur ad temporalia sine sapiencia. NON DEFICIT, ut expositum est, similiter quia si non eandem scienciam, tamen similem confert magister vel numquam deficit quia numquam aliquis dona sapiencie sic exhaurit quin ei suppetat adhuc quod iterum alii possit conferre vel quia non adeo sapiens existit quin semper quod discere possit accrescat et ita semper quasi inicium discendi inveniat. **145** ERGO ALTE: Quando quidem sapiencia est neccessaria, ergo investiga illam profunde oculis, id est racione et intellectu. **146** CARPE MANU: Ille dicitur carpere manu qui quod intelligit opere et manu complet. Unde psalmista: "Intellectus bonus omnibus facientibus eum." NAMQUE IPSE: benedicto tempore. NAMQUE IPSE et cetera. Bene dicit ramum illum sequi et non precedere quia sapienciam studium precedit, ipsa vero sequitur. FACILIS VOLENS: Dicit enim sapiencia: "Ego diligo diligentes me." **147** SI TE FATA: Patens est quod fata volebant Eneam ad inferos descendere. Legendum est ergo generaliter de omnibus, non simpliciter de Enea et

54 qui eque] qui H eque A 54-55 sapiencia repleretur] saperet A 58 laboravit H 59 inferne] inter A 59-60 id[2] ... infra *om.* H 61 huic *ego* hec A homo H 62 a] de A 63 egrediantur A 66 similiter *om.* A 67 numquam[1]] non A | aliquis *om.* A 68 sic *om.* A | ei suppetat] eciam spectat A | iterum *om.* A 69 adeo] alio H | adiscere A 69-70 accrescat] inveniat A 70 et *om.* A 71 *ante* est *add.* ita H | illam] eam A 72-73 capere A 73 quod] quoque A | opere ... manu] vel manu ore et opere A 74 namque ipse *bis* H | benedicto *ego* benedico AH 75 dixit A 76-77 facilis volens] volens facilisque *codd. Aen.* 78 descendisse A 79 generaliter *om.* A

65 *Cf. supra ll.* 48-50.
73 *Psalmus* 110.10.
77 *Prov.* 8.17.

ponitur Eneas pro quolibet vel SI, id est "quia," fata, id est disposiciones, volunt quia idem tandem sequitur facilis. Multi enim pro hoc laboraverunt ramo qui non adepti sunt, sed cui deus vult cito inest sapiencia, aliter vero minime.

149 PRETEREA: Unde de illis docuit Sibilla que facienda sunt ut Anchises videatur, ut de ramo de quo diximus. Hoc facto, docet aliud esse faciendum, scilicet Misenum esse sepeliendum. De quo Miseno hic fingit poetice auctor quod officium huius Miseni erat cantare et cum conca provocare ad prelium. Iste vero quodam die cum esset super litus et cantaret cum concha, Triton motus est invidia eo quod eum provocaret et eum allisit cautibus et mortuus est. Unde Sibilla quasi dea hec presciens iubet Eneam eum sepelire. Quod non est aliud, quantum ad nigromanticum descensum, nisi quod descensus nigromanticus, id est colloquium demonum et malignorum spirituum, non potest fieri nisi per sacrificium humani sanguinis et eciam sanguinis melioris. Sed in rei veritate Eneas occidit Misenum ut haberet colloquium demonum. Sed sic plane non ausus est dicere Virgilius propter Augustum. Secundum theologicum descensum sic: oportet Eneam antequam ad inferos descendat Misenum sepelire. Misenus laus obruens interpretatur; miso enim Grece obruo Latine, enos laus per quam inanis gloria intelligitur que multos facit obrui. Hunc oportet Eneam sepelire, id est inanem gloriam, et in se et in aliis mortificare antequam ad temporalium cognicionem possit descendere et ad creatoris contemplacionem, qui dicitur unus pater inhabitans, pervenire. Iste Misenus dicitur Eolides quasi de Eolia regione vel filius Eoli quia ista vana gloria, quasi aer et ventus, sic formatur a laude in alicuius ore laudantis. Unde quidam vane laudis amor ventosa voce tumescit. Officium eius erat concha provocare ad prelia quia inanis gloria commovet et est causa quare prelium fiat. Sed Triton eum occidit. Triton in hoc loco dicitur quasi carnis contricio quia inanem gloriam mortificat ut ad temporalium cognicionem descendat.

81 tandem] eandem A | pro] per A 84 unde de] unum ex A 87 et *om.* H 89 Tricon H 90 et[1] *om.* H | cautibus *ego* cantibus AH | hoc H 93 et *om.* H | posset A 94 eciam *om.* A | rei *om.* A 96 est] fuit A 97 descendit A 99 obruo] obruens A | Latine *bis* A | quem H | *ante* inanis *add.* dicitur H 101 et in se *om.* A 102 possit *om.* A | dicitur *om.* A 103 pater] patrum H | *ante* inhabitans *add.* universe? A 105 in a laude H | ore *om.* A | quidam vane] quadam vana A 106 voce *ego* laude H *om.* A *Cf.* Fulg., *Cont. p.* 96.9-10 | eius] enim A | provocare] ciere A 107 commovet et *om.* A 108 carnis] cordis A | quia] que A

Viso utroque descensu, ad litteram veniamus. PRETEREA: Preter hunc ramum quem oportet querere oportet aliquid aliud facere. EXANIMUM: Dicitur exanimus, -a, -um et hic et hec exanimis et hoc exanime in eadem significacione. IACET ... TIBI ⟨CORPUS AMICI⟩ ad hoc respicit quod ⟨amici⟩ plus erant dolendi quam ceteri. **150** HEU ad Eneam referatur. INCESTAT, id est polluit. Ad hoc respicit quod antiqui dicebant animas defunctorum ante sepulturam totum locum ambire ubi erant defuncti et ambiendo corrumpere. Unde quasdam ymagines faciebant illis quas vocabant lares, id est deos familiares. Allegorice autem bene dicit Misenum totam classem incestare quia inanis gloria multos corrumpit et confundit. **151** DUM CONSULTA, mea scilicet. Bene dicit mortuum fuisse dum Eneas Sibillam consulit quia dum sapiens vacat racioni non curat de inani gloria. **152** REFER HUNC dictum est secundum consuetudinem antiquorum quia ubicumque moreretur aliquis in domum suam referebatur. Unde exclamant emuli Virgilii hunc domum non habere certam cum remotus a Troya. Ad quod respondeo quod vocat sedes suas terram quia sicut aqua piscibus, aer avibus, habitacionibus hominum data est terra. Mortuus vero erat in mari et ibi adhuc erat quod sedes hominum non est. Vel tumulum ipsum vocat sedes. Allegoria: referre ad suas sedes Misenum est vanam gloriam ad nichilum reducere cum in rei veritate nihil sit. **153** NIGRAS PECUDES: Per hoc notat nigromanticum descensum. PIACULA mortis Miseni. **154** INVIA VIVIS: Hic opponunt invidi Virgilio quare dicit "invia" cum constans sit de Hercule et de aliis hic descendisse et inde redisse. Servius sic contra: Si quid veniat contra naturam, non preiudicat generalitatem. Allegoria: REGNA INVIA VIVIS: carnalibus deliciis defluentibus hominibus et viciis quia ista ad temporalium cognicionem numquam promoveri possunt.

111 aliquid aliud *ego* aliquid A alias H 115 polluit *ego* paulum H paululum A 117 corripere A 118 lares] lates A | autem *om.* A | dixit A 120 dum[1] *codd. Aen.* de AH | *post* scilicet *add.* ipse modo H ipse meo A *Cf.* Serv. *ad loc.* | bene dicit] unde dixit A 122 refer hunc] hunc refer *codd. Aen.* refe hunc fa A refert hic ha H 125 quod[1]] hoc A | respondendum A | suas *om.* A 126 habitacionibus hominum] hominibus A | *ante* data *add.* ita A 128 ipsum *om.* A 129 nichilum] illum A 130 pecudes] pectu H 130-131 per ... vivis *om.* A 131 invidi] emuli A 132 quare dicit] quasi dicat H | de[2] *om.* A | hic *om.* A 133 inde] non A 134 regna *om.* A 135 deliciis] diviciis A | ista] iste H 136 numquam promoveri *om.* H

133 Serv. *ad loc.*

⟨DE PRAEPARATIONE DESCENSUS⟩

156-158 ENEAS MESTO … VULTU DIGREDITUR et VOLUTAT CECOS EVENTUS, id est dubitat de quo hic sibi diceretur. Bene dicit “vultu mesto et volutare cecos eventus” quia etsi racio moneat fugere vicia, dubitat homo et ignorat quid relinquit et hoc cum dolore relinquit. **158** Achates interpretatur consuetudo tristicie, sed Achates comitatur Eneam semper quia sapiens numquam est sine tristicia et tunc magis ⟨quando⟩ revertitur a Sibilla, quia quanto magis sit sapiens tanto plus cognoscit sui fragilitatem et plus dolet. **159** PARIBUS: hic ad litteram. **160** FEREBANT vel SEREBANT, quia sermo proprie dicitur a serendo. **162** IN LITORE SICCO: Bene dicit Misenum iacere in sicco litore. Ut enim litus nec fertilitati nec edificacioni subiacet, ita nullius utilitatis efficax est laus humana. **164** MISENUM EOLIDEN: Misenus bene Eoli filius dicitur quia laus humana, que per eum intelligitur, vana et levis est ut ventus et tota in vento consistit. **164-165** QUO NON PRESTANTIOR … ERE, quia licet commoveat ad arma, plus tamen commovet laudis cupiditas. **165** MARTEM ACCENDERE CANTU, quia ut dicit Boetius in prologo Musice cantus et ad iram et ad gaudium potest promovere. Sicut iterum cantu tube milites ad pugnam incitantur, ita pro gloria laudis toto affectu utuntur. **166** FUERAT ad hoc respicit quod Hector fuerat laudis appetitor. **167** HASTA: Debet enim lituum habere et hastam, lituum, id est vocem, ad incitandum, hastam ad impellendum. **168** ILLUM, scilicet Hectora. **170** ADDIDERAT SOCIUM: Per hoc innuit quod vivente Hectore vir tante laudis fuit quante illo mortuo et ubique victoria istum equiparat Hectori. **172** VOCAT … DIVOS: Per hoc innuit quod eciam sanctos et profetos commovet vana

2 X *in marg. dext.* A | ingreditur *codd. Aen.* 2-3 volutat cecos eventus H cecosque volutat eventus *codd. Aen.* volitat deos eventus A 3 bene] unde A 7-8 magis … a] nimis quando est cum A 9 oparibus A | hic *om.* A 9-10 ferebant … serebant] ferebant vel serebant H ferebant A. *In codice Neapolitano Vind. lat.* 6 ferebant, *in ceteris codd. Aen.* serebant *legitur.* 10 proprie *om.* A 11 nec] non A | fertilitati] sterilitati H 15 ere] ore H 16 Martemque *codd. Aen.* 16-17 accendere cantu] accentu canto A 17 dicit Boetius] dicitur A 18 cantus A 18-19 pugnam] bellum A 19 *post* fuerat *add.* quo H 20 fuit H 23 vir *om.* H | *ante* tante *add.* non H 24 illo *om.* H 25 per … innuit *ante* 24 vocat A | profetos *vel* perfectos A perfectos H | commovet] promonet H

17 Boethius, *De Musica* 1.1 (PL 63:1171B-C).
23 vir, *id est* Aeneas, *ut apparet. Cf.* Serv. *ad Aen.* 6.170.

gloria. Quid enim aliud angelos de celo, primum hominem de paradiso expulit. **173** SI CREDERE DIGNUM EST quod deus habeat invidiam. **174** IMMERSERAT: Merito ascribit Tritoni Misenum occidisse quia carnis contricio appetitum humane glorie omnino evacuat.

175 ERGO: quando quidem mortuus est. **176** PRECIPUE PIUS ENEAS: Hic exclamant emuli Virgilii et alii cum superius semper Eneam ab omni servili officio removerit, quare in hoc loco illi tale officium asscribit. Respondeo quia antiqui malum omen iudicabant si honesta persona et maxime sacerdos in aliquo loco videret mortuum et tamen si ita contingisset, peius erat si se a tam pio officio retraheret. Unde Eneas cum casu mortuum vidisset, cum ceteris cooperatus est. **177** ARAMQUE SEPULCRI, id est sepulturam ad modum are. Talis erat ordo in funestacione: prius candele circa mortuum accendebantur et in funibus dependebant (unde eciam ab illis funibus funus dicitur); deinde intumulabantur; post tumulum ara fiebat. Sed hoc totum non erat factum circa Misenum. Unde sic potest legi: certant agere aram sepulcri, id est properant agere aram, non quia iam facerent sed ad faciendum parabant, quod per sequencia ostendit esse verum. **179** ITUR IN ANTIQUAM, quia dixerat in proximo socios Miseni certatim educere piram celo. Eneas dicitur ire in silvam. Per silvam intelligimus corpus humanum quia ut supradictum est, ut in silva est obscuritas et ferarum habitacio, ita et in corpore humano, quia ingerit tenebras et obscuritatem anime. Et quot habet homo vicia, tot feris est comparabilis. Unde homines luxuriosos vocat sues, fraudulentos vulpes, truculentos leones, iracundos apros, rapaces lupos, torpentes asinos. Sed descendit Eneas in hanc silvam ut in ea resecet ligna quia ad hoc debet descendere homo ut in se purget vicia et resecet. Et nota quod ordo est conveniens. Primum enim monetur querere ramum aureum; deinde intrat silvam; reperto ramo, Misenum sepelit quia prius

26 enim *om.* H 28 immerserat] interfecerat A 29 appeticionem A | glorie *om.* A | omnino *om.* A 31 semper] super A 34 in … loco *om.* A 35 erat *om.* A 36 vidisset *om.* A 36-37 sepulcri *om.* A 38 circa] aput A | et dependebant *om.* A 39 funus] fumus A 42 iam] tamen A | consequencia A 45 quia *om.* A | in] enim A 46 est *om.* H | ferarum habitacio] feritas A 47 habet *om.* A | X *in marg. sinist.* A 50 in ea *ego* in eam H ita A 51 et^{2}] sed A 52 conveniens] contrarius A | primus A 53 intra A

31 superius: *ad Aen.* 6.8 (*p.* 101 *ll.* 116-118).
45 *Fortasse ad Aen.* 6.143 *fin.* (*p.* 127).

mittit nos racio ad sapienciam quia, purgato corpore, venitur ad sapienciam. Aliter vero minime quia ut ayt Horacius "sincerum est nisi vas et cetera." Et sic tandem sepelitur Misenus quia, habita sapiencia, deponitur vana gloria et hoc est ITUR PER, aliter IN ANTIQUAM SILVAM. Allegoria: itur pedibus contemplacionis, scilicet ingenio, studio, racione. IN ANTIQUAM SILVAM, id est in corpus humanum ad corrigendum ipsum quod pro predictis causis dicitur silva, scilicet STABULA ALTA FERARUM, id est viciorum. Fere dicuntur animalia quattuor pedes habencia quia cito feruntur. **180** PROCUMBUNT PICEE: Picea est arbor species cedri, idem quod abies. Hic nulla allegoria vel per piceas poteris habere vicia que hominem denigrant, per secures racionem et studium quibus eradicantur vicia.

184 PARIBUS ... ARMIS, id est securibus ad parandam sepulturam. **185** TRISTI: pro morte Miseni vel pro desiderio rami vel quia sapiens numquam sine dolore est. Quanto enim plus scit, plus cognoscit et se et suam fragilitatem et sic plus dolet. **186** SIC FORTE: "Forte" superfluit ad sensum. Ponitur autem ad metri perfectionem et dicuntur tibicines huiusmodi versus; tibicen enim furca dicitur que domum sustinet. Similiter huiusmodi dictiones solum implent et apodiant versum. ⟨PRECATUR⟩: Preces eius sunt vota et desideria; deinde ponit verba illius. **187** SI pro utinam ut Priscianus testatur. **188** OSTENDAT: Bene rogat quod ramus, id est sapiencia, ostendat se, quia sapiens non tantum querit sapere sed opere et sermone aliis sapientiam suam manifestare. QUANDO: Ad hoc quod posset aliquis dicere, "Quare ramum desideras quia promissus est a Sibilla," respondeo QUANDO, id est "quando quidem OMNIA et cetera" quia in ceteris antedictis fuit verax. Unde Gregorius: "Exhibicio prete-

55 nisi] ubi A 57 *ante* per *add.* in H | itur ... silvam H itur per antiquam silvam A itur in antiquam silvam *codd. Aen.* 60 pro *om.* H | causis *om.* H 60-61 stabula alta ferarum A *codd. Aen.* alta stabula ferarum H 63-64 poteritis A 66 paribus ... armis AH paribusque ... armis *codd. Aen.* 67 vel[1] ... rami *om.* A 68 *ante* quanto *add.* in A 69 suam fragilitatem] sua A | superfluit] superfluum H 70 tibicines *ego* tricines H triemes A *Cf.* Serv. *ad loc.* 71 versus] dictiones A | tibicen *ego* triten A tricen H 73 preces] primo A | sunt] ponit A 73-74 pro utinam] id est uter A 75 ostendat] ostendit A 77 quare] querere A 79 Gregorius *om.* A 79-80 preteritorum] rerum preteritarum A

55 *Ep.* 1.2.54.
74 Prisc., *Inst. gramm.* 15.34 (GL 3:86).
79 *In Evang.* 1.1 (PL 76:1078C).

ritorum est certitudo futurorum." **190** CUM FORTE COLUMBE: Quedam species divinacionis est que fit ab aspectu avium et dicitur auspicium quasi avis spicium a "spicio" quod non est in usu. Et merito columbe apparent Enee ut regi et filio Veneris quia reges in istis avibus querebant divinaciones quia iste aves vix aut numquam sole sunt sicut nec reges. **193** MATERNAS, quia sunt sacrate Veneri propter frequenciam coeundi. Allegorice per has duas columbas geminam, scilicet anime et corporis, intelligimus mundiciam. Iste consecrantur Veneri quia est Venus honesta et Venus inhonesta ut in viciis. Honeste vero delectaciones sunt columbe. Ideo preveniunt rami invencionem quia oportet huiusmodi mundicias habere hominem ad hoc ut videat patrem et sciencie adoptionem in se optineat. **191** SUB IPSA ORA: Inde hoc dicit quia si a longe starent, non pro se venisse crederent. VOLANTES: Bene dicit quia sicut volatus ducit ad altum, ita huiusmodi virtutes. **192** VIRIDI, quoniam in mundo corde et honesto sedent et morantur huiusmodi virtutes. TUNC MAXIMUS: hic nulla allegoria. **194** ESTE: Ad aves loquitur, non quia sciat posse valere, sed quia scit eas in usum venisse. **195-196** PINGUEM DIVES OPACAT ... HUMUM, quia respectu sapiencie vilia et obscura sunt terrena. **197** DIVA PARENS: Merito matrem in nemore invocat cum superius ei in nemore apparuerit. PRESSIT VESTIGIA: Tangit morem antiquorum quia cum videbant auspicia in campis, cito tenebant gressus, sicut econtrario si essent in templo, viso omine, cito exilirent de templo. Unde eciam usus habet "extemplo" pro cito. **199** PASCENTES, quod erat bonum omen sicut non pascentes videre pro malo erat reputatum. Quod inde habuit inicium: legitur in Romana historia quod consul quidam Romanus cum vellet ire in expedicionem, prohibuit hoc illi suus tribunus sciens de augurio et adducens pullos, posuit ante pedes

80 futurarum A 81 ab] in H 84 aves] naves A | sole sunt] solent H 85 Veneri] ventri A 86 columbas *om.* A | gemimam H 87 Veneri *om.* A 88 et ... inhonesta *om.* A 88-89 delectacionis A 89 ideo *om.* H 90-91 sapiencie A 91 adeptionem H | inde] ideo A 92 a *om.* A | non] nec H | credent A 93 volatus] volans A | ad] in A | viridi *codd. Aen.* visa AH 94 quoniam] quia A 93-94 virtutes *om.* H 95 maxima A 97 pinguem ... humum *codd. Aen.* di ca opaca pin humo H dica opaca humano A | respectu] regula A 98-99 diva ... apparuerit *om.* A 99 pressit vestigia AH vestigia pressit *codd. Aen.* 101 esset H | homine H | exirent A 102 pro] id est A 105 hoc *om.* A 106 illi] illum A

99 *Aen.* 1.314.
104 Livius, *fragm.* 11 in Hertz. 4:225.

eius et frumentum ante ipsos. Nolebant vero gustare licet per triduum ieiunassent. Quod malum omen signabat. Consul autem iratus iussit in Tyberim eos submergi dicens quod si prius sponte pascere nollent, potum acciperent. Et sic nolens acquiescere, ivit ad bellum et gentem debellavit, sed rediens submersus est in mare cum exercitu suo. PRODIRE, id est prodibant, quasi preibant. **200** QUANTUM ACIE, quia si essent tantum a terra remote quod illas videre non posset, nec per illas divinacionem facere posset; allegorice quia tantum prodeunt hee virtutes quantum et racionis et intellectus habet. Diverso modo hoc legatur. **198** QUO ... PERGANT, id est festinant tendere. **199** PASCENTES, scilicet "sunt." Et enim huiusmodi consuetudinis sunt aves iste quod paulatim volant, deinde pascunt, et tamen volant. Alii "pascentes" distinguunt et illi sic legunt: **198** QUO TENDERE PERGANT, id est ubicumque punctum faciunt, (**199**) ILLE, id est columbe, PRODIRE, id est prodibant, tamen PASCENTES ... VOLANDO, id est ambulando tali racione: medium pedis ut medium manus dicitur vola, unde volare pro ambulare, ut in multis locis reperitur. Unde hic dicit "pascentes volando," id est ambulando. Allegorice columbe iste pascebantur quia sicut unum vicium trahit aliud, ita una virtus aliam allicit. **201** INDE UBI VENERUNT AD FAUCES: Ad litteram antiqui dicebant quod tantus fetor exibat de Averno quod aves volantes desuper cadere cogebat. Unde dicit columbas levare se ibi. Lucrecius dicit quod in illo loco est ignis sulphureus et per calorem attenuatur aer suppositus tantum quod non potest sustinere aves. Spissitudo autem aeris in naturali forma et alarum remigium eas sustinet.

107 vero] ergo H 108 ieiunassent *om.* H | omen *om.* H | significabat A | autem] vero A 109 eos *ego* deos A *om.* H | si] cum A 111 mari A 111-112 prodire *om.* A 112 quasi preibant *om.* A 113 tantum a terra *ego* a terra A tertium H | illas[1]] illa H 114 facere posset] faceret H 114, 124, *p.* 136.131 allegoria A 114 quia *om.* A | producunt H 115 legitur H 116 quo ... pergant *codd. Aen.* quo peragant H quid peragunt A 117 sunt[2] *om.* H 119 pergant *codd. Aen.* peragant H peragunt A | punctum *om.* A 120 prodire] prodite H 121 racione] stacione A 123 hic *om.* A | id est] in H 125 allicit] trahit A | inde *om.* A | venerunt H veniunt A venere *codd. Aen.* | fauces] fan H 127 cogebantur A 130 remigium *ego* remigio AH

118 *Quid hoc loco commentator noster per "distinguunt" dicere velit non liquet. Vide* Serv. *ad Aen. 6.198.*

127 *Aen.* 6.202.

128 Lucretius, *De Rerum Natura* 6.747-748, 818-839.

Allegorice aves fugiunt Averni fetorem quia virtutes fugiunt fetorem viciorum. **203** SEDIBUS OPTATIS Enee vel columbe. GEMINA propter duplices ramos qui per Y Grecam designantur ut dictum est. GEMINA: Propter duos sexus vel quia ex corporeo et incorporeo consistit homo. **204** UNDE: ex qua arbore. AURA, id est splendor quia splendorem generat in quolibet sapiencia. Inde eciam dicitur aurum quasi splendidum. **205** VISCUM: Viscum, -ci est illud gluten quod manat de arboribus, ut de ceraso et de pruno. Hoc viscus, huius visceris est quidquid est inter corium et ossa. Hoc viscum, huius -ci est illud quod adheret arboribus nec est de substancia earum. BRUMALI, quia tunc magis in hyeme quando non viret sed maturescit et est sensus: "viret nova fronde": maturescit (subaudi hyemali tempore) vel revera viret. **206** SUA: in qua crescit quia sicut dicit Plinius, illud nascitur de stercoribus turdellarum. Quod inde est argumentum quod illum locum frequentare vise sunt et nota quod oportuna est comparacio de visco ad sapienciam. Ut enim viscum non est de substancia arboris cui adheret, ita sapiencia non est de corporis substancia, sed quasi aliena a nobis vel ab ipso. **207** TERETIS: Teres est longum et rotundum ut virga; ita sapiencia circa corpora rotundam formam habencia, id est humana capita, cum in eis sint ingenii et racionis et memorie instrumenta. **208** FRONDENTIS, id est fructificantis. **209** BRACCEA, id est lamina aurea vel argentea. Per bracceam et laminam auream accipe phylosophicam sentenciam ⟨vel⟩ scienciam; per lenem ventum rethoricam oracionem que dicitur ventus. Ventus enim est aer incitatus; omnis vero vox est aer naturalibus instrumentis per-

132 vitii H | sedibus *om.* A | geminam H 133 X *in marg. sinist.* A | gemina] gela A 134 ex corpore A | incorporeo] in corpore A | existit A | homo] huc A 135 unde A, *codd. Aen.* inde H, Isid. *Etym.* 16.18.1 136 qualibet A 137 viscum[2] -ci] viscus ci H viscum A | gliten A | ut] et A 138 cereso A | hoc] hic A 139 huius -ci] visci A 141 non *om.* A | maturescit[1] *ego* marcescit A marcessit H | viret[2] ... fronde] fronde virere nova *codd. Aen.* 141-142 maturescit[2]] marcessit A 142 subaudis H | vel] et A 143 sicut] ut A | turoelarum A 144 et] sed A 146 de[1] *om.* A 147 a ... vel *om.* H | teretis *codd. Aen.* teres A tentes H 148 teres *om.* A | ut virga *om.* A 149 capientia H | sint] sit A 150 X *in marg. sinist.* A 151 braccea AH brattea *codd. Aen.* | et] id est A 152 sentenciam *om.* A 154 vox] vos A

133 *ad Aen.* 6.143 (*p.* 127).
143 *Nat. Hist.* 16.247.

motus. LENI, quia animos auditorum permulcet. Vel aliter per bracceam sapienciam et virtutem, per ventum adversitatem intelligit que quandoque facit sapientem et virtuosum. **211** CUNCTANTEM: morantem. Non cito enim adipiscitur sapiencia vel racio. Quod diligitur morari videtur.

212 NEC MINUS, id est nichilominus. Nota ordinem: prius silvam ingreditur, deinde ramum requirit, postea Misenum sepelit. Prius enim vicia eradicare, postea virtutes inserere et vanam gloriam annichilare. **213** INGRATO: quantum ad ipsos quia erat ingratum de morte Miseni vel quantum ad mortuum quia mortuus non curat de talibus. **215** PIRAM: Pir ignis; inde dicitur pira, illa congeries lignorum cui ignis supponitur. **215-216** CUI ... LATERA pro "cuius." Latini Greci ponebant dativum multis locis pro genetivo. **216** CUPRESSUS: In funeribus antiquitus ponebatur cupressus ut per hoc designaretur quod sicut illa arbor cesa numquam revirescit, sic homo mortuus numquam ad vitam redit. Plinius dicit quod hec arbor est odorifera; unde ad removendum fetorem cadaverum ibi ponebatur. Sic enim secundum Servium disponebatur circa piram quod primum locum homines obtinebant. Post illos mulieres ducte que dicebantur prefice a "preficio, -cis" que cantum mortuorum incipiebant et retractabant facta mortuorum. Finita vero sepultura, clamabant "ilicet" quasi ire licet et inde dictum est pro "cito." FERALES: Feros idem est quod mors; inde feralis, id est mortalis. **219** CORPUSQUE LAVANT: Hoc eciam hodie fit. Inde habet originem quod non solebant antiquitus servare cadavera, sed cito deferre ad sepulturam. Unde contigit semel quod homo quidam nondum mortuus, tamen reputabatur. Pro mortuo est positus in igne, sed tunc calore excitatus voluit evadere,

155 leni *codd. Aen.* letus H locus A | animam auditoris A | aliter *om.* A 156 aversitatem H | intelligit *om.* H 157 et *om.* A | cunctantem] ovo AH 158 enim *om.* A 160 requirit] refringit H 161 post A 162 ingrato] in quanto A | ipsos] corpus A | ingratum *om.* A | Miseni] misera A 164 pira *om.* A | suppositum A 165 pro] post A | dativum] dictum A 166 genetivo] greco A | cupressus AH cupressos *codd. Aen.* 167 cessa A 168 X *in marg. sinist.* A 169 hec] illa A 169-170 cadaver A 171 tenebant A 172 -cis] preficis A 174 feros *in* fecs A[1] 175-176 lavant] lavatum H 176 quod *om.* H 177 servare *om.* A 178 nundum A | tamen] tum A 179 tunc] cum A

168 *Nat. Hist.* 16.139, 22.75.

170 *Cf.* Serv. *ad loc. Hoc loco Servius aliquantulum distat.*

174 feros: *quasi Gr.* φᾶρος (*amiculum ferale*). *Cf. notulam ad Aen.* 5.501 (*p.* 86, *supra*).

sed a nimio calore occupatus est. Est enim quedam infirmitas que reddit hominem adhuc vivum quasi mortuum. Ideo in legibus preceptum est quod unusquisque mortuus aqua calida lavaretur ut si quid vite residuum esset in illo, per calorem excitaretur. **220** DEFLETA a sociis. **222** FERETRO: Feretrum est instrumentum in quo fertur mortuus ad rogum, dictum sic a feros quod est mors. Latine vero dicitur capulus. Inde capulatores ministri ad hoc servientes. **223** TRISTE MINISTERIUM: Non enim sine tristicia fit. MORE PARENTUM, quia mos erat quod si patres interessent, in ignem ⟨facem⟩ ponerent; si non, propinquior in parentella, sed retro respiciens pro pietate vel pre dolore nimio. **224-225** AVERSI ... CONGESTA ... DONA, scilicet DAPES ignis vel deorum. **225** FUSO ... OLIVO: Per hoc notat sacrificium animarum. In sacrificiis enim mortuorum solebant crateres cum olivo comburere. **228** LECTA, id est electa. Solebant enim ut supradictum est cum homine nobili aliquem de servis vel aliquem quem plus dilexerat vel natum vel uxorem si servis carebat vel canem vel equum in quo delectabatur comburere. Unde hic dicit "electa" quia forsitan aliquem cum eo combusserant. CORINEUS: proprium nomen sacerdotis. **231** LUSTRAVIT, id est purgavit. NOVISSIMA, ut more antiquorum, "Vae" (ter) "cum natura destituet nos, sequemur te." **232** AT PIUS: Sic faciebant homines Enee. AT, id est sed. INGENTI MOLE: hypallage. **233** REMUM ET TUBAM, quod tubicen fuerit predictum est, sed quod remex esset non invenimus, sed ex hoc potest perpendi. Servius tamen dicit aliter quod remus est equivocum ad instrumentum navis et ad illum lorum quo dependet tuba a collo et ita in hoc loco posuit. Et nota quod eciam arma sepelit Eneas quia nichil vane laudis

180 sed *om.* A | a nimio] animo A | redit A 184 in *om.* H 185 sic *om.* A 187 more parentum] modo pard A | mos] mors H 188 facem] *Cf.* Tib. Donat. *ad loc.* 189 respiciens] prospiciens A | aversi *codd. Aen.* adversi AH 189-190 congesta ... dona] cundo A 190 olive A 191 enim *om.* A 191-192 solebant *om.* A 193 homine] honorem A 194 plus *om.* A | vel natum *om.* A | careret A 195 equum in quo] equam qua A 196 Corynaeus *codd. Aen.* comeus A 198 vae] vale A | destitu et A | nos] non A | sequimur A 199 homines] honores A 200 hypallage *ego* ypalale H ypalalis A | *ante* predictum *add.* ut A 201 ex *om.* A 203 pendet A | a *om.* H 204 et] sed A | laudis] glorie A

193 supradictum: *Commentator tantummodo glossam Servii, qui alludit ad annotationem superiorem ipsius ad Aen. 5.95, transcribit.*

200 *Supra ad Aen.* 6.149 (*p.* 129).

202 Serv. *ad loc.*

vult remanere. **234** SUB MONTE AERIO: alto vel ita dicto; qui mons scilicet tenet nomen Miseni ibi sepulti.

236 HIIS ACTIS: Duo sunt acta: ramus inventus, Misenus sepultus. Hiis duobus actis, id est peractis, exequitur precepta Sibille, scilicet de sacrificio faciendo. Bene dicit ramo invento et Miseno sepulto, Eneam exequi precepta Sibille quia homo perfectus perfectione sciencie ⟨et⟩ virtutis tunc primum incipit racionabiliter operari. **237** SPELUNCA: Topographiam ponit, id est loci descriptionem, ut inde appareat lacus esse congruus huiusmodi sacrificiis. Nigromantici enim querunt locum obscurum et solitarium ad sacrificandum ne ab aliquo videantur et hoc est SPELUNCA ALTA, id est profunda et (**238**) SCRUPEA, id est lapidosa, quia scrupulus est lapis brevis qui dum calcatur, ledit pedem; inde scrupulosa questio, id est subtilis. NIGRO LACU et cetera: totum hoc ad qualitatem referatur. Sic innuitur aptum esse ad sacrificium huiusmodi faciendum. TUTA: remota. **239** QUAM SUPER SPELUNCAM: Tangit quod superius diximus quod aves iuxta opinionem vulgi ibi volantes propter nimium fetorem moriebantur. **240** TALIS ... HANELITUS, id est feralis fetor. Unde quia locus est ita fetidus eum dixerunt Avernum, id est sine delectacione. Si ad theoricum descensum referamus hoc capitulum, per speluncam accipimus corpus humanum quod bene dicitur alta et profunda spelunca propter multitudinem viciorum ibi confluencium. **237** IMMANIS VASTO HYATU: Quod vastum est aptius ad recipiendum quam quod strictum. Corpus autem vastum est; semper enim est aptum turpibus. **238** SCRUPEA est quia dicitur dura ad modum lapidis. TUTA LACU NIGRO TENEBRIS NEMORUMQUE propter ignoranciam et obscuritatem humani corporis. Per quod (**239**) SUPER ... VOLANTES virtutes

205 monte sub aerio *codd. Aen.* | aerio] alto A 206 tenet nomen] tonet nomine A 208 actis] dic A 208,210 precepta] verba A 210 perfectus *ego* perfecta H perfectam A | sciencie *bis* A 211 tollerabiliter H | spelonga A 212 inde] iam A 213 huic sacrificio A 215 spelunca] spelo A 216 scurpulus A | dum] cum A 217 lacu nigro *codd. Aen.* nigrosa A 218 sic] sicut A | innuitur] invenitur A 219 faciendum *om.* H | quam super speluncam H quam super *codd. Aen.* quia super speloncam A 220 iuxta] secundum A | vulgi] Virgilii A 221 movebantur H | hanelitus AH halitus *codd. Aen.* | feralis] talis H 222 eum *om.* H 223 referimus A 224 accipimus *bis* H habemus A | quod] unde A 227 quod *om.* A | corpus ... est[1] *om.* H 228 scrupra A | dicitur] est A 228-229 tuta ... nemorumque] tu lanite A

220 *Supra ad Aen.* 6.201 (*p.* 135).

intelligimus per quas volat homo ad superiora. HAUT IMPUNE, quia vix aliqua virtus potest esse in corpore que fragilitate et consorcio corporis non corrumpatur. **240** TALIS ... HALITUS: Per talem halitum notat fetorem viciorum. Unde quia tale est corpus, dixit Avernum tali racione quia in corpore est miseria et parva delectacio aut nulla. **243** QUATUOR HIC: Hic exprimit modum sacrificii. Est enim par et subiacet solucioni. Potest enim dividi in duo equalia sed dii inferi gaudent dissolucione quia dissolucio illis reddit animas sicut superi gaudent impari numero. Unde dictum est "numero deus impare gaudet." Per colorem iterum commendat sacrificium quia similia similibus gaudent. Nigra enim nigris diis conveniunt. NIGRANTIS, id est habentes terga nigra. **244** INVIRGIT: Bene dicit "invirgit" et non "fundit." In sacrificiis enim deorum solebant primam crateram manu supina tenere, deinde infundere et in sacrificiis demonum de manu vergere in sinistram et sic in virgendo infundebant et vinum et pateram in ignem. Hic nulla est allegoria. SACERDOS: Eneas vel aliter ad morem sacrificii referatur ut sacrarent molam. **246** IMPONIT IGNIBUS: Merito imponit sacra in ignem qui est consumptive nature cum sacrificet diis consumptione gaudentibus. **247** VOCE VOCANS: Bene dicit voce et non sermone quia sermo est quando aliquid aperte dicitur, quia inferis loquendo confusionem in vocem faciebant. HECATEN: Heccate interpretatur centum, quod est luna, propter varias proprietates et infinitas sic vocata. CELO, id est aere. HEREBO, id est terra. Quia cum sit coniuncta aeri, aere dominante, maxime luna dominatur in terra. **248** CULTROS: hic culter, huius -tri, inde diminutivum cultellus, -li. **249** SUSCIPIUNT: Recipiunt et bene. Est

231 quas] que H | supera H 232-233 corporis non *om.* A 233 halitum *om.* A | nominat A 235 quatuor] iiii^{o} A 236 solucioni] dissolutis A 237 potuit A 237-238 enim ... quia *om.* A 238 illa redit A | impare] impari H 239 dictum est] illud A | impare gaudet] et cetera H | calorem H 240 gaudent *om.* H | enim] ita A 241 diis *om.* A | invirgit] invergit *codd. Aen.* inungit A 244 vergere] ungere H | senestram A | in virgendo] vergendo A 245 patriam H | in] et A 246 Eneas *om.* A | sacrarent *ego* facerent AH 248 assumptione H 249 vocans *codd. Aen.* no H *om.* A | sermone] ore A 250 inferis] in A 251 vocem H | Heccate] Hecates A 253 sit *om.* A 254 X *in marg. dext.* A | terras A | cultros *om.* A | huius, -tri] cultri A 255 diminitum A | -li *om.* H

236 est enim par: *Di inferi pari gaudent numero. Cf.* Serv. *ad Aen.* 3.305.
239 Verg., *Ecl.* 8.75.

enim sanguis sedes anime. Tum gaudent demones de eius susceptione. Ipse: Eneas. **250** Matri Eumenidum: Eumenides dicuntur tres propter triplex genus peccati de quibus dicemus. Mater Eumenidum dicitur Nox. Pluto enim cum Nocte concubuisse dicitur et genuisse dicitur Eumenides. Quod nichil aliud est nisi quod Pluto dicitur Dis quasi divicie. Iste coyt cum Nocte quando divicie alicui stulto et indiscreto conferuntur, sed ista copulacio generat Eumenides. Et dicuntur Eumenides ab eu, quod est bonum, et mene, quod est defectus, quasi in bono deficientes. Iste triplex genus peccati designant. Quid enim est quod stultus non cogitet propter divicias vel dicat ore vel opere exequatur. Sed si sapienti proveniant cum earum naturas cognoscit, nullum inde malum provenit. Magneque sorori, id est Terre, que dicitur soror Noctis quia Nox nichil aliud est nisi umbra terre interposita inter nos et solem. **251** Sterilem ... vaccam: Merito mactat sterilem vaccam Minerve ut inferorum regine ubi nulla est procreacio. **252** Nocturnas ... aras, quia in media nocte solebant nigromantica incipi vel a vespere incepta tota nocte durabant. **255** Ecce: Factum est sacrificium et accedunt spelunce ubi fieret colloquium demonum. Concionem sic accedebant. Autem, id est sed. Ecce dea, id est Sibilla, adveniente. Sub lumina, id est primo ortu. **256** Solum: Terra mugiebat. Sub pedibus et hoc adventu demonum. Unde eciam multi in huiusmodi sacrificiis timentes adventum demonum versi sunt in insaniam. **256-257** Et iuga ... silvarum sunt cepta moveri. **258** Profani: Prophanos vocat qui

256 sedes anime] super sedes H | tum gaudent] congaudent H 257 mater A | Eumenidum *codd. Aen.* Eumenidis H Eumenidem A | Eumenides] Eumenidis H 259 dicitur[2] *om.* A 260 quasi] id est A 261 *post* divicie[1] *add.* alieni A | iste ... alicui *om.* A 262 dicitur A | Eumenides[2]] eume H 263 defectuosus H 265 cogitat A | exequitur H 266 si *om.* H | *post* sapienti *add.* provenienti H | inde] ei A 267 Terre] ere A | soror *om.* A 268 posita A 269 sterilem[1]] stari A 270 Minerve ... regine *pro* "inferorum regine ut Minerve"? 271 solent A 272 durabant *om.* A 272-273 decedunt A 273 concionem *ego* concio AH 275 primo *ego* postremo A postrimo H | ortu] tutetum A | mugebat A 276 multi ... sacrificiis] multum sacrificii et huiusmodi A 277 timentes ... insaniam *om.* A 277-278 et ... silvarum] et m sil H et iuga bil A 278 sunt *om.* H | prophanos *om.* A

258 *Infra ad Aen.* 6.280 (*pp.* 145-146).
270 Proserpinae, *non* Minervae *secundum* Vergilium (6.251).
274 *Re vera dea quae advenit est Hecate.*

non sacrificaverunt. Allegorice: insipientes quasi procul a fano, id est a sciencia, quibus non licet comitari Eneam, id est sapientem, et ad cognicionem Anchyse, id est creatoris cognicionem, pervenire. **261** NUNC ... OPUS est ANIMIS: hoc ideo quia multi ut diximus dum alloquuntur demones, sensum amittunt. Allegorice: quia qui vult terrena cognoscere oportet eum fortem esse contra vicia.

⟨DE DESCENSU IPSO⟩

264 DII QUIBUS: Virgilius divinum invocat auxilium ut veraciter possit narrare que in inferis visa sunt ab Enea. Allegorice quia Eneas in sequentibus facturus est mencionem de serie humane vite, secundum utramque literam legamus. O DII QUIBUS IMPERIUM EST ANIMARUM: Per hos intelligimus infernales. UMBRE, scilicet infernales, (**265**) ET CHAOS, id est confusio. FLEGETON, qui interpretatur ardens. Phlos Grece ignis Latine. Cum sit tractaturus de confusione infernali, merito invocat Phlegetonta et Chaos quia sine materia, sine calore nulla fit procreacio. **266** SIT MIHI FAS AUDITA LOQUI ad hoc respicit quod nichil dicet nisi quod ab alio didicit ut a Sirone, quodam sene. **267** ALTA TERRA ET CALIGINE MERSAS, quia res de quibus tractat paucis sunt note.

268 IBANT OBSCURI SOLA: Facta invocacione incipit narrare. Possumus facere ypallage et dicere "ibant soli," Sibilla et Eneas scilicet sine comitatu. OBSCURI SOLA SUB NOCTE: "Sola" dicit quia continua et non interpolata altera splendoris multitudine vel allegorice ductus est

279,283 allegoria A 279 id est] et A 280 aliquibus A | commitari A | id ... sapientem *om.* A 281 cognicionem *om.* A 283 quia *om.* A | agnoscere A

2 Virgilium H 3 aput inferos A 3,16,20 allegoria A 4 vite *om.* A 5 utramque literam] utrumque A | O *om. codd. Aen.* | est imperium A 6 infernales[1] ... scilicet *om.* A 7 flos A | ignis] ardens A 8 vocat A 9 calore *ego* loco AH 10 sit ... audita *codd. Aen.* fit mihi audita H sit mihi fas da A 11 ut] et H | Sirone *ego* Sorene A Sorone H | sene *om.* A 11-12 alta ... mersas *codd. Aen.* tamen al ca lo H non mihi calo A 13-14 ibant ... ibant *om.* A 13 sola *codd. Aen. om.* H 14 *add.* obscura *ante* soli A 15 obscuri ... nocte *codd. Aen.* sub obscura nocte H sub osturum nox A 16 non] ut A | altera H a. A 16-17 ductus ... ille] ductis fit iste A

7 confusio: *confusio elementorum. Cf. Serv. ad loc.*
11 *De Sirone vide Catalepton* 5.9.

ille per temporalium cognicionem. Unde bene dicit “sub sola nocte.” In temporalibus enim dolor est et luctus maxime et nulla animi claritas. **269** VACUAS, quia non sunt ibi nisi anime que nullum, ut spiritus, locum implent vel allegorice humana ita vacua sunt et omni bono carentia. Quamvis enim in illis bonum verum queratur, non tamen ibi reperitur. Deinde subiungit de qualitate temporis comparacionem. Deinde tale est **(270-271)** ITER quale est IN SILVIS ... PER LUNAM INCERTAM, id est novam. Per hoc notat ibi esse aliquantulum lucis quia aliter non vidisset Eneas quod postea vidit. **270** SUB ... MALIGNA, id est brevi et per hoc quod dicit parvam lucem aliquantulum inesse datur subintelligere, quia quamvis in terris parva sit lux, tamen aliqua. Tum enim ⟨non⟩ penitus lucem amittit cum corpori admiscetur, nec aperte tamen rem perficit. “Nunc enim videmus per speculum in enigmate, tunc autem facie ad faciem.” **271** IN SILVIS, id est in temporalibus. UBI, id est postquam. **271-272** IUPITER, id est aer, CONDIDIT CELUM. NOX ATRA ABSTULIT COLOREM REBUS: Dicunt phylosophi quod colores rerum in die sunt in aere et in nocte minime. Colores tamen nox non potest auferre, sed cognicionem et discrecionem colorum. **273** VESTIBULUM: Hic describit quid in introitu inferni viderit. Vestibulum est illa pars domus que est super hostium, scilicet porticus, dicta sic a vestiendo quia vestit domum vel a Vesta quia ante templum illius prius factum est vestibulum. Vel vestibulum quasi ve stabulum, id est sine statu; cum enim illic pervenitur non fit ibi status sed egressus usque in domum et sic dicitur a ve quod est “sine” ut vecors, id est sine corde. Per hoc vestibulum notat

18 enim dolor *om.* A | animi] inde A 19 vacuas *codd. Aen.* vacua AH | quia *om.* A | nisi *om.* A 20 impleat H | ita] itaque A 21 enim *om.* A | in illis] illud A 22 compaeacione A 23 per lunam incertam H per incertam lunam *codd. Aen.* per lunam in terram A 23-24 id ... novam *om.* A 24 aliter *om.* A 25 Eneas *om.* A | id est] et A 26-27 lucem ... non *om.* A 26 inesse *ego* ibi omne H 27 tum *ego* cum H 28 lucem *om.* A | amittit] annuit A | miscetur A 29 enim videmus *om.* A 30 *post* faciem *add.* ad fa AH | in[1]] et A 31 iuperiter H | condidit celum H celum condidit *codd. Aen.* condidit A 31-32 nox ... rebus H culum vix A rebus nox abstulit atra colorem *codd. Aen.* 34 describit *om.* A 35 inferi H 36 supra A 37 illius *om.* A | vestibulum *om.* H 37-40 vel[2] ... corde *om.* A

28 amittit: *scilicet* anima. *Cf.* Bern. Silv., *Comm. super Aen.* 6.731 (*p.* 121).
29 Paul., I *ad Cor.* 13.12.

Virgilius introitum nativitatis. IN PRIMIS FAUCIBUS ORCI: Orcus dicitur ab orche quod est recipere. Infernus enim multos recipit. **274** LUCTUS: In introitu inferorum dicitur esse luctus; quam cito enim puer est natus, vagitus et vocem doloris profert. Hoc autem ideo contingit quia puer existens in matrice ubi fuit conceptus humide et calide est nutritus, sed exiens ad terram invenit illam frigidam et siccam et contraria contrariis leduntur. Senciens ergo contrarium, emittit vagitum. Ad quem temperandum obstetrices, licet physicam ignorantes, aquam tepidam apponunt ut simile inveniens acquiescat. ET ULTRICES, id est cure, que merito dicuntur ultrices quia homo habens malam de alio conscienciam maxime torquetur. Unde dicitur cura quasi cor urens. Ultrices dicuntur quia quodammodo delicta hominum ulciscuntur quia nemo nocens, se iudice, absolvitur. Ideo eciam ultrices quia iustius invidia nichil est que protinus ipsum auctorem rodit excruciatque suum et bene post luctus curas videt Eneas quia in puericia luctus precedunt, in iuventute cure sequuntur. Hoc videt in foribus inferni, id est in hac vita quia anima ad hanc vitam veniens iam est in introitu inferni et bene dicit posuisse cubilia. Iste enim in istis delectantur. **275** MORBI dicuntur PALLENTES non propter se, sed propter illos quibus adveniunt. Deficiente enim naturali calore, non digeritur cibus et ita nascuntur in homine crudi humores ex quibus generatur pallor. Hoc videt Eneas in inferis quia sapiens in terrenis hoc cognoscit. TRISTISQUE SENECTUS: propter effectum, cum omnis iocunditas habeat esse ex sanguine. In senectute deficit sanguis. Unde senex debilitatur et tristis efficitur. **276** ET METUS: Unusquisque enim timet sua amittere. ET MALESUASA FAMES, id est a suadendo quia malumus homicidia et furta facere quam fame vitam finire. ET TURPIS

41 Virgilius *ego* Virgilium H *om.* A | introitu H | in primis faucibus H primisque in faucibus *codd. Aen.* primis foribus A 42 orche] oice H | multa H 45 concipitur H 46 eam A 49 inveniens] inveniat et A | quiescat A | ultrices] ultrices di A 50 malum A | aliquo A 53 eciam] autem A 54 excruciatque *ego* excuciatque A excruciat quod H 56-57 inferni … introitu *om.* A 62 tristisque senectus *codd. Aen.* tristis senex H tristis se A 62-63 cum omnis *om.* A 63 habet A 64 metus *codd. Aen.* metum AH 65 X *in marg. dext.* A | malesuasa H *Glossarium Ansileubi* malesuada *codd. Aen.* ma sua A | suedendo A | quia *om.* H 66 famam vite A | et^{2}] ac *codd. Aen.*

41 *Commentator nomen "Orcus" male explicat. Cf.* Vat. Myth. Tert. 6.1 (*p.* 174).

EGESTAS: Est enim turpis et honesta egestas. Turpis autem ad inhonesta compellit quia quanto plus habetur, plus queritur et plus cupitur. Honesta est cum causa premii habetur. Hec omnia videt sapiens in inferis. Et est eciam aliud quod videt quia (**277**) FORME ... TERRIBILES; deinde enumerat eas: scilicet LETUM, id est mors (hic enim est mors assidua) et LABOR (undique enim labore et angustiis circumdamur); **278** SOPOR LETI CONSANGUINEUS, id est similis leto (homo enim dormiens mortem representat. Unde Ovidius: “Stulte, quid est sompnus et cetera”) et (**278-279**) MALA ... GAUDIA (de terrenis enim mala, de celestibus tantum vera sunt gaudia); BELLUM MORTIFERUM IN ADVERSO LIMINE: Bene dicit bellum in limine. Dicitur enim limen quod nec est extra domum nec intra sed inter utrumque; similiter bellum inter vitam et mortem. Unde bene dicitur bellum esse “in adverso limine” quia semper sic inter diversos. Et **280** THALAMI EUMENIDUM: Hic exclamat Evangelus quare attribuit thalamos hiis cum nulla sit delectacio in inferis et thalamus non sit nisi domus nuptiarum et deliciarum. Unde dicitur a Greco thalamium quod est voluptas vel coniungere. Responsio: thalamum Eumenidum vocat domum in qua nate fuerunt. Iste tres tria genera malorum designant esse. Omne enim malum aut cogitatur tantum aut cogitatur et in sermone prorumpitur aut cogitatur et ad hoc perducitur quod cogitabatur. Prima illarum dicitur Allecto, id est impausabilis, per quam intelligimus malam cogitacionem que numquam quiescit nec timore alicuius tyranni nec alio casu. Unde dicitur Allecto ab a, quod est sine, et lectos, quod

67 egestas[1]] ego A | honesta] inhonesta A 67-69 turpis[2] ... est *om.* A 67 *super* ad *scr.* isti H[1] 69 quando A 70 forme terribiles H terribiles A terribiles forme *codd. Aen.* 71 eas] Eneas A 72 labor AH labos *codd. Aen.* 72-73 sopor ... consanguineus] consanguineus Leti Sopor *codd. Aen.* sole consump A 74 quod est sompnis A | et[2] *ego* id est H *om.* A 75 enim] omnibus A | vera] natura H 76 bellum] bes H | bellum ... limine] mortiferumque adverso in limine Bellum *codd. Aen.* 77 limen *om.* A 78 utramque A | similiter] sic A | bellum *om.* A 80 thalami Eumenidum] Eumenidum thalami *codd. Aen.* thalami Eumenidis H | Evangelus] invidus A 81 non *om.* H 82 nisi *om.* H | nuptarum A | thalamum A 83 Eumenidum] eume H 84 fuerant A | significant A 85 esse *om.* A | omne *om.* H | per sermonem A 86 hoc perducitur] effectum ducitur A | cogitabatur] cogitatur A 87 istarum A 89 Allecto *om.* A | lectos] lettos A

69 premii: *id est* caelestis?
74 Ovid., *Amores* 2.9.41: “Stulte, quid est somnus, gelidae nisi mortis imago.”
80 exclamat Evangelus: *Hunc locum non inveni.*

est requies; inde dicitur eciam lectus. Secunda soror dicitur Thesiphone quasi vox earum vel vox supposita. Mala enim cogitacio ad hoc tendit ut voce exprimatur. Hec malum locucionis figurat. Tercia Megera, id est longa contencio vel mala gerens. Per hanc malum opus designatur. Istarum thalami dicuntur FERREI quia quicumque hiis malis subiacet inflexibilis est et non curat virtutes. DISCORDIA: Discordia dicitur quasi diversitas cordium. Hec serpentum habet crinem ut per anguem denotetur dolosum factum et pessimum. Anguis enim est animal dolosum et venenosum. **281** Per VITTIS ... CRUENTIS significat mortem apertam et ferro illatam.

282-283 IN MEDIO est ULMUS: Ulmus est arbor sterilis in se sed vites sustentans. Unde maritus vitis dicitur. Per hanc intelligimus divicias que, licet sint in se steriles, tamen sustentamentum bonis conferunt qui eis utuntur. Sed quia iste ex terra proveniunt, ideo ulmus eas divicias designans in inferis videtur cum terra sit pars inferior firmamenti. **282** PANDIT, id est aperit. RAMOS: propter varietatem diviciarum. ET BRACHIA ANNOSA: Durant enim per secula infinita divicie ut frumentum et huiusmodi. IN MEDIO, id est in communi. Communiter enim omnes de fructibus terre vivunt. **283** OPACA, quia quarundam diviciarum est obscurare mentes que in eis delectantur. QUAM SEDEM SOMPNIA: Bene dicit ibi esse sedem sompniorum. Divicie enim iste ad modum sompniorum cito transeunt. Et **284** HERENT, scilicet sompnia, SUB OMNIBUS FOLIIS. VANA: Nulla enim tam perfecta dignitas quin aliquando conturbetur. **285** MULTA: Non tantum ista videt Eneas in inferis, id est in terris, sed PRETEREA MULTA ... MONSTRA: Bene dicit huic ulmo adherere multa monstra. Adiuncta enim sunt diviciis multa et horribilia; incitant enim defluere. Deinde enumerat illa monstra.

90 requies] reges A | dicitur[1] *om.* H 91 vox[1] ... vel *om.* A 92 hec] hoc H 93 hanc] hoc H 94 istorum A | ferrei] steriles A 96 serpentium A 96-97 denotetur] intelligamus A 98 vittis ... cruentis *codd. Aen.* victis cruentis H imis curo A | mentem A 99 illatam] illaqueatam A 101 sustentat A | unde ... dicitur *om.* A 102 licet sint] cum sunt A 104 firmamenti *om.* H 105 diversitatem A 105-106 et ... annosa] annosaque bracchia *codd. Aen.* 106 frumentum] firmamentum A 108 opacum H 109 in] de A 110 sedem sompniorum[1]] sompnia A 111-112 sub ... foliis] foliisque sub omnibus *codd. Aen.* 112 vana *om.* A | dignetas A 112-113 perturbetur A 113 ista] ita H 113-114 id ... terris *om.* A 114 preterea ... monstra] multaque preterea ... monstra *codd. Aen.* | hoc H 115 diviciis *om.* A 116 incitant ... defluere *om.* A

286 CENTAURI ... STABULANT, id est stabulantur. Quod dicit illos stabulare ad hoc respicit quod in una parte sunt quadrupedes quia est quadrupedum stabulare. Item IN FORIBUS dicit eos esse quia huiusmodi animalia contra naturam nascuntur et nichil ita nascens diu vivit. Legitur quod Yxion voluit concumbere cum Iunone. Inde illa conquesta est Iovi. Iupiter autem eius formam impressit nubi quam Yxioni Iuno apposuit. Qui putans se commisceri Iunoni in nubem effudit semen quod in terram procidit et nati sunt inde Centauri, que animalia sunt partim racionalia, partim irracionalia. Veritas huius fabule talis est. Iuno activam vitam designat. Unde dicitur Iuno quasi iuvans quia activa vita iuvat ad presens. Ixion dicitur quasi axion, id est dignitas. Per hunc intelligimus illos qui dignitates ambiunt terrenas quas semper anxietas comitatur. Unde dicitur voluisse concumbere cum Iunone quia huiusmodi homines active vite se ingerunt. Sed Iuno interponit formam sibi similem; putatur enim a ⟨ali⟩quibus in illis vera esse beatitudo cum non sit. Ex huius semine nascuntur animalia que sunt partim racionalia, partim irracionalia. Quod nichil aliud est nisi quod huiusmodi hominum facta a quibusdam laudantur, a quibusdam non.

SCILLEQUE BIFORMES: Due quidem fuerunt Scille, filia Forci et filia Nisi, sed non ambe biformes, sed tantum filia Forci, que mutata est in monstrum marinum. Partim femina, partim canis fuit. Legitur in fabulis Scillam filiam Forci quandam pulcherrimam virginem fuisse. Quam Glaucus Antedonis filius dilexit. Quem Glaucum Circe vehementer diligebat. Unde dedignata quod Glaucus Scillam amavit, eam odio habuit et posuit medicamina in fonte qua solebat lavari. Quam cum Scilla intraret, pars quam tetigit aqua mutata fuit in diversa animalia, canes scilicet et lupos. Huius fabula talis est veritas. Scilla dicitur quelibet meretrix

118 una] prima H | quadrupes H 119 quadrupedis A | eos] hoc H 122 imprescit A | nubi] inibi H 122-123 opposuit A 123 commisceri] nubere A | in nubem *om.* A | fudit A 124 terra H | inde *om.* A | que *om.* H | sunt^{2}] scilicet H 125,132 racionabilia A 125,133 irracionabilia A 125 talis *om.* H 126 designat] significat A | dicitur *om.* A 127 iuvat] iuvans A | anxion A 128 quas] quos H 129 concubere A 130 interponit formam] interposuit formam A interponit H 130-131 sibi similem *om.* A 131 *post* putatur *add.* pi H | in illis vera] videtur A | habitudo A 133 est] dictum est A | nisi *om.* A | huiusmodi *om.* A 135 Scilleque biformes] sic ille quod bifor A 136 Forti H | est] fuit A 139 Antidonis A | diligebat] amavit A 141 medicinam A | fronte A | qua] quo H | *post* intraret *add.* lota parte H 142 pars quam] par que A

quasi exquina quod Latine confusio dicitur. Meretrix enim et sua et aliena confundit. Hanc Glaucus amavit. Glaucus dicitur quasi cecus; unde glaucoma dicitur infirmitas oculorum. Ergo qui Scillam diligit cecus est. Hic Antedonis filius dictus est. Antedon interpretatur contrarium videns. Quicumque enim meretricem diligit est filius contraria videntis. Diligit enim quod non est diligendum. Hanc Scillam odit Circe. Quod nichil aliud est nisi quod labor manuum expellit huiusmodi vicium vel quod meretrices abhorrent opera manuum. Circe dicitur quasi cirocrine, id est labor manuum. Mutatur Scilla in diversa animalia quia in eo quod est rapax comparatur lupe, in eo quod est garrula cani, in eo quod est immunda sui. Per hanc in hoc loco accipimus libidinem quam videt Eneas. Hoc enim vicium, id est luxuria, corpori nocet et anime et polluit cum cetera tantum unum.

287 CENTUMGEMINUS BRIAREUS: Briareus dicitur esse Terre filius et centimanus. Per quem pecuniam intelligimus que bene dicitur esse in inferis, id est in terris, et filius quia ex visceribus terre trahitur et in terrenis consistit. Centimanus dicitur quia multe sunt maneries diviciarum.

BELUA LERNE, id est Ydra, quam cum Hercules impugnaret, absciso uno capite, renascebantur infinita. Veritas est quod Lerna erat quedam palus in Grecia multum nociva vicinis locis. Videns ergo Hercules illam terram segetibus esse fertilem, si removeretur palus, illam voluit obturare. Sed obstructo uno canali, aqua excorruit per multa alia. Tandem facta lignorum congerie et eadem accensa, illam exsiccavit. Unde bene Ydra dicitur; idor enim aqua est. Hec videntur in inferis; multe enim mansiones labore hominum virtuosorum in melius sunt mutate. Vel per

144 exquina Fulg., *Mit.* 2.9 esquilia H es quila quila A *Cf. Gr.* σκυλμός | quod Latine *om.* A | dicitur *om.* H 145 amavit *om.* H | dicitur *om.* A 146 unde ... dicitur] inde glaucosa A 148 enim *om.* A | contrarium A 150 nisi] quam A | expellit huiusmodi] huiusmodi expellit H expellit huius A 151 horrent A | dicitur] interpretatur H 152 cirocrine *ego* cirocrone AH *Cf.* Bern. Silv., *Comm. super Aen.* 3.386 (*pp.* 21-22) 153 lupo H | *post* garrula *add.* comparatur A 154 libinem H 155 hoc] est A | id ... luxuria *om.* A 156 cum ... unum *om.* A 157 centumgeminus Briareus *codd. Aen.* Briareus esset ge H *om.* A | Briareus[2]] Briateus H 159 et filius *ego* et filia H *om. A* 160 maneries] manus A 161 cum *om.* A | impugnavit A 162 nascebantur A 163 locis *om.* A 164 sterilem A 165 obstructo *ego* obstruso AH 166 excecavit H | bene *om.* A 167 hec] hoc A

144 confusio: *cf.* Fulg., *Mit.* 2.9 (*p.* 49).

Ydram intelligimus vicia que per venenum existunt. **288** HORRENDUM: pro "horrende stridet." Horrendum propter influctuaciones ad aquam referendum est.

CHIMERA: De hoc monstro legitur quod erat leo in prima parte, in medio capra, in ultima draco. Bellerofon vero filius Preti, cuius noverca erat Antia, ab eadem accusatus est erga patrem. Nolebat enim cum ipsa coyre, quod ipsa cupiebat. Quasi ad monstrum illud occidendum missus est a patre suo. Quam Chimeram Bellerofon equo Pegaso residens, qui de Gorgoneo sanguine natus est, interfecit. Veritas huius fabule est: Chimera revera mons est in cuius quadam parte erat flamma continua. Unde leones quia calorem diligunt illam partem inhabitant et inde dicitur habere leoninum caput. In medio vero illius montis campi erant viridentes ubi habitabant pastores cum capris. Unde dicitur quod pars media caprina fuit. In pede vero montis erant fluvii ubi erant serpentes et dracones, sed Bellerofon Chimeram devicit quia occidendo leones et dracones montem reddidit habitabilem. Unde eciam dicitur Bellerofon quasi bule ferista, quod idem est quod consultor sapiencie et ponitur pro sapiente quia sapientis et strenui est leones occidere. Allegorice tamen exponit Fulgentius Bellerofon quasi bulle feron, id est consultor sapiencie, ut diximus; iste enim sprevit concubitum Antie. Dicitur enim Antia quasi antion, quod est contrarium. Per quam accipimus libidinem quia nichil magis est contrarium sapiencie. Que merito uxor Preti dicitur quasi pretos quod in Pamphilia lingua sordidus dicitur. Cuius enim uxor

169 horrendum *codd. Aen.* A? horrende H   170 pro] id est A | horrendum *ego* horride H horrende A | fluctuaciones A   173 Bellerofon *ego* Bellorofon H Bellorofons A | Preti *ego* spreti H preci A   173-174 cuius ... eadem] qui a noverca sua A   174 Antia *ego* Aucia H | nolebat] volebat A   175 quod ... cupiebat *om.* A | quasi] quare A | occidendum *om.* A   176 a ... suo] ad patrem A   176,183,184,187, *p.* 150.192,199 Bellerofon *ego* Bellorofon H Belloforons *vel* Bellorofons *vel* Belliforon *vel* Belloforon A   176 equo *om.* A   177 interfecit] vicit A   179 habitant A | inde] ideo A   181 viridentes] urentes A | inhabitant A   182 erant[1] ... ubi *om.* H   183,184 et dracones *om.* A   185 bulle A   186 strenui *ego* strennui AH   187 tamen *om.* A 188 enim[1] *om.* H | *add.* bene *ante* sprevit H | Antie *ego* Anthie H Anchie A   189 Antia *ego* Anchia AH | antion *ego* Anchranum A Antiari H *Cf.* Fulg., *Mit.* 3.1 (*p.* 59) | accepimus H   190 quia] qua A   191 quasi] quia A | quod *om.* A | in *om.* H | Pausilia A

187 Fulg., *Mit.* 3.1 (*p.* 59).

libido nisi sordidi? Recte ergo hanc sprevit sapiens. Bellerofon autem residens equo Pegaso Chimeram devicit. Pegasus dicitur quasi pegaseon, quod est sapiencia. Qui ungula sua fontem irrupit musis quia sapiencia dat poetis fontem, id est materiam scribendi. Qui equus dicitur eciam natus sanguine Gorgoneo. Gorgon vero pro terrore ponitur; ideo in pectore Minerve fixa est. Pegasus nascitur sanguine Gorgoneo quia timore magistri crescit sapiencia. Unde dicitur qui timuerit sapiens erit. Quare Bellerofon cum firmus sit in sapiencia Chimeram occidit. Chimera enim quasi chimeron, id est amoris fluctuacio, dicitur. Unde triplex dicitur quia tres modi amoris sunt — incipere, procedere, finire. Cum vero in principio amor advenit, fortiter invadit ut leo et sic habet capud leonis in inicio. Quod dicitur in medio esse capra perfectionem amoris significat sive perseveracionem, quod per hoc genus animalis designatur quod petulans est et in libidinem proclivum. Unde Virgilius: "edique petulci." Quod pars postrema dicitur draco ideo est quia post perfectionem amoris et libidinis datur aculeus penitencie et venenum peccati. Unde talis dicitur esse ordo in amore: primum est inchoare, secundum perficere, tercium penitere. Hanc Chymeram, id est amoris fluctuacionem, id est libidinem, vidisset in inferis.

289 GORGONES: Legitur quod Phorcus tres habuit filias que unicum habuerunt oculum. Quas cum aliquando vidissent viri, in lapides mutabantur. Quarum uni Perseus caput abstulit. Cui postea insurrexit Athlas. Quem ostenso capite Gorgonis in montem mutavit. Cuius fabule talis est veritas. Secundum quosdam in rei veritate tres fuerunt filie Phorci. At quia iste sorores essent unius pulchritudinis, ideo unicum habuisse

192 libido nisi *ego* nisi libido H libido id est A | ergo] igitur A | spernit A 193 Pagaso H | pegaseon *ego* pega ados H pegasa dos A. *Cf.* Fulg., *Mit.* 3.1 (*p.* 60) 194 qui] quia A | rapit A 196-197 Gorgoneo ... sanguine *om.* A 197 Minerve *ego* Minerva H 199 in *om.* A | enim] autem A 200 fluitacio H | dicitur[1] *om.* A | unde] qui A 201 amoris *om.* A 202 faciliter H 203 perfectionem *ego* perfectum A profectionem H 204 sive] et suum A | perseveratorem A | quod per] per quod H 205 X *in marg. dext.* A 208 dicitur *om.* H | ordo *om.* H | incipere A 209-210 id[2] ... libidinem *om.* A 210 vidit A 211 unum A 212 aliquando] aliqui H | viri *om.* H 213 uni *om.* A 214 montem] lapidem A 215 *post* quosdam *add.* quod H 216 at] et H | ille A | essent] erant A

200 chimeron, id est amoris fluctuacio: *Cf.* Fulg., *Mit.* 3.1 (*p.* 60).
205 *Geo.* 4.10.

oculum dicuntur. Et adeo erant pulchre quod homines illas videntes admirandam illarum pulchritudinem obstupescebant ut ad modum lapidis rigidi essent. Perseus autem ad has volavit, id est navigio pervenit, pretenso scuto Palladis vitrio, id est sapiencia que perspicax est ut vitrum, et abstulit ei caput, id est divicias quas per cultum terre acquisierant. Unde dicuntur Gorgones, id est terre cultrices, quia terram colere consueverunt. Unde recedens Perseus dicitur Athlanta mutasse in montem per caput Meduse quia forsitan per gazas quas eis abstulerat eum expugnavit et montem ascendere coegit. Has Gorgones videt Eneas in inferis, id est videt multimodos terrores in terrenis. Gorgon enim terror dicitur.

ARPIE: Tres dicuntur esse Arpie vultum virginis habentes, plumas in corpore, acutos ungues, proluviem in ventre. Quod sic intelligitur: Arpie dicuntur rapine ab arpe Grece quod est rapere Latine. Iste habent vultus virgineos quia omnis rapina arida et sterilis est, habent plumas ad celandum quod raptum est, ungues acutos ad cito rapiendum, proluviem in ventre; raptores enim et avari immunde vivunt et omnibus bonis se abstinent. Tres esse dicuntur quia tria sunt in rapacitate: primum est alienum cupere, secundum invadere, tercium celare. Unde convenienter sunt illis nomina imposita. Prima enim dicitur Aello quasi edonallo, id est alienum tollens vel invadens; secunda Occipite, id est cito rapiens; Celeno tercia quasi abscondens, id est celenum quod est nigrum. Has videt in inferis; multi enim sunt raptores in terrenis. TRICORPORIS UMBRE Gerionis, qui dicitur habere tria corpora vel capita quia tribus preerat insulis — Baliaricae maiori et minori et Ebuso. Ita nominat eas Servius. **290** HIC, id est tunc. Hiis visis, Eneas arripit ferrum quod

217-218 admirantes A 218 obstupebant A 219 id ... pervenit *om.* A 222-223 consueverant inde A 223 Athlantem A 224 gazas] opes H | eis] ei A 224-225 expugnat H 225 videt] vidit A 226 videt *om.* H 227 esse *om.* A | virginium A 228 corpes H 229 Grece *om.* A | Latine *om.* A 230 vultum virgineum A | quia ... rapina *om.* A | *post* est *add.* venter A 232 bonis] modis H 234 capere H 235 dicitur *om.* A 235,237 quasi] quia A 235 abonallo A 236 Accipite A 237 id est *om.* A | celenum *ego* gelenum H gelonum A *Cf.* Fulg., *Mit.* 1.9 | quod ... nigrum *om.* A 238 terrenis] inferis A 239 umbre *om.* A | habere *om.* H 240 preerat] imperat A | Baliaricae *ego* balolorice H balero A | nominavit A | eas *ego* ea H eos A 241 arripit] accipit A | ferrum *om.* A

226 Gorgon ... terror: *Cf.* Fulg., *Mit.* 1.21 (*pp.* 32-33).
235 *De nominibus Harpyiarum vide* Fulg., *Mit.* 1.9 (*pp.* 21-22).
241 *ad Aen.* 7.662.

est acutum, id est utitur ingenio talia contemplando. Per ferrum enim intelligitur ingenium quia ut ferrum rigidum, ita ingenium sapientis. TREPIDUS, quia sapiens talia timet et **(291)** OFFERT ... ACIEM ferri, ad literam ad umbras depellendas vel offert aciem oculorum, id est tuetur. Et **(292-294)** IRRUAT ... NI DOCTA COMES: Sibilla, scilicet racio, **293** ADMONEAT: Nullus enim adeo sapiens qui non admisceret se talibus nisi racio docet illa esse sic fugienda. **294** ET ... DIVERBERET UMBRAS: ydola que videbat.

295 HINC VIA: Dixerat Eneam venisse ad vestibulum inferorum, Sibilla duce. Sed quia non est sapientis diu in uno morari, transit ad cetera. Hoc volunt quidam esse dictum de via designata per Y Grecam, literam que designat humanam vitam. Incipit enim quasi ab una radice et dividitur in duo brachia. Quorum unum est rectum et longum, aliud breve et curvum. Similiter vita humana; omnis enim ab una radice incipit et consimilis est in prima etate. Quidquid enim homo agit in puericia nec pro virtute nec pro vicio reputatur. Sed post annos discrecionis dividitur vita humana. Quidam enim via⟨m⟩ virtutis arripiunt que ad celestia ducit. Hec via per longum brachium et rectum designatur. Quidam vero viciorum viam ingrediuntur que proclivis ad inhonesta et ad inferos ducit et ad Acherontem. Acheron interpretatur sine gaudio. Per viam enim predictam venitur ad existenciam sine gaudio, id est ad tristiciam. Quod ducitur Eneas hac via hoc nichil aliud est nisi quod sapiens et hanc et aliam vult cognoscere. Acheron enim exit de Tartaro, ex Acheronte Stix, de Stige Cochitus, et merito quia Acheron dicitur sine gaudio, Stix tristicia, Cochitus luctus. Ubi enim deest gaudium, ibi est tristicia et ubi tristicia, ibi luctus. TARTAREI, id est ymi, quia Acheron, id est existencia sine gaudio, est in terra que est infima omnium. **296** HIC, id est Acheron. **297** ESTUAT, id est ebullit. ERUCTAT

242 tali H 244 offert ... aciem] ostis faciem A 245 offert *om.* A 246 irruat ... comes] viva nec doc eo A ni docta comes ... inruat *codd. Aen.* 247 admoneat *ego* admonet A amoneat H 248 docet] deteret A | esse sic *om.* H | fugenda A 249 ydolaque A 250 hinc via] habere ma A 251 in uno] immo A | ad] et A 252 via] vita A | Grecum A 253,255 una] yma A 255 similiter] sicut A 256 enim *om.* H | puericia] iuventute A puericia A[1] 258 viam *ego* via H vitam A 259 via] vita A | et rectum *om.* A 261 Acherontem] Acheronta A 262 enim *om.* A 263 quod[1]] quo A | hac via *om.* A | hoc *om.* H | aliud *om.* A 264 sapiens *om.* A 265,266 Cochitus] coytus H 267 ymi] um H 268 existencia *om.* A 269-270 eructat ... Cochito] Cocyto eructat harenam *codd. Aen.* erua cho A

HARENAM COCHITO, id est eructando et ebulliendo generat Cochitum. **298** PORTITOR: Portitor est ille qui portat et qui portatur; vector qui vehit et qui vehitur. Charon secundum fabulam dicitur animas ducere trans fluvium in cumba subtili et gracili. Dicitur eciam filius Palemonis. Hoc ita exponitur: Charon dicitur quasi cronon, id est tempus. Hic dicitur per fluvios predictos qui dolores et luctus designant ducere animas. Quod nichil aliud est nisi quod anime temporaliter per dolores et luctus transeunt. Per hanc subtilem cumbam et fragilem intelligimus corpus quod est sutum quadam subtili compagine elementorum. Hec cumba subiacet fragilitati quia cito corrumpitur. **299-300** HUIC ... CANICIES: Huic canicies attribuitur quia propter temporis variacionem contingit canicies vel propter vetustatem temporis. **300** IMPEXA, id est valde pexa, ad hoc respicit quia antiqui solebant colere et comere barbam. STANT LUMINA FLAMMA, id est flammea lumina. Hic nulla allegoria vel propter sidera dicitur. **301** SORDIDUS EX HUMERIS: Quod habetur in humeris prorsus est. Per posteriorem amictum intelligimus preteritum tempus quod est extra substanciam corporis et tamen pendet ex corpore nodo quodam. Est enim presens tempus copula coniungens preteritum futuro. **302** SUBIGIT, id est sursum agit, impellit. Alibi ponitur subigit pro cogit, ut "subigitque fateri," vel pro acuit "subiguntque in cote secures" vel pro devicit: "portenta labore subegit." MINISTRAT: regit vel dat. Navis que remis impellitur tardius incedit; que vero velis ci-

270 Cochitum] coytum H 271,272 qui[2], qui *om.* H 272 ducere *om.* A 273 cumba *ego* cimba H tumba A | Palimonis A 274 *post* dicitur[2] *add.* quod A 275 per *om.* A 276 nisi quod] quam A | corporaliter A 278 sutum] situm A 279 huic] hec H cui *codd. Aen.* 280 huic] hec H | varietatem A 280-281 contingit ... temporis *om.* A 281 impexa] inculta *codd. Aen.* 284 propter *om.* A | dicantur A | humeris *codd. Aen.* hau H au A 285 prosus H 286 ex] a A 287 tempus *om.* A | contingens A 288 subigit[2]] subit A *Cf. schol. Juven.* 2.150. 289 ut *ego* uter A *om.* H | fateri] feteci A | acuit] actu H | subiguntque *codd. Aen.* subigitque A subigit quod H 290 latore A | ministrat *bis* H 291 velis] vel H vel velit H[1]

273 *Diciturne portitor Charon filius Palaemonis quia Palaemon est deus Portunus? Cf.* Bern. Silv., *Comm. super Aen.* 6.298 (*p.* 77) *et* Fulg., *Cont. p.* 98.18-20.
289 subigitque fateri: *Aen.* 6.567.
289-290 subiguntque ... secures: *Aen.* 7.627.
290 portenta ... subegit: Hor., *Epist.* 2.1.11.

cius. Per hoc ergo quod dicit Charonem pellere navem remis notat quod quidam tarde veniunt ad mortem; quidam cicius. Quod vero dicit navem impelli velis notat quosdam cito tendere ad mortem et parvum tempus habere. **303** ET ... SUBVECTAT CORPORA: Hic exclamat Evangelus quare dicatur subvectare corpora cum tantum subvectat animas. Respondetur: per corpora intelligit umbras que corporee sunt quodammodo in hoc quod in corporibus habitant. Vel potest dici quod corpus est quidquid potest videri. Et ita sunt corpora visibilia sed non palpabilia. Unde faciens diversitatem inter vera corpora et ista dicit "corpora viva nefas Stigia vectare carina." FERRUGINEA ... CIMBA: Hec cimba designat corpus et merito dicitur "ferruginea"; ferrum enim in se habet duriciam et obscuritatem. Ita et corpus humanum durum est quia vix a viciis resecatur. Obscurum est propter ignorancias. **305** HUC: ad hunc Charontem. RUEBAT: Bene dicit "ruebat" quia quasi quadam ruina omne quod oritur tendit ad mortem. **309** QUAM MULTA: Bene comparat animas foliis quia ut folia modo arescunt et cito cadunt, ita anime ad tempus bonis temporalibus florent in corpore et letantur; quandoque econtrario dolent et viciis opprimuntur. SUB PRIMO FRIGORE AUTUMNI: Per hoc notat ultimam partem autumpni que est frigida ex vicinitate hyemis et merito notat hic tempus quia tunc plures moriuntur quam in aliquo alio tempore. Ex precedenti enim calore pori corporum aperti sunt. Unde frigus adveniens subintrat illa et ita multi indiscreti et non sibi providentes tunc moriuntur. **311** QUAM MULTE ... AVES: Iterum bene comparat animam volucribus; ut enim volucres sunt instabiles, ita et anime coniuncte corporibus semper sunt in motu et in voluntate revertendi ad

292 Catonem H 293-294 ad ... tendere *om.* A 294 temporis H 295 subvectat *codd. Aen.* sub H sul A Evangelus] emulus A 296 dicatur subvectare] dicit A | tantum *om.* A | subvectet H 298 in *om.* A 299 sunt] nota? H | sed] et A 300 *post* dicit *add.* id est H | viva] vilia A 301 nectare H | ferruginea] sed u A | cimba[1] AH cumba *codd. Aen.* 302 ferruguira A | in *om.* A 303 et[2]] eciam A 304 resecatur] defecaturi H | ignoranciam A | hunc] hoc H 304-305 Charontem *ego* caronem H carentem A 306 quam] quod A 307 ut] sicut A | folia] filia H | ad tempus *om.* A 308 temporalibus] iporalibus H 309 sub ... autumni] sub primo frigore A autumni frigore primo *codd. Aen.* 309-310 per ... notat] per hec nominat A 310 antumpni H 311 X *in marg. sinist.* A | aliquo *om.* A 312 ex *om.* H 314 tunc *om.* A 315 animam] aves A | ut *om.* A 316 in voluntate] voluptate H

295 exclamat Evangelus: *locum non inveni.*

creatorem, festinantes ad exitum vite. FRIGIDUS ANNUS, id est frigida pars anni, hiems scilicet, que cogit grues a septentrionali plaga ad Nilum ubi est calor venire. **312** APRICIS ... TERRIS, id est delectabilibus. Cum enim est mensis qui dicitur Aprilis, et tunc aperitur terra et tunc delectabile est tempus. Vel dicuntur terre a price quasi a frice, id est sine frice, id est sine frigore, quia prope torridam zonam est. **313** PRIME, scilicet anime. Quod dicit animas desiderare transitum ad hoc respicit quod desidera⟨n⟩t exuere dolores corporeos. **315** TRISTIS ... NAVITA: vel quia est severus vel propter triste officium vel quia tempus tristiciam confert. NUNC HOS NUNC ... ILLOS: Per hoc notat mori in tempore, sed tamen per successiones hos prius, illos posterius. **316** AST ALIOS ... ARCET: Illos arcet quorum vita delectatur.

317 ENEAS MIRATUS: Cum videret Eneas ita animas desiderare transitum, miratur et inde consulit Sibillam. Quod non est aliud nisi quod sapiens miratur fragilitatem et instabilitatem corporis et huiusmodi rei querit causam. **319-321** QUO DISCRIMINE ... LONGEVA SACERDOS: longeva ad fabulam respicit. Phebus pio amore dilexit Sibillam et obtulit ei scienciam prophizandi et diuturnitatem vite quantam illa vellet eligere si ipsa Ericteam silvam in qua habitabat vellet linquere et eam numquam amplius videret. Illa, hausta harena, tot annos petiit quot ipsa corpora pulveris hausit, sed oblita est iuventutis. Illa ergo Cumas venit et ibi tam diu vixit donec corpus fere defecit et adnichilatum est et destitutum a natura. Vita tamen cum voce ei remansit. Quod cum cives eius Erictei novissent, quia eos dimiserat invidia vel misericordia moti, miserunt ei cartam antiquo more creta terre sue signatam. Qua visa, statim soluta

318 hyemis H | grues] genes A 318-319 Nilum] iulium A 319 terris ... apricis *codd. Aen.* apricis A | delectacionibus A 320 est *om.* H | qui] que A 321 aprice quasi affrice H 321-322 id ... frice *om.* H 322 zonam] et omnia A 322-323 prime] primi *codd. Aen.* 324 navita ... tristis *codd. Aen.* 325 severus *ego* securus AH | quia[2] *om.* A | tristiciam *om.* A 326 nunc[2] ... illos] aunc A 326-327 sed tamen *om.* A 327 successionem A | hos] hoc A 329 videt A | ita animas *om.* A 329-330 transitum *om.* H 330 non] nichil A 331 stabilitatem A 332 longeva[2] *om.* A 334 procurandi A | quantum A | vellet] nelle H 335 relinquere A 336 corpora AH[1] corporis H 337 ergo] igitur A 338 vixit] vexit A | deficit A 338-339 et[1] ... natura *om.* A 339 cum voce *om.* A | ei *om.* H | quod] quam A | Ericei H 340 novissent ... dimiserat *om.* A 341 cartam] cretam A | assignatam A

336 hausta harena: *sc.* manibus. *Cf.* Serv. *ad Aen.* 6.321.

est et mortua. Quod Sibilla amatur ab Apolline nil aliud est nisi quod racioni coniungitur sapiencia. Quod Sibilla tamdiu vixit nichil aliud est nisi quod racio caret fine, sicut et anima cui inest. **322** CERTISSIMA PROLES: Hoc ideo dicit quia quidam finxerunt se esse de progenie deorum cum tamen non essent ut Magnus Alexander. **324** DII CUIUS IURARE: Supra expositum est. **325** HEC OMNIS ... TURBA: Tangit hoc quod habetur in fabulis quod non licet alicui transire fluvium nisi sepulturam habeat vel veram vel ymaginariam, que dicitur cenotaphium. Vera est ubi corpus ponitur; ymaginaria est ubi fingitur corpus poni. INOPS: ops, opis proprie dicitur terra. Unde inops proprie dicitur sine terra. Hec Opis, huius Operis ipsa est Opis dea. Per hoc notat illos qui carent sepultura. INHUMATA: Per hoc notat illos qui carent cenotaphiis. **326** QUOS UNDA VEHIT, quia si numquam moriatur homo, non dicitur hos fluctus transire, id est dolores et luctus finire. **329** CENTUM ERRANT ANNOS: Per hoc quod dicit illos qui carent sepultura centum annos errare vult intelligere quod si homo naturalem terminum vite expectat, per centum annos extendetur vita sua. **331-332** VESTIGIA ... MULTA PUTANS, quia sapiens audiendo aliquid debet excogitare an ita sit an non.

⟨DE PALINURO⟩

339 EFFUSUS IN MEDIIS UNDIS: Opponit Evangelus quod improprie "undis" est ablativus quia mocionem significat. Ideo sic legit Donatus: "servat sydera existens in mediis undis, effusus a puppi." **340** IN MULTA

343 tamdiu] tam A 344 quod *om.* A 345 finxerunt] dicebant A | esse *om.* H 346 tamen *om.* A | dii ... iurare] dum cuius ho A | supra] sic A 347 omnis ... turba] ostendit A 349 ymaginariam] falsam H 350 ymaginaria] falsa H 351-352 hec ... dea *om.* A 352 carent] non habent A 353 cenotaphis A 353-354 quos unda vehit H quos cumba vehit A quos vehit unda *codd. Aen.* 354 si *om.* A 355 sinire H | annos *om.* A 358 extenditur A | vestigia ... putans *codd. Aen.* vestigia multa pii H resti mult perii A 359 an[1] ... non] aut sic aut non A

2 undis] umb A | Evangelus] emulus A | quod improprie *om.* H 3 undis *ego* effusis AH 4 undis *om.* A 4-5 in multa umbra AH multa ... in umbra *codd. Aen.*

346 *Talis expositio, quae supra non invenitur, a Servio (ad Aen. 6.134) datur.*
2 opponit Evangelus: *Hunc locum non inveni.*
3 Donatus: *Vide Serv. ad loc.*

UMBRA, id est inter multas umbras. **342** SUB EQUORE MERSIT: Dierisis est divisio unius dictionis, id est submersit equore. **343** FALLAX: Quia Palinurus mortuus est, putavit Apollinem dixisse falsum. Dixerat enim Enee omnes socios venturos ad Ytaliam. Ideo in sequenti sua oracione ostendit Palinurus quod etsi non cum Enea, tamen ad Ytaliam venerat. **348** NON ME DEUS EQUORE MERSIT: dicendo quod non fuit deus vel forsitan hoc dicit iuxta opinionem suam quia putabat quod hoc fecisset Phorbas socius suus. Sed Servius hanc exposicionem culpat. **353** NE SPOLIATA ARMIS: Non dicit se timuisse de ignorancia remigii, quod bene vero suppleret Eneas, sed de remorum penuria. **360** ASPERA: propter vepres. **366** VELINOS ... PORTUS: Hic exclamat Evangelus quare portus illi dicebantur Velini cum nondum est civitas Velina qua Velini portus dicti sunt. Est ergo viciosa preoccupacio; ex parte enim persone introducte dicitur. Vela unda dicitur; inde velinus undosus. **367** DIVA CREATRIX vel Enee vel omnium rerum quia sine Venere nichil creatur. **370** DA DEXTRAM, id est auxilium, quia quomodo posset manum dare. Quod nichil aliud est nisi quod Eneas vidit Palinurum apud inferos. Qui interpretatur errabunda visio, id est vaga delectacio, quam amisit Eneas, id est sapiens. Sed illam in inferis si non in se, tamen in aliis videt. Quod Palinurus vult eum comitari ad hoc respicit quod errabunda visio, id est vaga delectacio, eciam vix a sapiente separatur.

372 VATES, id est Sibilla, hic incipit increpare Palinurum qui contra legem transire cupiat. **373** DIRA CUPIDO: Dira dicitur quasi deorum

5 inter] in? A | sub ... mersit *codd. Aen.* sub equo inde A sub equore medium H | dierisis] diethesis H 6 divisio] conversio A | subtransit A 7 est *om.* A 8 fotios H | ad] in A 9 X *in marg. dext.* A | quod *om.* H | etsi] si A 10 non[1] AH nec *codd. Aen.* | mersit] ma A 11 dixit A | quia *om.* A 12 Phorbas *ego* forbas H porlias A *Cf.* Serv. *ad loc.* | suus] eius H 12-13 ne ... armis] des po ar A 13 de ignorancia] ignorare A | remigii *ego* remigiis A regionis H 14 suplet H 15 Velinos ... portus] ve si p A | Evangelus] emulus A 16 illi] ibi A | nundum A | est civitas] erat ei A 17-18 introducte] vicio ducte A 18 unde A 19 rerum *om.* A 20 manum dare] dextram A 21 videt A 23 si *om.* H 24 eam H 26 qui] quod A 27 cupit A | dira cupido *om.* A | deorum] deo H

12 Serv. *ad loc.*
14 suppleret Eneas: *sc.* locum gubernatoris.
15 exclamat Evangelus: *Hunc locum non inveni.*
17 ex parte enim persone introducte: *Vide* Serv. *ad Aen.* 6.359.

ira. Dira ergo cupido dicitur que iram deorum meretur. **376** FATA: Fatum est temporalis disposicio provisorum que non possunt non evenire. Non tamen inde sequitur quod necessario ergo res eveniunt quia simplex necessitas non sequitur ad condicionalem necessitatem, quod dicitur in Boetio. **377** DURI ... CASUS: Durum vocat casum quia non poterat transire. **379** PRODIGIIS ... CELESTIBUS, id est corruptionibus. Corruptio enim maxima fiebat in Ytalia. Querentibus autem pestis illius causam, respondit Apollo quod corpus Palinuri peterent et inventum sepelirent. Sic fecerunt et ita cessavit illa corruptio. Hoc autem predixit Sibilla. **381** HABEBIT NOMEN PALINURI, quasi dicat "dicetur Palinurus." **383** GAUDET COGNOMINE, id est agnomine. Vel sic Donatus dicit quod antiqui dicebant "hic" et "hec cognominis" et "hoc cognomine" et secundum illud erunt cognomines qui participant eodem nomine. Ergo ita dicetur "gaudet cognomine," id est se et terram esse cognomines, id est idem nomen habere. Quod ita Sibilla Palinurum increpat non est aliud nisi quod errabunda visio non nisi per racionem cogentem ab homine recedit.

384 ERGO ITER: Dimisso Palinuro, Sibilla et Eneas peragunt iter quia dimissa errabunda visione, sapiens duce racione ad cognicionem creatoris properat. INCEPTUM ITER, id est cognicionem creatoris investigant. FLUVIOQUE PROPINQUANT: Ad fluvium propinquat sapiens cum ad cognicionem terrenorum descendit et per hunc fluvium primordialem materiam vult intelligere. Et merito quia sicut fluvius labilis est, ita materia illa parata est ad omnes formas recipiendas neque aliquam propriam tenet. Et vere et merito hic fit de illa mencio. Ut enim testatur Macrobius, sic transmittimus cognicionem ad superos quod prius con-

28 veretur A | fata *codd. Aen.* H fatum A 29 pervisorum A 30 quod *om.* H 31 condicionis A 32 duri ... casus] dica A duri ... casus *codd. Aen.* | durum *ego* dirum AH | notat A 33 corruptibilibus A 34 fiebat] erat A 37 habebit ... Palinuri AH Palinuri nomen habebit *codd. Aen.* | quasi dicat] quia A | dicetur] dicitur A 40 erant A 40-41 cognomines ... esse *om.* A 41 cognomines] cognominis A 42 Palinurum *om.* A | non] nichil A 43 nisi[1] *om.* A 47 iter inceptum *codd. Aen.* 49 descendit *om.* A 51 recipiendis H 52 proprie H 53 sic] spe A

29 *Cf.* Bern. Silv., *Comm. super Aen.* 6.45 (*p.* 42).

32 *Fortasse C.P.* 4 *prosa* 6.

38 *Vide Fragmenta Bobiensia, codex Vindobonensis* 16 (GL 7:542). *Cf.* Serv. *ad loc.*

53 Macrobius: *non inveni.*

siderat homo materiam cum forma; deinde considerat in se quoddam immortale, scilicet animam. Videt enim corpus moveri, sed per se non. Comperit ergo per naturam anime hoc esse. Postea considerat a quo sit missa anima ad corpus et ab illo comperit animam talem habere potestatem. Videt et considerat quod angelus non coniunxit eam corpori. Et sic cognita natura creaturarum, comperit quendam esse omnipotentem qui est omnium conditor et sic tandem homo per cognicionem creature ad cognicionem creatoris ascendit. Ipse a nullo ⟨comprehenditur⟩ et ⟨homo⟩ ascendit hominum cognicio⟨ne⟩. **385** NAVITA QUOS: quantum ad literam dicatur. **386** PER TANTUM NEMUS: Per hoc nemus intelligimus humanum corpus quia obscurum est et beluis comparabile. Quod "per tantum" dicitur refertur ad infernum ubi dicitur esse locus silencii. **388** QUISQUIS ES ARMATUS: Arma Enee, id est sapientis, sunt racio et intellectus quibus cognicionem creatoris et terrenorum comprehendit. Quod Charon increpat Eneam nichil aliud est nisi quod aliquis indiscretus cum sapientem videt in talibus laborare admiratur. **390** UMBRARUM, quia a nullo primordialis materia potest perfecte cognosci. Dicit enim Chalcidius quod sicut umbre videntur non videndo, sic illa materia intelligitur non intelligendo.

391 VIVA: Per hoc intelligit illos qui in viciis vivunt nec curant corporis et carnis mortificacionem qui ad huiusmodi cognicionem non perveniunt. Quantum ad literam dicit se non debere recipere Eneam quia per alios taliter receptos malum sibi contigit. Legitur quod cum Hercules ad inferos venisset, ille Caron videns eum et in primo aspectu ductus timore, eum transduxit. Qui Cerberum ianitorem Orci inde extraxit. Deinde Minos per annum Caronem in compede tenuit. Quod ita intelligendum est: Alcides est proprium nomen vel dicitur ab ares quod

54 homo *om.* A 57 comperit *om.* A 59 natura] racione A 61-62 ipse ... cognicione *om.* A 62 quos *om.* A 63 tantum AH tacitum *codd. Aen.* 66 quisquis ... armatus *codd. Aen.* quisque per arma H quis per A 67 terminorum A 68 Charon *ego* Caron H Cheron A 68-69 discretus A 69 cum ... videt] invidet cum sapiens A | admittatur A | umbrarum *codd. Aen.* umbrat AH 70 enim *om.* A 73 viva *codd. Aen.* vina H iuvat A | intelliget A 74 non *om.* H 77 ille] ita A 78 Cerebrum A | inde *om.* A 79 deinde] unde H | annum] antrum A

61 Ipse a nullo ⟨comprehenditur⟩: *Cf.* Augustinus, *De civ. Dei* 12.18 (PL 41: 368) *et infra, ad Aen.* 6.698, 701 (*pp.* 187-188).
71 *In Tim.* 345 (*pp.* 336-338).

est virtus. Hercules dicitur ab heris quod est lis et cleos quod est gloria. Hercules autem ab inferis extraxit Cerberum, qui dicitur Cerberus quasi creoboros, id est carnes vorans. Crea Grece caro Latine. Inde creagra qua extrahitur caro de cacabo. Per hunc intelligimus terram que carnes vorat, ossa conservat. Inde dicitur triceps quia terra tres habet partes principales, Affricam, Europam, et Asiam. Hunc extraxit Hercules ab inferis quia ad honestatis viam terrenos allicit vel per Cerberum vicia intelligimus. Sed hunc extraxit Hercules ab inferis quia et suam et aliorum concupiscenciam a viciis retraxit. Cetera sunt fabulosa.

393 Thesea Pirithoumque: Legitur istos descendisse ad inferos ut raperent Proserpinam. Hic nichil integumenti nisi sic volumus dicere quod Proserpina nichil aliud est quam luna que ita dicitur quia semper propius terre quam ceteri planete proserpit et ad inferius emisperium. Pluto autem ipsa terra est. Luna uxor terre dicitur quia omnibus planetis terre propinquior. Quod Pirithous et Theseus hanc rapere voluerunt nichil aliud est nisi quod isti veritatem huius fabule dixerunt assignantes quid habeat significare.

398 Amphrisia dicta est Sibilla ab Apolline sic dicta ab Amphrisio fluvio ubi dicitur pastorale officium habuisse. Legitur enim quod Apollo habuit filium qui dictus est Esculapius. Hic Ipolitum redivivum fecisse dicitur. Quare per fulmina a Ciclopibus fabricata Iupiter eum interfecit. Phebus dolens de morte filii Ciclopes male tractavit. Quare a deitate

81 heris] er A | cleos] eleos H 82,86,88 extraxit] extrahit A 83 creoboros *ego* creorborus H creon loros A | creagra *ego* creagum A crealgra H 84 qua ... caro] qui extrahit carnes A 85 vorat ... conservat] vorans omnia consumit A | terra] tantum H 86,88 hunc] hoc A 87 ad *om.* A | terrenos *om.* A | vel] et A 88 ab inferis *om.* H 89 extrahit A 90 Thesea Pirithoum AH | iste A | ad inferos *om.* A 91 raperet A 92 quod *om.* H | que ... dicitur *om.* A 93 terre *om.* H | serpit H | et emisperium *om.* A *post* emisperium *add.* vel superius H 95 propinquiorem H 96 huius fabule *om.* A 98 dicta[2]] dicto A | Amfriso A 99-100 legitur ... Esculapius] nota est fabula de Esculapio filio Phebi A 100 hic] qui A 100-101 redivivum ... dicitur] resuscitavit A 101 *post* quare *add.* eum H | per ... interfecit] Iupiter eum fulminavit A 102 dolens *om.* A | male] umque H | a *om.* A

81 Hercules ... ab heris ... et cleos: *Cf.* Bern. Silv., *Comm. super Aen.* 6.123 (*p.* 56).

82-83 Cerberus quasi creoboros: *Cf.* Bern. Silv., *Comm. super Aen.* 6.392 (*p.* 87).

sua spoliatus, Admeti curam pecoris suscepit agendam. Apollo dicitur sapiens; unde exterminans dicitur quia sapiens ignoranciam et vicia et a se et ab aliis exterminat. Huius filius dicitur Esculapius quia in rei veritate homo fuit doctissimus. Quod exulavit ita intelligatur: sapiencia a deo est que cum animo coniungitur, quodammodo exulare dicitur cum a summo deo ad homines qui sunt infimi descendit. Ideo pastor quia antiqui in pecoribus totam curam habebant. De Esculapio hec est veritas quod cum forte per campum transiret, vidit puerum insidentem basilisco quem forte ceciderat. Unde miratus est Esculapius. Huiusmodi enim serpens adeo venenose nature est quod solo visu hominem interficit. Dirigitur enim visus serpentis in hominem cum veneno et illud venenum in tantum hominem corrumpit quod homo moritur. Admirans ergo venit ad eum et quesivit ab eo si serpentem interfecisset. Puer respondit eciam. Vidit ergo puerum habentem floream coronam. Comparuit hoc contigisse per naturam alicuius illarum herbarum. Diripuit ergo coronam a puero. Qua sublata, statim puer cecidit mortuus. Ille quamque herbarum a corona extrahens, super puerum posuit. Tandem una apposita, puer revixit. Sic ergo per vim huius herbe mortuum suscitavit. Quare ex divina ira occisus est. Iupiter ergo dicitur quasi iuvans pater, id est deus.

399 TALES INSIDIE: Honesta enim causa descenderat Eneas, ut scilicet patrem videret. Allegorice isti causa vicii descenderunt ad terrena; Eneas vero ut soli contemplacioni vacaret. **406** AT RAMUM: De ramo illo satis superius dictum est: quod per illum sapiencia designatur sine qua ad inferos, id est ad cognicionem terrenorum, nullus virtuose potest descendere. **409** LONGO TEMPORE POST: Hoc dicit quantum ad fabulam

103 agendum A 105 Eusculapius A | quia] qui A | rei *om.* H 106 ditissimus A | quod exulavit] exulatur A 107 cum animo] omnino A | quodammodo] que modo A 108 qui ... infimi *om.* A 110 quod cum] dum A | videt A | inscidentem baculo A 111 occiderat A | unde] deinde A | miratus est] mirans H huius A 114 hominem] homines A 116 videt A 116-117 coronam ... ergo *om.* A 118 quamquam H 120 huius *om.* A 121 ex ... ira *om.* A 123 tales insidie H calles insidie A insidie tales *codd. Aen.* | descendit A 124 allegoria A | descendunt H 125 vacet A 126 intelligitur A 128 longo ... post H longo tempore A longo post tempore *codd. Aen.*

121 Iupiter ... quasi iuvans pater: *Iupiter, scilicet, Ditem iuvit; nam Aesculapio vivente et artem resuscitandi agente, mortui ad Orcum descendere cessarent.*

126 *Ad Aen.* 6.136-137 (*p.* 127).

quia predicti viri ramum abstulerant. Et est arca⟨i⟩smos mos principum; antiqui enim cum ablativo ponebant "post." **411** INDE ALIAS: Recipit Enean depellendo alias. Quod nichil aliud est nisi quod ceteri prout indiscreti ad cognicionem creatoris nequaquam possunt pervenire; sapiens enim ad hoc idem vix potest aspirare. **411-412** DETURBAT, id est depellit QUE PER IUGA exspectantes ut transirent. **412** LAXAT FOROS: Fori sunt sedes navium dicti sic a foras ideo, scilicet, quod per ipsos merces navis dilatari videntur. Vel fori a fero, fers. ALVEO, id est alvo et est sineresis aglutinacio. **413** INGENTEM: nam comparacione aliorum. **413-414** GEMUIT SUB PONDERE CIMBA SUBTILIS: Per hanc cimbam corpus humanum intelligimus quod ex quattuor elementis componitur, igne, aere, aque, et terra. Suere enim est diversa simul iungere. Unde subtilis res dicitur que componitur ex diversis, sed ista cimba "gemuit sub pondere," id est sub Enea, quia corpus humanum gemendo laborat in veritatis inquisicione nec labores contemplando pati potest caro humana. Tunc enim oportet illam a viciis compescere. **414** ET MULTUM ACCEPIT, id est quamvis homo sapiens sit, tamen corpus eius aliquibus peccatis licet venialibus subiacet et hoc est quod navis Enee "rimosa" est et paludem accipit. **415** TANDEM POST FLUVIUM ad fluvium respicit. Vel possumus dicere quod per fluvium intelligit primordialem materiam et merito quia more fluentis aque primordialis materia modo ad hanc modo ad illam fluctuat formam recipiendam, nullam tamen habens propriam. Sed trans illum fluvium exponitur homo quando ultra omne materiatum querit suum salvatorem vel creatorem. **416** INFORMI LIMO GLAUCAQUE ... IN ULVA: Hoc respicit ad qualitatem illius materie. Ut enim limus nullam proprie retinet formam et tamen aptus est ad infinitas recipiendas, sic et primordialis materia fluctuat et semper in limo nascentes formas intelligimus.

129 predicti ... principum] quosdam A 131 Enean *ego* Eneas AH 132 creacionis A 133 enim] vero A | hoc *om.* A 134 laxat foros H laxa cum for A laxatque foros *codd. Aen.* 135 sic *om.* A 136 naravis A 136-137 alvo et est] clluo et cetera A 137 sirenesis H | conglutinacio A | nam] non H 138 gemuit] ingemuit A | cumba *codd. Aen.* | subtilis (*vel* suptilis) H, *cod. Aen. dictus Romanus*, Tib. Donat. sutilis *plerique codd. Aen.* salutis A 140 coniungere A 141 gemuit *om.* A 142 gemendo *om.* A 143 perquisicione A | labores] dolores A | pati] pari A 144 illa A | accepit *om.* A 145 sit *om.* A 146 licet venialibus *om.* A 147 post AH trans *codd. Aen.* 148 intelligitur A 149 modo[1,2] *om.* A 150 formam] materiam H 151 quando] quia A | materiatum *vel* materiamentum H meritum A 152 salvatorem vel *om.* H 152-153 informi ... ulva *codd. Aen.* informi ubi et gau m H in for et et gu A 154 proprie retinet] propriam habet A 155 ita A

⟨De Regione Inter Stygem et Tartarum Elysiumque Sita⟩

417 Trifauci propter tres partes terre. Latratu: Hoc ponit propter irracionabilitatem terrenorum. **418** Immanis et multum furibundus. In antro, id est obscuritate enim deprehenduntur omnes terreni. **419** Cui vates: Hic loco pilorum Cerberus habet colubros, sed per inflacionem ipsius et colubros superbiam et nocivitatem terrenorum intelligimus. **420** Melle soporatam: Per offam melle conditam sapienciam eloquencie coniunctam intelligimus. Per mel enim in multis locis dulcedo eloquencie intelligitur. Quod ergo Sibilla offam istam ori Cerberi propinat et eum mitigat nichil aliud significat nisi quod sapiencia eloquencie coniuncta a sapiente, mitigatur humana superbia et inflacio. Frugibus: rethoricis coloribus. **421** Tria guttura propter tres potestates quas deus emollit, sapiencie iuncta eloquencia. **422** Resolvit in sopore quia dulcedo facundie sopit maliciam. **423** Antro: terrenorum obscuritate. **424** ⟨Sepulto⟩: Sepulti dicuntur mortui vel sine pulsu sed hic ponitur pro sopito. **425** Irremeabilis unde: Exclamat Evangelus quare dicit undam irremeabilem cum inde Eneas reversurus sit et alii reversi sunt. Respondeo quod si est reversus, non tamen per istam viam sed per eburneam portam ut audietis vel ideo dictum est quia vix aut numquam aliquis inde revertitur.

426 Continuo audite voces: Deinde enumerat. Vagitus est proprie vox pueri cum dolore. Nota quod Virgilius dicit in hoc loco quod apud inferos sunt novem circuli vel novem mansiones. In primo circulo sunt anime infantum qui in prima nativitate sunt mortui. In secundo sunt innocentes qui sub falso indicio dampnati sunt. In tercio sunt qui propria manu perierunt. In quarto circulo sunt amantes. In quinto sunt

3 trifauci] tibi fau H | ponit] dicit A | propter[2] *om.* H 4 immanis *codd. Aen.* inanis AH 5 enim *om.* H 6 pilorum] puerorum A 7 nocuitatem A | terrenorum *om.* A 8 melle soporatam] mel so phor A 9 iunctam A 10-11 proponit A 11 significat] est A | sapientiam H 12 coniunctam H 13 quas *om.* A 14 in] cum A 17 irremeabilis *codd. Aen.* inte mabilis H inre A | Evangelus] emulus A 18 reversurus] reversus A 20 audies A 21 aliquis *om.* A 22 continuo ... voces *codd. Aen.* conti an vo H et ti an vo A 23 pueri] puri A 24 X *in marg. dext.* A 25 infantium H 26 iudicio H 27,29 circulo *om.* H 27 sunt[2] *om.* H

13 tres potestates: *Vide* Bern. Silv., *Comm. super Aen.* 6.421 (*p.* 90).
17 Exclamat Evangelus: *Hunc locum non inveni.*

viri fortes qui pro patria pugnaverunt. In sexto anime nocentum eorum scilicet qui semper puniuntur. In septimo circulo sunt qui incipiunt purgari. In octavo sunt anime que ita purgate sunt quod ad incorporandum redire possunt. In nono circulo sunt purgati illi maxime. Hec distinctio potest fieri propter regionum distinctiones quarum prima regio est firmamentum; deinde planetarum; nona regio est terre. Dicit ergo animas puerorum in prima parte et in introitu regionum quia ipsi in introitu huius mundi moriuntur, scilicet post nativitatem que est ad inferos introitus vel quia consideratur animas puerorum esse in minori pena quam aliorum reorum. **427** INFANTUM, quia infra septimum annum dicuntur infantes quasi non fantes quia si ante hanc etatem loquntur, non tamen perfecte. **428** EXORTIS, id est sine sorte. AB UBERE RAPTOS, scilicet infantes qui vixerunt et quos mors subito et immature rapuit. **429** ATRA DIES: Perifrasis est circumlocucio mortis. ACERBO ... FUNERE tractum est a pomis que dum nova sunt, acerba sunt. Similiter et mors illorum qui ante tempus moriuntur acerba dicitur. **430** HOS IUXTA pueros ponit illos qui sine crimine occiduntur et merito quia sicut pueri innocui sunt, sic et isti. FALSO: quibus falsa crimina imponuntur et inde occisi. **431** NEC VERO: ⟨ne⟩ posset putare aliquis quod liceret illis descendere iuxta divinam disposicionem sine sorte. Ad hanc fabulam respicit quia dicebatur esse sors apud inferos in lapidibus. **432** QUESITOR MINOS, id est questor vel quesitor est ille qui ⟨preerat⟩ communibus publicis causis, sic dictus a quero quia illas inquirit. Legitur autem de Minoe quod est iudex inferorum disponens loca singulis pro meritis. Legitur enim tres Iovis fuisse filios et illos esse apud inferos, scilicet Rodomantum et Minoa et Eacum. Quod nichil aliud est nisi quod isti tres iudices fuerunt in terris. **431** SINE IUDICE: Plus aliis avarus et nequam erat. Et ideo iudicandi principatum in inferis habere dicitur.

30 anime *om.* H 30-31 incorporandum *ego* incorpandum H corporandum A 31 illi *om.* A 32 propter regionum] secundum A 33 nana A 34 purorum A | in[2] ... ipsi *om.* A 36 introitus] intractis A | considerantur anime A 37 quia *om.* H 38-40 infantes ... scilicet *om.* A 40 quos *om.* A | immature] in matre A 41 peryfresis A | acerbo ... funere] funere ... acerbo *codd. Aen.* 42 similiter] ita A 44 illos *om.* A 45 innocui *om.* A 46 verum A 46-47 posset ... hanc *om.* A 49 qui *om.* H 50 publicis] paucis A | inquiritur A | autem] enim A 51 inferorum] aput inferos A 53 Rodomantum *ego* Rodamanta H Rodomunta A | Minea A | Oacum A 54 sine iudice *codd. Aen.* sed nude H iude A 55 ideo] vero A

432 URNAM ad hoc respicit quod antiqui iudicabant ponendo lapillos albos et nigros in urnam et movendo proiciebant. Si plus de albis quam de nigris exiret, innocens erat. **434** PROXIMA: In tercia regione ponit illos qui sibi propria manu mortem iniecerunt. Et merito post pueros; sunt enim pueri indiscreti qui se occidunt. Hii sunt secundum quosdam in regione Mercurii. **435** INSONTES propter illud sibi impositum. PEROSI: Odio habuerunt. **436** PROIECERE: quasi vilem rem respuerunt. QUAM VELLENT: Tractum est illud ab Homero. Legitur enim in eo quod Achilles apparens cuidam dixit se malle apud nos servire quam apud inferos regnare. **438** FATA OBSTANT: Fatum est temporalis disposicio provisorum, sed tribus modis res a deo disponuntur. Primo enim vocantur de non esse ad esse; ducte ad esse, quadam varietate et temporali mutacione variantur; tandem de esse ad non esse veniunt. Unde dixerunt "mittunt" phylosophi et dixerunt "obstant" quia homo ex quo semel mortuus est ad vitam redire non potest. TRISTISQUE PALUS fabulosum est et ad predictos philosophos pertinet vel hoc quod sequitur sit huius exposicio. **439** ET NOVIES: Per Stigem interfusam novies volunt novem circulos intelligere, scilicet planetarum et terre immobilis et firmamenti, in quibus animas ascendendo purgari priusquam ad comparem stellam redire et descendendo contagione corporum contaminari.

56 urnam *codd. Aen.* ar AH | iudicabant ponendo] potentate A 57 urna A 57-58 quam ... nigris *om.* H 58 exirent H | proximo A 61 insontes] in for A 62 perosi *codd. Aen.* iocen H oc A | proiecere *codd. Aen.* proprie AH | rapuerunt A 63 quam vellent] O quam vellet A | ab *om.* A | eo] illo A 65 fata obstant *quidam codd. Aen. noni saeculi*, Serv. fas obstat *codd. Aen. vetustiores* fa ob AH 66 a deo] adeo A | primo] pocius H 67 de ... esse[1]] de esse ad non esse H 68-69 unde ... dixerunt] merito dixit pluralem cum dixit H 69 mittunt A[1] veniunt A | semel *om.* A 71 philosophos *om.* A 72 Stigiam A | interfisam A | voluit H 74-75 priusquam ... redire *post* 75 contaminari AH 75 et *ego* ut AH

63 *Od.* 11.489-491.
65-66 fatum ... provisorum: *Cf.* Willelmus Conchensis, *In Timaeum* 41E *et* Bern. Silv., *Comm. super Aen.* 6.45 (*p.* 42).
69 mittunt: *Fort.* fata mittunt ad Orcum.
72 volunt: *scilicet* philosophi.
72-81 *Cf. supra ad Aen.* 6.426 (*pp.* 163-164).
74-75 *Nota infinitivos pro verba finita poni.*

440 NEC PROCUL HINC: In quarta regione ordinat illos qui pro amore periere. Per primam itaque ubi sunt visi pueri intelligimus terram; per secundam ubi sunt illi qui falso crimine perierunt Lunam; per illos qui sunt in tercio loco Mercurium; per quartos qui in amore mortui sunt Veneris regionem que tercium locum secundum Caldeos inter planetas obtinet. **441** LUGENTES dicuntur quasi lucis egentes. **443** SECRETI CELANT CALLES proprietatem exprimit. Dum aliqui se diligunt, callide et secrete incedunt ad suum desiderium. Unde eciam post mortem petunt secreta loca ut ita curis possint vacare. MIRTEA: Bene qualitatem silve exprimit quia mirtus est arbor calide nature, sed calor libidinem solet incitare. Unde merito vertix mirtus Veneri dedicata dicitur et ideo istis silva huiusmodi asscribitur. Illos enumerat qui per amorem mortui sunt. **445** PHEDRA: Ista fuit filia Minois et Pasiphes que privignum suum Ypolitum patri suo accusavit quia cum ea commisceri noluit. Theseus patri suo Egeo deo marino inde conquestus est. Unde postea cum Ypolitus currum agitaret super litus, Egeus phocas, scilicet vitulos marinos, excitavit. Quibus visis, equi perterriti discurrerunt. Phedra vero in tantum postea doluit quod dolendo et flendo defecit. PROCRIN: Procris erat uxor Cephali qui venator erat et fessus venacione aura se recreabat dicens "aura, veni." Quidam vero putavit esse mulierem et Procri manifestavit. Ipsa vero non credens nisi vidisset, venit et in frutecto latens auscultavit. Quam Cephalus credens esse feram cum telo incurabili quam Dyana sibi cum cane Lelepa dederat occidit. ERIPHYLEN: Eriphyle uxor fuit Amphiarai et ibi erat quia victa precio maritum incusavit et sic causa fuit quare iret ad bellum ubi mortuus est. Unde filius suus Alcmeon eam occidit. Deinde Phlegias frater Eriphiles Alcmeonem interfecit. Postea filii Alcmeonis et Callirrhoes filie Acheloi Phlegiam interfece-

76-77 nec ... periere *om.* A   81 quasi] quia A   81-82 secreti ... calles] scilicet est et g A   84 ita] in H | mircea H   85 mirtus *om.* H   86 vertix *om.* A   88 Phedram *codd. Aen.*   89 accusavit] cetravit A   90 congressus H   93 Procrin] Procris A   94 Zephali A | venecione A | aura *om.* A   95 Procri] per cui A | manifestavit] narravit A   96 latens] iacens A   97 Zephalus A | incurabili] mirabili A | quam[2] Dyana *om.* A   98 Eriphylen *codd. Aen.* Euriphilem H *om.* A | Eriphyle *ego* Eurifiles H Euryphi A | erat A   99 Amphiaraii H | maritum precio A   100 est] fuisset A | unde] deinde A | Alcmeon *ego* Almeon H Almeos A   101 Phlegias] Pleias A | Euriphiles A | Alcmeonem *ego* Almeonem AH   102 Alcmeonis *ego* Almeonis AH | Callirrhoes *ego* Calliroes H callidiores A | Atheloi A | Pleiam A

runt. Sed nota quod in isto circulo sunt quicumque pro aliquo amore perierunt sive auri sive argenti sive amore venereo. **447** EVADNEN: Evadne uxor Capanei que videns rogum mariti sui insiluit. PASIPHE que taurum adamavit cuius amore defecit. HIIS LAODAMIA: Ista fuit uxor Prothesilai qui in primo assultu Troyane terre mortuus est. Quo audito, ista in amplexu cuiusdam ymaginis ceree quam habebat in specie mariti exspiravit. **448** CENEUS: In principio nativitatis mulier fuit cum qua Neptunus concubuit. Quare concessit ei quod peteret munus quod vellet. Petiit ergo quod vir fieret et fieret inpenetrabilis. Quod sic factum est. Sed postea cum in nuptiis Pirithoi qui ⟨Hippodamiam in matrimonium⟩ duxit interesset, ibi diu pugnavit cum centauris et sine vulnere. Oppresserunt eum tandem cum molibus et eum captum terre infoderunt et reductus est in pristinam naturam et mortuus est. **450** INTER QUAS, scilicet amore peremptas. **451** ERRABAT: Merito isti attribuit errare; inde enim quod amore mortua est in quarta regione erat; inde quod se ipsam interfecit in tercia. Unde bene dicit, "errabat." **452** PER UMBRAM: Eneas per umbram vidit Dydonem, id est per quandam ymaginacionem. Ea enim que diligimus quasi presencia eciam absencia ymaginamur et sic alludit amantum proprietati. **455** DIMISIT LACRIMAS, quia dum sapiens veterum libidinum reminiscitur dolet et lacrimas emittit. **456** INFELIX DYDO: Hic est excusatoria oracio ad Dydonem in qua intendit se purgari de morte eius. ERGO: Quandoquidem mortua es et te interfecisti, ergo "verus nuncius" venit mihi (NUNCIUS: Nuncius est qui nunciat, masculini generis; nuncium quod nunciatur, neutri generis) quia hic te video. Nam audierat mortem eius vel quia ignem viderat

103 sed] et H | isto] primo H | sunt *bis* H | pro *om.* H | aliquo *om.* A 104 Evadnen *codd.* Aen. Evangne H *om.* A 105 Evadne *ego* Evangne H Evagne A | vides A | sui *om.* H | Pasiphe A Pa H Pasiphaen *codd. Aen.* 106 Laodamia *codd. Aen.* Laodomia H Lac do A | ista fuit *ego* ita fuit A Laodomia H 107 Protheselai A | in *om.* A | mortuus est] periit A 108 ista] ita H | cuiusdam *om.* A 109 mulier] femina A 110 X *in marg. dext.* A 111 ergo *om.* A | fieret^{2} *om.* A 112 sed *om.* H 112-113 Pirithoi ... duxit] Thesei et Pirithoi H 115 est^{1} ... mortuus *om.* A | quas] illas A 116 interemptas A | errabat] citabat A | errare] citare A 117 quarta] qua H 118 in tercia *om.* H 119 viderit H | ymaginem A 120 quasi] quando A 121 amatum A 122 veteris libidinis A 123 oracio] contio H 124 es] est H | et *om.* H 125 nuncius^{2} *om.* A | est] dicit A 127 vidit A

vel quia Mercurius superius dixerat, "certa mori Dydo." **459** ET SI QUA FIDES: Hoc dicit propter Orpheum qui redditam sibi uxorem apud inferos iterum perdidit. **461** QUE NUNC HAS: Argumentum a simili: recessi a te non sponte sicut nunc ad inferos descendi quia et hoc et illud voluntate deorum feci. **461-462** SED ... LOCA SENTA SITU: Situs est proprie illa lanugo que in locis neglectis crescit, sed ponitur pro negligencia. **465** QUIN POCIUS SISTE GRADUM: Illa enim fugiebat. ASPECTU pro aspectui et est anti⟨p⟩tosis, casus pro casu. **466** EXTREMUM, quia Eneas deificandus erat nec postea venit ad inferos. **467** TALIBUS ENEAS: Hic nihil allegorice. ⟨ARDENTEM⟩: Ardet ex ira. TORVA: Torve adversum. Notat consuetudinem innuitancium qui te non recto lumine intuentur. **471** SILEX species est lapidis qui silet a motu. MARPESIA: Marpesus est mons in Paro insula, unde provenit marmor. **473** UMBRIFERUM: Talia enim loca querunt amantes. CONIUNX: Propter hoc muliebrem amorem exprimit; mulier, hoc amisso, ad alium recurrit amatorem. PRISTINUS pro "prior" in hoc loco, sed secundum Servium raro invenitur. **474** RESPONDET CURIS: Equaliter enim illa amabat illum. **475** CASU ... INIQUO, quia se ipsam interfecerat.

477 INDE DATUM: Hic ingreditur Eneas quintam regionem per quam intelligimus circulum solarem. Hic invenit viros qui pugnantes pro patria mortui sunt et bene dicit Eneam moliri iter, id est perficere, quia sapiens, cognitis quibusdam terrenis, ulterius debet procedere investigando creatoris cognicionem. DATUM non casu, sed fato, vel Sibilla ducente. IAM ARVAQUE TENEBANT: Hic exclamat Evangelus quare dicat

128 Mercurius *om.* A | certa] cuncta A 130 iterum *om.* A | que ... has *codd. Aen.* que nunc chas H que non ca A 131 nunc] nec H | descendet H 132 sed ... situ *codd. Aen.* seu spinosa situ H spinosa sitis A | situs *om.* A 134 quin ... gradum H siste gradum *codd. Aen.* quando pocius A *Cf. Aen.* 4.99 | fugebat A 135 aspectu A | anthytesis H | casu] casui A 136 edificandus A 137 torva *om.* A | adversum *ego* adversam A adversa H 138 innncantium H | te *ego* se AH 139 Marpesia] Marphe A | Marpesus] Marpesia A 140 Pharo A | provenit] Parium H | umbriferum] umbra A 141 coniunx] giux A | propter] prope A | mulierem A 143 prior *om.* A 144 casu ... iniquo *codd. Aen.* H cassi non quo A 146 datum] dum A 147 viros] illos A 148 bene dicit *bis* A | Eneam *om.* A | iter] tunc A 150 datur A 151 iam ... tenebant H iamque arte A iamque arva tenebat *codd. Aen.* | Evangelus] emulus A

128 *Aen.* 4.564.
143 Serv. *ad loc.*
151 exclamat Evangelus: *Hunc locum non inveni.*

hec arva (**478**) “ultima” cum ulterius transeundo invenerit alia Eneas. Ad quod ita quidam respondent quod vita humana ad modum Y triphariam dividitur. Quorundam enim vita partim est in virtutibus, partim in viciis ut puerorum; quorundam tantum in viciis; quorundam solis virtutibus deservit. Qui virtutibus et viciis deserviunt per unitatem litere designantur que continua est et coniuncta; qui solis viciis per sinistrum brachium; qui solis virtutibus per dextrum. Cum dicit Virgilius hec “ultima” arva, ad hoc respicit quod hucusque preteriit regiones illorum qui virtutibus et viciis commiscentur ubi sunt illi qui in amore mortui sunt (quidam enim amor est bonus, quidam malus) et ubi sunt rectores civium qui in hoc virtuose agunt quod patriam defendunt, sed in hoc viciose quod aliena invadunt. Sed iste locus ultimus erat illorum in quo tales habitant. Sic ergo “ultima” dicit in respectu ⟨horum⟩; vel aliter sic construendo, et iam tenebant arva que ultima habuere clari bello quia huc veniunt ad ultimum et non ultra procedunt huiusmodi homines. ⟨SECRETA⟩: Illa, inquam, secreta quia a nobis sunt incognita. **479** HIC ... TYDEUS: filius Oenei et Altee. Hic nihil allegorice,sed illos enumerat qui pro patria mortui sunt. **480** PARTHENOPEUS, filius Athalante et Meleagri, secundum quosdam alios Martis. ⟨ADRASTI⟩ PALLENTIS, id est mortui et est epitheton vel “pallentis” respicit ad fugam illius solitariam a Thebano prelio quia pallor comitatur fugam. **481** MULTUM FLETI AD SUPEROS, id est inter vivos qui dicuntur superi respectu antipodum, qui dicuntur infernales. Caduci proprie dicuntur mortui; unde corpora eorum cadavera vocantur. **484** TRIS ANTENORIDAS, id est filios Antenoris. POLYBOETEN SACRUM, id est sacratum Cereri; sacerdos enim erat. **485** IDEUM: Iste fuit auriga Priami. Quod ita videt istos non est allegoricum. Iste quartum horribile iter et periculosum aggressus est. **491** PARS

153 quidam respondent] respondeo A | *ante* quod[2] *add.* dicunt A 155 in[2] *om.* A | quorundam[2]] quorum H 156 unitatem litere] unam literam H 157 X *in marg. dext.* A 160 commiscuntur A | in *om.* A 163 iste] ille A 164 in respectu] sicut A 165 habuerunt A | *ante* bello *add.* in A 166 hic H 169 Parthenopeus *om.* A 169-170 Athalente et Meleagus A 170 quosdam *om.* A | pallentis] palmitis A 171 epytecon H | pallentis] rallu A 172 Tebano H | pallor] Pallas A | concomitatur A | multum] avis H anus A 173 superi] sancti A 174 *post* mortui *add.* superi A 175 dicuntur A | tris Antenoridas *codd. Aen.* trisa H tris fa A | filias A 176 sacrum Polyboeten *codd. Aen.* 177 non est] nec H 178-179 pars vertere terga *codd. Aen.* pars mentem vertebat H pars in trum verte A

178 quartum: *lapsus pro* quintum? *Cf. supra ad Aen.* 6.477 (*p.* 168).

VERTERE TERGA fabulosum est et ad laudem Enee respicit. **492** CEU QUONDAM, quia cum Danai deficerent, ad naves confugiebant. **493** INCEPTUS CLAMOR FRUSTRATUR, quia volebant loqui sed non poterant. Dicunt enim physici quod umbre loqui possunt, sed timore illius non poterant.

494 ATQUE HIC PRIAMIDEN: De Deiphebo talis est fabula quod occiso Paride, ipse duxit Helenam. In ultima nocte clam recepto equo intra menia, Helena, dato signo, Menelaum introduxit, qui Deiphebum sompno occupatum membratim discerpsit. Quod ita videt Deiphebum laniatum talis est allegoria: Deiphebus dicitur quasi demosphebos quod publicus timor interpretatur. Hic occiditur a Menelao in sompno. Menelaus dicitur quasi virtus populi. Virtus omnem timorem quasi sopitum facit et sedatum interimit. Quod Eneas videt eum amputatis manibus, erutis oculis, truncatis auribus, non est aliud nisi quod sapiens considerat quod timidus non sentit que videt, audita non attendit, non discernit que querit. Cetera legantur simpliciter ad historiam. **495** LACERUM ... ORA, quia timidus eciam verba proferre non potest. **505** INANEM: cenotaphium. **507** ⟨NOMEN⟩: Hic vocat nomen inscriptum. ARMA: depicta. **509** RELICTUM: quasi dicat, "omnia perfecisti que sequuntur," (**510**) OMNIA et cetera. **511** LACENE, id est Helene, a Laconia regione. **515** CUM: de equo recepto. Putabat enim utile futurum civitati omen. **514** ET NIMIUM, quia malorum nobis illatorum diutius memores sumus quam bonorum. Unde quidam dixit: "memoria beneficii quasi fugax; iniurie vero memoria quasi lappa est tenax." **515** FATALIS CIVITATI SALTU pre nimio gaudio trahencium peditum tollere. **517** EVANTIS a Bacho quia sacrificantes sibi tali voce utebantur. EVANTIS ORGIA: ab orge quod est colere quia maior cultus vineis quam ceteris rebus impenditur. **522** SI-

179 quoddam A 180 confuigerunt A 181 clamor] ela H | loqui *om.* A 182 timore] amore H 183 Priamus A 183-184 de ... Helenam *om.* A 184 Paride *ego* Parioe H | nocte] vecte H 185 intra] inter A | menia] metoia H | Heleno H 186 descripsit A | ita *om.* A 187 allegorici A | demosphebos] deinos pheos A 189 quasi[1]] quia A 191 erutis] cruditum A | auribus *om.* A 192,194 timide A 192 que] non A 193 simplex A 195 hic *om.* H | vocat ... inscriptum] notat scriptum A 196 quasi dicat] quia dicit A | omnia *om.* A | perfecisset H 197 cum] fun H 198 civitati *om.* A | omen *om.* H 199 X *in marg. dext.* A 200 quidam dixit *om.* A | fugax] sagax H | iniurie] mali A 201 lappa] lania A | fatalis ... saltu H fatalis faltu A fatalis equus saltu *codd. Aen.* 202 tollere] collere H 203 quod est *om.* H 204 colore A 204-205 similis A

200 *Cf.* Sen., *De Ben.* 1.1.8.

MILLIMA MORTI, quia quies est ymago mortis. **524** REMOVET: Sic a se removet ignaviam (**527**) MALORUM, id est suorum adulteriorum. **529** EOLIDES: Ulixes quia Laertes filius fuit Sisiphi, Sisiphus Eoli. Sed in rei veritate hoc dicit derisorie quia Sisiphus Eoli filius cum Anticlia matre Ulixis, antequam iungeretur Laerti connubio, concubuit et eius filius Ulixes dictus est. Quod sibi reprobat Aiax in illa oracione de armis Achyllis. **530** PIO quasi iusto. **532** PELAGINE VENIS: Hoc ideo dicit quia secundum quosdam ad inferos depulsus est; secundum alios Avernus est quidam introitus inferorum. Unde eciam legitur quod Tyberianus, consul Romanus, usque ad antipodes navigio venit et per eundem antipodes Romanis epistulam miserunt in qua erat scriptum: "Superi suis inferioribus salutem." Sumus enim inferi respectu eorum.

536 IAM MEDIUM ETHERIO: Erat media nox. **539** NOX RUIT: Hoc respicit ad nigromanticum descensum quia non potest haberi colloquium cum malignis spiritibus nisi per diem integram uno eodemque sacrificio. Si plus velit habere, oportet sacrificium innovare et ideo sic illum properat Sibilla. Allegorice per noctem vitam nostram intelligimus, scilicet vitam nostram que continuo deficit. Unde non solum fletui, sed post fletum divine contemplacioni vacare debemus. **540** UBI SE VIA FINDIT: Hic respicit ad hoc quod postquam venitur ad annos discrecionis, monstratur via gemina, scilicet virtutis et vicii. Tunc enim homo quasi in bivio est viator. Cum enim vita hominum ab infancia sit simplex et in nulla vicia soluta ducatur, perfecta etate adveniente, dividitur et tunc quidam iter virtutis, quidam contrarium arripiunt et hic via ita dividit

205 removet] amovet *vel* emovet *codd. Aen.* 207 Laertes] Legos A 208 Anticlia *ego* Autolia AH 209 mergeretur A | *post* concubuit *add.* et enim filius Ulixes A 211 pelagine venis *codd. Aen.* pe ne me AH | hoc] hic A | ideo *om.* A | dicunt H 212 depulsus est *ego* depellit H depulit A | Avernus] annis A 214 Romanorum A | pervenit A 215 Rome A 216 inferi respectu] infimi regula A 217 iam ... etherio *codd. Aen.* me au iam H me au A | *post* erat *add.* autem A | ruit] huic A | hic H 218 habere A 220 plus] post H | habere *om.* A | sacrificium *om.* A 221 allegoria A | nostram] humanam A 221-222 scilicet ... continuo] sed vita nostra cotidie H 223 ubi ... findit *codd. Aen.* ut se vei H ut se ve him A 226 binio H | triplex A 227 ducitur H 228 arripiunt] diripitit A | hec H | via *om.* A

206 ignaviam: *pro* ignominiam?
210-211 *Oracio de armis Achillis*: Ovid., *Met.* 13.31-33.
211 pelagine venis: *Toto cum loco commentum Servii comparandum est.*

se. **542** ELISII secundum quosdam dicuntur ab eleizon quod est miserere. Unde Elisii, id est dissoluti. Sunt enim quedam anime ita dissolute a corpore quod non habent affectum revertendi ad corpora ut ille que ibi sunt; quedam vero habent. **544** NE SEVI, id est ne sevias: imperativum pro optativo. **545** EXPLEBO NUMERUM et erit "ex" privativum, id est minuit, ut invenitur in multis locis. "Explebo numerum" me subtrahendo ab illo. REDDARQUE TENEBRIS, id est locis infernalibus quia Eneas et Sibilla nondum erant in tenebris; vel aliter EXPLEBO NUMERUM, id est adimplebo addendo me illis a quibus me subtraxi; vel ideo dictum est quia oportuit eum exire centum annos secundum fabulam antequam ad requiem veniret et naturalem numerum impleret annorum. Alii dicunt hoc esse dictum secundum opinionem gentilium reputancium animas defunctorum reversuras ad corpora post numerum quidem diffinitum et hii sic legunt: EXPLEBO NUMERUM qui diffinitus est et revertar ad vitam. Unde non debetis societatem meam multum abhorrere quia ero adhuc inter vos vivus et tunc vita mea pro tenebris accipitur. Macrobius dicit ad corpus humanum hoc referri. Habet enim numerum, id est elementorum proporcionem, quam servat homo iuxta diffinitum tempus a deo, sed illo dissoluto, redditur tenebris, id est inferis. Dissoluta enim elementorum proporcione et concordia in humano corpore, statim moritur homo.

⟨De Tartaro⟩

548 RESPICIT ENEAS: Hucusque vidit Eneas mixta, id est illos qui partim boni, partim mali sunt quia defensores civium et alienorum raptores. Nunc autem accedit ad locum a solis malis habitatum et hii quos enu-

229 Elisii AH Elysium *codd. Aen.* | dicunt A | elison A 230 unde] in *vel* inde H 231 officium redeundi A 232 ne sevi] nespere A 233 id est] inde A 234 minuit] minnam H | invenitur *om.* H | multis] pluribus A | explebo *om.* H 235 reddarque tenebris] red que de A 236 nondum erant] non deorat A 238 eum] ipsum A 239 naturalem *om.* A | implere A 244 mea] nostra H | accipitur *om.* A 246 homo *om.* A 247 *ante* inferis *add.* in H

2 mista A 3 civium *om.* H

233-248 *Cf.* Serv. *ad Aen.* 6.545.
244 Macrob., *In Somn. Scip.* 1.13.11-12.
4-5 enumerabat: *Aen.* 6.580-627 *infra.*

merabat superbi sunt et qui contra deos insurrexerunt. Unde merito in circulo Martis esse dicuntur ut bellicosi. SUB RUPE SINISTRA: Hic Eneas fingitur eos invenire quorum introitum servat Thesiphone. Intus autem dicuntur esse qui superbam egerunt vitam et Rodomantus dicitur eis presidere et hoc videt in sinistra parte et merito quia huiusmodi viciosi ad sinistram, id est ad viam viciorum declinant. Sed hec menia lata sunt; maxime enim diffunditur superbia. **549** TRIPLICI CIRCUMDATA MURO: Hoc ideo dicitur quia superbia triplex est. Aut enim est in subditos aut in maiores aut in equales et merito superbi in menibus esse finguntur propter inflacionem et elacionem superborum. Superbi enim se altiores videntur esse, se extra se querentes. **550-551** QUE RAPIDUS ... FLEGETON: Flegeton ardens interpretatur. Hic circumdat predicta menia. Ardor enim semper superbos comitatur. **551** SAXA: Bene dixit saxa hic esse; superbi enim ad modum lapidum inflexibiles sunt. SONANCIA: Per hoc eorum iactanciam et garrulitatem ostendit. **552** PORTA, id est introitus, est ingens quia fere omnes respicit superbia vel quia ex facili homo ad superbiam descendit, sed est ADVERSA quia superbia adversa est et nociva. SOLIDOQUE ADAMANTE: Adamas lapis est durissimus et insecabilis nisi hyrci vel menstruate mulieris sanguine molliatur. Unde hic evidenter proprietatem superbie exprimit quia superbie elevacionem nec divinus timor diminuit nec humana virtus humiliat. **553** UT VIS NULLA VIRUM: "Vir" est equivocum ad tria: quoniam enim est nomen sexus ut hic vir femina fiet et femina vir; quoniam est nomen proprietatis vel virtutis, unde Tullius, hoc respicit virum; quoniam etatis, unde Paulus, "cum essem parvulus, et cetera." Hic vero ponitur ad nominandum virtuosum quasi dicat: probitas non habet locum; si enim superbiant, nec viri sunt. NON IPSI et cetera: ad hoc respicit quod hoc

6 dicit A 7 illos A 9 videt *om.* A | parte *om.* A 10 id est] et A | menia] via A 11 sunt] est A 11-12 triplici ... muro] triplici enim et mo A 15 altiores] animaciores A | se[2]] videlicet A | se[3] *om.* A 15-16 que ... Flegeton[1] H *codd. Aen.* que ra pi fle A 16 interpretatus A 17 committatur A | dicit A 18 enim *om.* A | lapidum *om.* H 19 iactancium A | ostendunt A 22 solidoque adamante] solido est ada A | adamas] didimas A 24-25 elacionem A 25 diminuit *om.* A 25-26 ut ... virum *ego* ut virum A ut vix nulla virum H vis ut nulla virum *codd. Aen.* 26 vir AH vis A[1] | enim *om.* H 27 *post* quoniam *add.* enim A 28 hoc *ego* hec A hic H 29 et cetera *om.* H 30 notandum A 31 sunt *om.* A | non] nec A

28 Tullius: *Tusc.* 2.18.43; *De Inv.* 2.53.89; *et alibi.*
29 I *ad Cor.* 13.11.

vicium eciam angeli vitare non potuerunt nec homo celestium vitam ducens. Ex ipso bono quod ipsi operantur multociens superbia nascitur. **554** STAT FERREA TURRIS: Per turrem inflacionem, per materiam inflexibilitatem superbie innuit. **555** THESIPHONEQUE SEDENS: Tesiphone habet servare introitum et merito. Sunt enim tres furie: Allecto, que dicitur impausabilis, scilicet prava cogitacio que impausabilem reddit hominem; secunda Thesiphone, vox supposita, id est mala locucio; tercia Megera, id est longa contencio, quod est mala operacio. Tesiphone autem servat introitum; vox enim mala et garrulitas presumptuosa superbos habet comitari et hoc (**556**) PER NOCTES ET DIES, id est in prosperitate et in adversitate. **555** PALLA SUCCINCTA CRUENTA quia malus sermo causa est multociens quare fiat sanguinis effusio. **556** INSOMPNIS: sine sompno. Ad hoc respicit quod superbi sunt impausabiles. **557** HINC EXAUDIRI ceperunt. Sed bene dicit exaudiri, id est a longe audiri hoc ab Enea. Sapiens non in se, sed in aliis considerat has penas. **559** HAUSIT: Audit facies, id est species. **560** O VIRGO: Bene quod ignorat Eneas Sibillam postulat docere. Consulere enim oportet sapientem racione quod ignorat. **563** NULLI FAS CASTO: virtuoso. Per hoc notat quod castus et sapiens superbis minime debet adiungi. Debet enim eorum audire maliciam et corrigere si possit. **564** HECATE interpretatur centum et sic dicitur luna propter infinitas varietates. Sed hic docuit ista Sibillam quia in sublunari regione ista a sapiente cognoscuntur. PREFECIT AVERNIS: Ut enim supradictum est, ista preerat loco per quem itur ad inferos. **565** IPSA DEUM NON LOCI PENAS, scilicet Gigantum qui inter deos reputati sunt vel ita dixerunt quidam quod si dii peierarent Stigem, centum annis ibi essent

33 opantur A | nascitur *om.* A 34 stat ... turris] sta tur A | inflacionem] inflexionem H 34-35 materiam inflexibilitatem] inflexibilitatem materiam A 35 innuit] tenuit H | Thesiphonumque H 37 impausabilem] impausaberilem H 38 Megara H 39 quod ... operacio *om.* A | Tesiphone autem] Tesiphoneque A 40 enim *om.* A 41 per ... dies AH noctesque diesque *codd. Aen.* | in² *om.* A 42 palla ... cruenta *codd. Aen.* suc cui pal H succe pal A 46 X *in marg. dext.* A 47 Sibilla H 48 *ante* consulere *add.* et A | racionem A 49 virtuose A | nota A 50 enim *om.* A | maliciam] mala A 52 hoc A | sublimari A 53 perfecit A 54 pereat A 54-55 ipsa ... penas H ipsa deum loci penas A ipsa deum penas *codd. Aen.* 56 peierarent] *om.* A *spatium relictum* A

36 tres furie: *Cf.* Fulg., *Mit.* 1.7 (*pp.* 20-21).
53-54 *Aen.* 6.118. *Commentator autem non hunc superiorem locum explicat.*

et illas penas ibi subirent. **566** RODOMANTUS inter istos iudex esse dici tur hac racione: Rodomantus verbum domans vel iudicans interpretatur. Superbi enim verborum iudices sunt, sua probantes, aliorum vituperantes. Sed non vacat quod dicit ⟨quod⟩ idem ⟨est⟩ senciens; nam gnoso est sencio. Quod enim sentit superbus hoc debere fieri existimat. **567** CASTIGAT ET AUDIT: ysteron proteron. **568** FURTO ... INANI, quia etsi celatur in hoc seculo, tamen apud inferos detegetur. **569** DISTULIT miseriam, scilicet quod non purgavit ante mortem. **570** CONTINUO, quod iussit fateri. ACCINCTA, id est parata. **572** VOCAT AGMINA: Bene Tesiphone vocat ad puniendum superbos quia tam pro mala sermone quam pro cogitacione et opere puniuntur superbi. **573** TUNC DEMUM: Quidam volunt quod hunc versum dicat auctor in persona sua, sed nimis est absurdum secundum Servium nec oportet. Sed TUNC DEMUM, id est vocatis sororibus. SACRE, id est execrabiles. **574** CUSTODIA: Aliquando est nomen actionis, aliquando nomen persone illam agentis ut hic, scilicet Tesiphone custos. **576** QUINQUAGINTA: Notat quod in corde superborum deterior est inflacio quam in die ventosa iactacio. IDRA: Superius in introitu dixit ydram esse et hic eandem dicit esse. Quod non est contrarium quia multociens res similis de simili sibi proponitur et hoc notat furiam ei similem ut sepe dicimus de alio monstro quod est chymera. Propter similitudinem per Ydriam — cuius uno capite succiso succrescebant infinita — intelligimus cupiditatem humanam que sicut capita illius serpentis succrescit. Cum enim quod cupiverit homo adimplevit, infinite nascuntur cupiditates. QUINQUAGINTA ... HYDRA: Hoc dicit secundum Simonidem qui noluit Ydram centum capita habere.

58 domans *om.* A 60 vacat] videt A | gnoso *ego* gnoson H cognicio A *Cf.* Fulg., *Cont. p.* 101.11 62 furto ... inani *codd. Aen.* furto inane H fuit inami A 63 detegitur H 64 quod[2]] que H 66-67 tam ... opere *ego* tam pro mala cogitatione tam pro sermone et opere H tam pro mala cogitacione quam pro sermonis A 72 in corde quod A 73 in die] invidie A 74 eandem] tandem A 75 de simili *om.* A | ponitur A 76 hic A 77 propter] per A | per] pro A | Ydriam *om.* A 79 cupivit A 81 Simonidem *ego* Hemonidem H Cinoudem A | voluit H

60 gnoso: *derivatum ex* Gnosius (*Aen.* 6.566).

69 *Haec non est sententia Servii, ad loc.*

74 *Aen.* 6.287.

81 Simonidem: *Ex auctoritate Sch. Hes. Theog.* 313 (206 *in* Edmonds, *Lyra Graeca*). *Cf.* Serv. *ad Aen.* 6.575.

578 BIS PATET ... PRECEPS: hic nihil allegorice nisi quod superbi sola sua reputacione extollentur, sed aliorum deputacione deprimuntur et quanto plus querunt exaltari, tanto magis humiliabuntur quia superbie nulla maior pena quam detractio. **580** HIC, id est in hoc loco. GENUS ANTIQUOM TERRE: Ideo autem Gigantes nati de terra finguntur quia nihil nisi terrena huiusmodi homines curabant et prius per superbiam extollebantur et ideo recte modo in yma abisso perpetua tortura volvuntur. TYTANIA PUBES, quia filii fuerunt Tytani qui contra deos pugnaverunt et in inferos deiecti sunt fulmine, preter Solem et Lunam, qui in celo sunt recepti quia fratribus suis non consenserunt. **582** HIC ET ALOIDAS: Aloeus Gygas duos filios habuit Otum et Ephialtem, singulis mensibus septem palmis crescentes. Hos misit pater in Gigantomaciam in auxilio Gigantum cum ipse ire non posset pre senectute. Qui a Iove in inferis detrusi sunt. **585** SALMONEA: Iste rex fuit Elidis civitatis qui, facto ereo ponte, super eum equis et curribus currendo simulabat se facere tonitrua. Comburebat eciam segetes, predicando se proicere fulgura. Tandem revera fulmine periit. Per hos omnes superbie proprietatem expressit. **586** OLIMPI: Olimpus olon lampas dicitur, id est totus ardens. **590** ⟨NON⟩ IMITABILE: Non enim ab aliquo potest ymitari. **593** NON ILLE FACES, id est Iupiter cum talibus facibus ⟨non⟩ fulminavit quibus ipse tonitrua simulaverat. NEC FUMEA ut ille Salmoneus quia de subtiliori materia sunt fulmina.

595 NEC NON ET TITYON: Adhuc enumerat alios qui causa superbie mortui sunt et sunt in turri quam prediximus. Constructio: Non tantum

83 extolluntur A | deputacione] reputatione H 84 exaltare A | superbo A 85 deiectio H 85-86 genus ... terre *codd. Aen.* gens H eris A 87 huius H 88 extollebant H | recto A | yma] uno H | tortura] rota A 89-90 repugnaverunt A 90 in *om.* H | infernum H | preter] propter A 91 suis *om.* H 91-92 hic ... Aloidas *codd. Aen.* hic ye alcidas H hic yoaelidas A 92 Aloeus *ego* Alous H Alaus A | Otum *ego* Zetum H Zeltum A | Ephialtem *ego* Amphialtem AH 93 crescentes] descendentes A | Gigantomagiam H 95 inferos A | Salmonea *codd. Aen.* Salmonem H Salmone A | civitatis] tuunctis A 96 ereo] ex eo A | ponte *ego* solio AH *Cf.* Vat. Myth. Sec. 56 (*p.* 93) | eum] ipsum A | equus A 96-97 simulabat se[1] *ego* se simulabat H simulabat A 97 predicando *ego* predicendo AH 98 fulgura] flammam H | ctandem A 99 olon lampas *ego* olon lampos H alon totum lapas A 99-100 id ... totus *om.* A 101 non ... faces *codd. Aen.* non ille H non file A | *ante* Iupiter *add.* cum A 102 simulilabat A | Salmoneus *ego* Salmon AH 104 Tityon *codd. Aen.* Ticii AH | alios] illos H 105 et *om.* A | constructio H nec non A

105 *Supra p.* 174 (*ad Aen.* 6.554).

erat cernere Salmonea. NEC NON, id est insuper **596** ERAT CERNERE, id est contingebat. **595** TITYON pro Titiona. Iste secundum fabulas fuit filius Terre; secundum quosdam tantum nutritus a Terra. Unde Virgilius temperavit nomen vocando eum alumpnum. Quod habet se ad utrumque quia et filius et nutritus potest dici alumpnus. Per istum intelligimus luxuriosum. Unde dicitur Tichios a tyches quod est fortuna quam sequitur luxuria. Per Latonam cum qua voluit concubere intelligimus sublunarem regionem in qua querit homo sapienciam. Per hoc quod late diffunditur luxurie proprietas designatur que ubique gentium reperitur. **597-600** Quod vultur comedit apud inferos iecur eius notat quod luxuriosus est semper curiosus vel quod in iecore sedes est luxurie ut in splene risus. Alii aliter exponunt sic: quod nichil aliud est illum Latonam sollicitasse de stupro nisi quod fuit ipse subtilissimus philosophus et celestia semper perscrutabatur que sunt quasi mater Phebi, sed fixus est sagitta, id est sollicitudine, quomodo cursum illius deprehenderet. Unde postea in inferno, id est in locis occultis et secretis, vultures ⟨iecur eius comedunt⟩, id est divina cogitacio est acutissima ⟨causa⟩ inquisicionis et meditacionis que cor illius laniat. **601** QUID MEMOREM: Ita occupacio est. LAPITHAS: Merito enumerat istos inter occisos pro superbia quia in nuptiis Piritoi uxorem ipsius recipere per superbiam volentes occisi sunt. YXIONA: De isto satis superius dictum est. PIRITHOUM: Hic in inferis situs est quia Proserpinam rapere voluit, persuadente libidine. Si opponatur quod legitur quod Hercules eum extraxit, dimisit tamen umbram in inferis vel [quod] contrarietas in fabulis est. **602** QUOS SUPER et "quid memorem" super quos ATRA SILEX: Legitur apud inferos

106 cernere[1] *om.* A | Salmonea *ego* Salmona H Salmon A | erat[2] cernere[2]] cernere erat *codd. Aen.* erat continue A 107 Tityon *codd. Aen.* Tycion H Ticios A | Titiona *ego* Ticiona H Titania A 108 tantum] tandem A 109 nomen *bis* A 110 istum] ticiunum A 111 Ticios A | tyches *ego* thiches H chites A 112 concumbere H 115 nota A 116 *post* iecore *add.* eius A 117 illum] ipsam H 118 ipse subtilissimus] stultissimus A | et *om.* A 119 sunt quasi *om.* A *spat. relict.* A 122 est[2] *om.* H | acutissima *ego* acutissime H attentissima A | iatquisicionis A 123 que *om.* H | eius A | quid memorem *codd. Aen.* H quidve A | X *in marg. dext.* A 124 Lapithas *codd. Aen.* Laphitas AH | connumerat A | istos *om.* H 124-125 pro ... superbiam *om.* A 126 Yxiona *codd. Aen.* H Ysio nil A | Pirithoum] Plei A 127 suadente A 128 eum] eam H | extraxerit H 129 in inferis] in iustis A | contrarietas *ego* contra getas H contrarias A | est *om.* A 130 siles A

126 *Supra p.* 147 (*ad Aen.* 6.286).

esse quosdam super quos est lapis positus qui minatur ruinam. Quorum unus est Flegias pater Coronidis. Quia Apollo filiam eius Coronidem oppressit, venientes ad templum eius aut spoliavit aut occidit et deinde templum eius concremavit. Unde apud inferos super eum saxum tenuissimo filo dependet et semper casurum, non tamen cadens, minatur. Per hunc ille notatur qui semper non timenda timet et ita exponit Macrobius: per istos quibus imminet silex intelligit potentes qui silicem ruentem, id est periculum et mortem eciam a subditis, timent. **603** GENIALIBUS improprie dictum est quia genialia fulcra dicuntur quibus prius incubat nupta et dicuntur a genitura. Per istos quibus hec ascribuntur, avaros intelligimus qui pleni diviciis mala sustinent paupertatis. Unde dicitur quod Tantalus fuit in Eridano fluvio et videndo aquas et poma, licet siciens et esuriens, non audet tangere. Hic gerit speciem avari qui solo visu et non usu delectatur. **604** THORIS ad morem Romanorum respicit qui cenabant in lectis ita quod in uno dominus et in alio domina et filii et filie et nepotes, in tercio servi et hospites. Unde ille locus triclinium dicebatur a tribus lectis; clinos enim est lectus. Inde architriclinius princeps convivii. **605** FURIARUM MAXIMA, id est avaricia que radix est omnium malorum. **606** CONTINGERE MENSAS quia talibus avaricia parce cenare suggerit. **608** HIC QUIBUS: Hucusque specialiter, ammodo generaliter eos enumerat qui sunt in hac pena, scilicet superbie. INVISI FRATRES, ut Ethiocles et Polinices, Danaus et Egistus, Atreus et Thiestes. **609** PULSATUS, id est occisus. FRAUS INNEXA CLIENTI: Qui non mercedem reddunt clienti. Erat enim crimen capitale apud antiquos clientem mercede sua fraudare. **610** AUT QUI DIVICIIS SOLI non imparciendo aliis. **611** NEC PARTEM POSUERE SUIS: Hoc dicit: ⟨non⟩ communi-

131 est *om.* H | qui *om.* H | ruinam *om.* A 132 est *om.* H | Flegias] Pegleas A 134 cremavit A 135 filio H | dependet *om.* A | semper] super A | casurum] casum H 136 semper non] non semper A 137 intelligit] intendit A 139 proprie H 140 hec] hic H 141 sustinet H 143 exuriens A | attingere A 144 X *in marg. dext.* A 145 cenebant H 147 vocabatur A 148 furarum A 149 contingere *codd. Aen.* contingit AH 150 cenare suggerit H sugerit A | quibus] prius A 150-151 hucusque … generaliter *ego* hucusque generaliter ammodo specialiter AH *Cf.* Serv. *ad loc.* 151 annumerat H 152 invisi fratres] sed invisi terreus A | ut *om.* A | Ethyodes H | Palinices A 154 crimen] peccatum H | apud antiquos *om.* A 155 fraudari H | aut] at A 156 nec *codd. Aen.* hec H hoc A | suis *om.* A

136 *In Somn. Scip.* 1.10.15.
142 Eridano: *id est* Eridano inferorum. *Cf.* Serv. *ad loc.*

cando omnibus omnia. **612** QUIQUE OB ADULTERIUM CESI: Occisi sunt. Unde Horacius de Salustio. "Salustius," inquit, "non minus insanit quam qui mechatur adulter." **613** IMPIA: qui patriam ⟨aggressi sunt⟩ et hoc dicit adulando Cesari Virgilius. FALLERE DEXTRAS periurando. **614** EXPECTANT: Per hoc notat duplicem penam, scilicet presentis timoris et cruciatus futuri. **616** ALII VOLVUNT ut Sisiphus. Si Sisiphus saxum volvit, per hoc notat secundum Macrobium illos qui adherent magnis conatibus. RADIISQUE ROTARUM ut Yxion. Hoc illis attribuitur qui terrena appetunt. Sicut enim modo supra rotam, modo infra, sic et illi modo extolluntur et modo deprimuntur. Ad indiscretos referatur. Qui enim non provident in suis operibus nec deliberant apud se more rote involvuntur nunc ad bonum, sed casu nunc ad malum eventum. **618** PHLEGIAS Lucrecius pro nominativo legit et tunc est nomen cuiusdam cuius filia erat Coronis de qua Phebus Esculapium genuit. Pater vero hoc comperiens et nimpham occidit et Phebi templum combussit. Qua de causa et Phebus eum occidit et apud inferos transmisit. Unde bene inter superbos computatur et iste Phlegias ammonet ut colant iusticiam et deos timeant. Et hic est Phlegias ille adversarius Phebi. **619** AMMONET et cetera. Servius tamen vult ut sit accusativi casus et tunc ita dicitur quod Phlegie populi fuerunt deorum contemptores et in quadam insula manentes. Unde a Neptuno submersi sunt et ad inferos missi. Modo Teseus istos ammonet et hoc est (**618**) ET THESEUS ET PHLEGIAS illos, scilicet populos insulanos. **621** HIC VENDIDIT ut Curio

157 quique ... cesi] quid quia adc A 158 Horacius ... Salustio *om.* A 161 expectatur A 162 futuri] fuerunt A | alii volvunt H volvunt alii *codd. Aen.* alii A | ut ... Sisiphus[1] *om.* A | si Sisiphus[2] *om.* H 163 volvit *om.* H 164 malignis A | hoc] hic A 167 non *om.* H | deliberant *ego* deliberabant A declinant H 168 eventu A 169 legitur H 170 erat *om.* A | Coronis] Coretus H 171 Phebi] eius A 172 X *in marg. dext.* A 173 bene *om.* A | superbos] fratres A | ille A 175 amonis A | et cetera *om.* A 176 dicetur H | Plegia A | et *om.* A 177 insula] silva H 178 misit A 178-179 et[2] ... Phlegias] Theseus Phlegiasque *codd. Aen.*

158 Horacius: *Hoc commentum impetum capit, ut videtur, ex Servio ad Aen.* 6.611 *et ad Aen.* 6.612. *Horatius famam probri Salustii nusquam memorat.*

163 *In Somn. Scip.* 1.10.14.

169 Lucretius *per errorem ponitur pro* Lactantius. *Vide* Lactantius Placidus, *Commentarii in Statii Thebaida* (R. Jahnke, 1898) 1.713 (*p.* 72).

175 *Re vera Servius utrasque interpretationes sine iudicio offert.*

⟨cum⟩ Iulio Cesare contra patriam pro precio consensit. **622** FIXIT LEGES PRECIO ATQUE REFIXIT: Hoc ad Romanos refertur qui cum aliquam statuissent legem, scribebant eam ereis litteris in tabula et infingebant in pariete Capitolii et deinde delebant cum placebat, recipientes inde premia, quod criminale est. Hoc dicitur Pompeius Magnus fecisse inductus precio. **623** HIC THALAMUM INVASIT NATE VETITOSQUE HYMENEOS: Hic himen est proprie folliculus in quo concipitur puer et ponitur pro coytu et pro nuptiis. **624** AUSI: Pro sola voluntate quidam pro facto dampnatur.

⟨DE ELYSIO⟩

628 HEC UBI DICTA: Hucusque vidit animas malorum in inferis diversis tormentis torqueri. Quod non fuit aliud in rei veritate nisi quod sapiens quas penas pro hoc, quas pro illo peccato sit unaqueque anima passura cognoscit in hoc mundo. Modo transit ad bonorum animas videndas. Inter quas pater repertus est et hoc secundum quosdam in firmamenti regione qui locus bonis animabus deputatus est. LONGEVA: Sibilla propter predictam racionem. **629** SED IAM AGE CARPE: Ammonet Eneam Sibilla ut festinet ad propositum. Non enim debet sapiens in creaturarum cognicione quiescere, sed ad creatorem suum procedere. PERFICE: quasi dicat propterea – ad creatoris cognicionem – MUNUS: officium suscepit. **630-631** CICLOPUM DUCTA CAMINIS MENIA: Per hec menia designatur firmamentum quod diversis sideribus distinguitur. Dicuntur autem menia Ciclopum ut notetur eorum ornatus. Omnia enim bene ornata opera asscribuntur illis. Unde Stacius domus Grecorum vocat domus Ciclopum propter ornatus eorum. Ciclopes sunt fulminis fabricatores. **631** FORNICE: Fornix est proprie arcus lapideus qui fit in domibus lapideis ubi

180 Cesare] cetum A | contra *om.* A 180-181 fixit ... refixit *codd. Aen.* fixerunt et e atque re H fremit et eatque A 182 ereis] certis A | fingebant A 184 hic H | magnus *om.* A 185 nate] ira H *om.* A | vetitosque *codd. Aen.* H ventosque A | hic[2]] hoc H 187 quidam] que autem A

3 erat A 4 sit] scit A 5 modo *om.* A | X *in marg. sinist.* A 7 lageva A 8 Eneam] eciam A 10 perfice *codd. Aen.* proficiscere H profisce A 11 susceptum H 12 Ciclopum ... menia[1] *codd. Aen.* di cla e H di cla c A | hoc A 14 opera *om.* A 15 gregorum H

7-8 *Supra pp.* 155-156 (*ad Aen.* 6.319, 321).
15 *Theb.* 1.251, 630.

solebant venire mercatores et meretrices unde usus inolevit dici huiusmodi officium “fornicacio.” **632** DEPONERE DONA, id est ramum qui ut diximus sapienciam et virtutem figurat. Hec autem sunt hic deponenda quia omni sapiencia et virtute intendendum est ad celestia. **633** OPACA ad hoc respicit quod obscuritates dicuntur esse in inferis semper. **636** SPARGIT AQUA respicit ad morem antiquorum qui cum aliquid immundum vidissent vel tetigissent solebant se aqua purgare antequam aliquod sacrificium attigerent. Unde cum Eneas vidisset animas malorum et accessurus esset ad patrem, purgat se pro visu et merito antequam ad divina accedamus, pro visu terrenorum ex quibus contrahimus sordes mundacione abolere necesse est. IN LIMINE FIGIT: Ramum enim, id est sapienciam, confluctando per creatoris cognicionem firme et stabiliter debemus in deum ponere nec ultra tendere. Vel sic ramum aureum Eneas postibus infigit et ingreditur Elisium quia ad claritatis perfectionem invehitur dum quis omisso labore discendi omnem suam scienciam perpetue memorie infigit que in cerebro ut ramus in postibus manet. Moto enim cerebro memoria vel tota vel ex magna parte amittitur, quod evidentibus exemplis probare possemus. Sic, inquam, sciencia memorie postibus affixa, tandem Elysios ingredi meruit. Elysios vero resolucio dicitur quod finito magistrali timore et discendi studio, tranquilla et quasi resoluta ⟨vita⟩ ammodo dicitur. Vel aliter de ramo aureo dicamus: per Proserpinam lunam intelligamus sub qua quecumque continentur mutabilia sunt et caduca. Ad hec percipienda dum Eneas descendisset consideracione, tandem ramum aureum Proserpine postibus affixit quia

18 solebat A | convenire A | mercatores] leccatores H | usus *om.* H 21 nitendum A 22 abscuritates A 23 spargit *codd. Aen.* sit AH | qui] quia A 24 tetigissent] legissent H 26 sit A | viso A | et[2] *om.* A 28 mundacione] ai undacione A | abolere] a diabolo A | ramum enim *om.* A 29 colluctando A | *ante* firme *add.* eam H 31 infingit A 32 quis] quidem A | omisso *ego* amisso AH *Cf.* Fulg., *Cont. p.* 101.17. 32,37 discendi] descendendi A 32 sapienciam A 33 perpetue *om.* A 34 memoria *om.* A 35 exemplis] ex hiis A | sicut A | memorie *ego* memoria AH *Cf.* Bern. Silv., *Comm. super Aen. ad loc.* (*p.* 116). 39 per] ut H | dicamus A 40 ad hec percipienda dum *ego* ad hec dum percipienda H hoc de prospiciendo A 41 consideracione *ego* consideracio H considerato A | tandem *ego* tamen AH

20 *Supra p.* 137 (*ad Aen.* 6.209). *Plerumque ramus aureus dicitur sapientiam solam figurare. Cf. ad Aen.* 6.136-143 (*pp.* 127-128).

34-46 *Cf.* Bern. Silv., *Comm. super Aen. pp.* 116-117.

dum usque ad lunam hec consideracio pervenisset, vidit ibi terminari et finem habere ea de quibus plenarie eciam scire et fari posset. Illa enim que supra lunam sunt non solum hominis eloquenciam verum eciam scienciam excedunt. Ubi Elisii sunt, id est campi solares et lucidi et perpetua tranquillitas.

637 HIIS DEMUM EXACTIS: cum ista scilicet vidisset et predicta. PERFECTO: viridi ramo scilicet oblato. **638** AD LUCOS LETHEOS: Hoc dicit secundum fabulas que dicunt silvas esse in inferis. AMENA VIRECTA: amunia. **639** FORTUNATORUM NEMORUM ad fabulam. SEDES BEATAS quia fortunati et beati ibi habitant. **640** LARGIOR: Hic dixit Eneam venisse ad locos fortunatorum nemorum. Hac racione facit topographiam, id est illius loci descriptionem. HIC, id est in hoc loco. LARGIOR: Potest comparative intelligi et dicatur: HIC ERAT LARGIOR ETHER, id est largius lumen quam in aliis predictis circulis vel referat ad firmamentum quia largius et laxius, ut ceteros circulos intra se continentes, omnibus est eciam aliis. Per hunc locum designatur aureus circulus ubi anime piorum dicuntur habitare, ubi eciam dicitur creator habitare. Unde Ovidius: "Hic locus est quem si verbis audacia detur, haud timeam magni dixisse palacia regis," non quia magis hic quam alibi maneat cum ubique sit, sed quia magis ibi apparet eius potencia. **641** PURPUREO: Hic respicit ad fulgorem stellarum. NORUNT ... SUUM SOLEM, id est aptum sibi. Sepe enim "suus" pro "aptus" ponitur. Anime autem ibi existentes, cum perfectam habeant scienciam, agnoscunt quomodo sol sibi aptus fuerit dum in corporibus erant. Vel sic "suum solem," id est sibi convenientem, quia non tantum sol fervorem exercet quantum ad nos cum

42 hec *ego* hoc H *om.* A 43 ea de] eadem H | et] id est H 45 Elisii sunt] Elisium A | lucida H | et[2]] vel H 47 illa H | vidisset et] et vidisset H 48 ablato H | ad lucos letheos AH locos letos *codd. Aen.* | dicitur A 49 secundum] per A | inferno A 50 amunia *ego* omnia AH *Cf.* Serv. *ad loc.* | fortunatorum nemorum *codd. Aen.* fortune H fortu A | beatas *codd. Aen.* beata H ba A 51 dixerat H 52 locos] lictos A | fortunatorum *ego* fortunatos AH | hac *om.* A | scit topographia A 53 hic] hoc A 54 intelligi] legi H | hic ... ether H hic erat largior A largior hic ... ether *codd. Aen.* 55 aliis *om.* H 55-57 vel ... circulus *om.* H 55 referat *ego* restant A 59 hau H 60 rogis H 61 purpuree H 62 norunt ... solem H norit suum ple A solemque suum norunt *codd. Aen.* 64 cum *bis* H | habent H 66 non *scr. et exp.* A | ad nos] didenos A | cum] dum A

58 *Met.* 1.175-176.

[enim] ibi aer liquidissimus et soliditas nulla. Sol enim in solida corpora vim caloris magis exercet quam in liquida. Quod bene in aqua vel in terra vel lapidibus vel lignis probari potest. Cum enim in estate fluvius aliquis a fervore solis incalescit, lapides qui in fundo iacent, licet remociores sint a sole quam aqua, tamen quia solidiores sunt magis calescunt. SUA SIDERA: ex quibus habent originem et que mutua sibi deserviunt. **642** PARS IN GRAMINEIS: Quia istis attribuit huiusmodi officia est iuxta antiquorum sentenciam qui volebant eadem officia ab hominibus apud inferos exerceri que in vita sua si honesta essent. Ista vero officia que istis attribuit honesta reputabantur et ideo per illa felicitatem adepti dicuntur. PALESTRA: Ludus in quo nudi luctabantur, a palin quod est lucta. **643** CONTENDUNT non odio, sed ludo. **644** PARS PEDIBUS PLAUDUNT CHOREAS, id est plaudendo ducunt coreas quas solebant facere in festis deorum. Sed nota quod corripit "e" et hoc facit scilicet ab ei diptongo cuius loco debet poni ⟨e⟩, id est producta. Et est sistole, correptio litere naturaliter producte. Et corea est circularis motus cum cantu. CARMINA: cantilenas. **645** THREICIUS, scilicet Orpheus, qui dicitur esse filius Calliopes et fluminis. Quod non est aliud nisi quod per istum designatur quilibet qui dicitur Orpheus, scilicet optima vox. Unde eciam filius Calliopes dicitur quod est bona vox et dicitur eciam filius fluminis quia musica et consonancia prius in aqua reperta est per ydraullia, scilicet vasa in ipsa posita ita quod perforata et fluvio apposita diversa sonorum genera ⟨facerent⟩ et secundum illa musica instrumenta postea sunt facta. Quod cantu silvas et saxa trahebat nichil aliud est nisi quod duros homines et incultos sapienciam suam sequi faciebat. CUM LONGA

67 ibi *om.* A | solida corpora] solido A 68 vim] veri A | liquido A | in[3] *om.* H 69 cum] dum A 69-70 fluvius aliquis] aqua A 72 sua sidera *codd. Aen.* scilicet H sed A 73 pars *codd. Aen.* fons AH | est *om.* H 75 exercere H 77 palestra H palest A palestris *codd. Aen.* | palin H polen A *Cf. Gr.* πάλη 78-79 pars ... choreas *codd. Aen.* H pars equalem plau cl A 79 ducunt] dicunt A 80 sed] et H | corripit e] correpta est A | hoc facit] hec facta A 80-81 dyptongom H 83 carmina] cantans A | Threicius *codd. Aen.* de tractat H detractet A 84 non] nichil A | nisi *om.* A 85 vox *om.* A 86 filius[1] ... eciam *om.* A 87,89 musica] merita A 87 et *om.* A | prius *om.* A | aquis A 89 sonorum] cum suorum A 90 cantu] tantas A 91 faciebant A 91-92 cum longa veste] longa cum veste *codd. Aen.*

85 optima vox: *Cf.* Fulg., *Mit.* 3.10 (*p.* 77).

VESTE ad modum citharizantis vel est barba. Unde eciam imberbes adhuc dicuntur nudi sicut barbati dicuntur vestiti. SACERDOS quia Phebi. **646** OBLOQUITUR: Duo sunt in anima, intellectus scilicet et affectus; duo in voce que hiis duobus obloquuntur, id est respondent, significacio et melodia, et significacio obloquitur intellectui, melodia vero affectui. NUMERIS, id est cantilenis vel proporcionibus. SEPTEM DISCRIMINA ad hoc: primi homines epta cordas, scilicet instrumenta septem cordarum iuxta numerum planetarum, habuerunt. Et secundum fabulam prius ore cantavit, deinde cythara personuit. **648** HIC, scilicet in predicto circulo. TEUCRI: de cuius genere erant Troyani. PULCHERRIMA: Per hoc ad laudem non ad homines, sed ad tempus ipsum referendum. Unde cum coram Tulio laudarentur, dixit non illis sed temporibus in quibus fuerant laudem esse referendam. **651** INANES quia non tamen arma scilicet, sed quasi umbre armorum erant. **653** QUE GRACIA: Sic construe: eadem gracia sequitur (**655**) TELLURE REPOSTOS, id est mortuos, que gracia fuit ⟨vivis⟩. **653** CURRUM, pro curruum, ut deum pro deorum. Vel curruum trisillabum fiet, sed sic erit sinalimpha, id est conglutinacio, per vocalem sequentem in principio sequentis versus. **657** PEANA, id est ad laudem Phebi. Unde Ovidius: “dicite io pean,” et cetera. **658** ODORATUM LAURO NEMUS: odoratum pro odorifero quia laurus est arbor Apollini consecrata. **659** PLURIMUS AMNIS ERIDANI: Per hoc quod dicit “pluri-

92 citharedorum A | est] cum A | unde] viri H | eciam] et A | imbarbes A 92-93 adhuc] ad hoc A 93 vestiti] vra A 94 abloquitur A | effectus A 95 duo *om.* A | alloquuntur A | respondet A 95-96 significacio ... melodia[1] *ego* significacioni et melodie AH 97 cantilenis] tarcilenis A 98 hec H | epta] capita A | cordas *ego* corde AH | instrumenti A 99 numerum] modum A | prius] postea A 100 cythara] achara A | personuit] per sompnum A | circulo *om.* A 101 pulcherrima *codd. Aen.* pulchra AH | X *in marg. dext.* A 102-104 referendum ... esse *om.* H 103 sed *ego* scilicet A 105 umbra H | erant] causant H 106 sequitur ... repostos *om.* A | fuit] fem A 107 pro[1,2]] id est A | ut] ite A 108 fiat A 109 peana] pestua A 109-110 ad laudem] laude H 110 et cetera *om.* A 110-111 odoratum ... nemus H odera laur A odoratum lauris nemus *codd. Aen.* 112 Eridani *om.* A

100 cantavit: *sc.* Orpheus.
100 *Ad Aen.* 6.640 (*supra p.* 182).
103 laudarentur: *sc.* viri Romani clarissimi aetatis prioris. *Vide* Cic., *In Verr. act.* 2 *lib.* 1.21.56.
110 *Ars Am.* 2.1.

mus" notat plurima fluenta illius aque vel "plurimus," iste maximus fluvius, nascitur in Appennino monte, qui nascendo iuxta superius mare cadit in inferius et ideo fingitur esse in inferno. **658** SUPERNE, id est in superiori parte. **661** DUM VITA MANEBAT: Ista determinacio non ad totum refertur, sed ad partem vite illorum, scilicet quam habuerunt antequam fierent sacerdotes quia quando promovebantur ad sacerdocium, exinde quasdam comedebant herbas per quas ementulabant se et eciam iuramento confirmabant se non amplius luxuriari. Unde postea non erat magna laus, sed ⟨contra⟩ si ante caste vixissent. Unde dicit, "dum vita manebat," quasi dicat, "communis cum aliis ante sacerdocium" et inde promerebantur felicitatem. **662** PIA VATES: ad differenciam Erictonis et similium. PHEBO DIGNA dicitur ad differenciam Phemonoes que pre timore fugiebat ut habetur in Lucano. **663** EXCOLUERE, id est exercuere, cum enim ⟨non⟩ soli illi qui artes adinvenere sed illi qui addidicere eas inter bonos reputantur. **664** QUIQUE SUI, ut boni magistri et milites boni quorum memoria apud nos est post sua facta. **665** CINGUNTUR TEMPORA ad designandum quod fuerunt sacerdotes. NIVEA propter eorum mundiciam. **666** QUOS ... SIC AFFATA EST SIBILLA: In aliis circulis que fuerunt non quesivit doceri Sibilla; sed quesita docuit. Hic tamen querit. Per quod designatur quod racio humana dum discurrit per creaturarum cognicionem aliqua potest comprehendere, sed cum venit ad creatorem et ad celestia statim deficit. **667** MUSEUM: Iste erat astrologus optimus. Istum consulit Sibilla, id est racio cum per precepta que posteris reliquit

113 nota H | iste] ille A 114 in *om.* A | monte *om.* H | raxta A 115 in[1] *om.* A 117 totum] circum A | refertur *om.* H 118 fuerunt A | quando *om.* H | ad] in A 120 confirmabat H | luxuriare A 123 promerebant A | pia AH pii *codd. Aen.* | Evencionis A 124 Phebo digna *codd. Aen.* phedre H phede A | que] quod H 125 fugiebat *ego* fuigebat A fingebat H | excolunt A 126 enim *om.* A | qui[1]] per A | adinvenere] meneter A | addiscere H 127 quique sui *codd. Aen.* H quicumque fui A 128 est *om.* H 128-129 cinguntur tempora *codd. Aen.* cingitur tempora H cinguntur A 129 niveis A 130 affata est A est adfata *codd. Aen.* est effata H 130-131 que fuerunt non] que fuerunt que sunt A 131 tamen] tantum A 132 humana] *hiatus in cod.* A | discurrit] dicitur A | creaturam A 133 cognicione A | aliqua] aliam A 134 Museum *codd. Aen.* Misenum H Mise A | ille A | astirlogus A 135 per *om.* A

123 *De Erichthone vide* Luc., *Pharsalia* 6.508*sqq.*
125 *Pharsalia* 5.123-161.

celestia scrutantur. PLURIMA TURBA propter assequentes sibi. Metonomia. **668** EXTANTEM HUMERIS, id est supereminentem suis discipulis. **669** TUQUE OPTIME: O tu, Musee. Merito principaliter Museum vocat ut Anchysen videat. Per opera enim poetarum deum magis cognoscimus. **670** Anchyses dicitur unus pater inhabitans quia interminabilis. Unde merito dubitando querit que regio eum habeat. Cum enim deus ubique equaliter secundum potenciam, ⟨inhabitator omnium est⟩. QUIS LOCUS, non quia aliquis locus claudat creatorem qui incircu⟨mscript⟩ibilis est, sed tamen in hoc loco magis quam in alio, id est in firmamento, esse dicitur quia eius potencia ibi maxima perpenditur. ILLIUS ERGO, id est causa illius. Priscianus vult quod "ergo" sit nomen et indeclinabile et accentetur in fine. Servius autem vult quod sit adverbium et construatur cum genetivo. **671** MAGNOS ... TRANAVIMUS AMNIS, quia ut cognoscatur creator per hoc ut diximus transeundum. **673** NULLI CERTA DOMUS: Istud dicitur iuxta id quod invenitur quod anime, post dissolucionem a corpore felicitatem adepte, erunt leves ad modum cogitacionis ut cum voluerint, modo in oriente, modo in occidente erunt. **674** RIPARUMQUE TOROS ET PRATA: Quia delectabilia sunt, huic loco attribuit. **676** HOC SUPERATE IUGUM: Super omnem enim creaturam querendus est creator.

136 *post* celestia *hiatus in cod.* A | scurtatur A | plurima] populi A 137 eminentem A 138 Musee *ego* Misene H Misseue A | Museum *ego* Misenum H Misseum A 139 viderat H 143 non quia] numquid H | aliquis *om.* A | claudit A | qui] quia A | incircumscriptibilis] *hiatus in cod.* A 144 tamen] cum A 145 maxima *ego* maxime AH | perpendi A 145-146 id ... illius *om.* A 146 Piscianus A | nomen] unum A 147 accentuetuu A | Servius] *hiatus in cod.* A 148 magnos ... amnis *codd. Aen.* transita magis alii AH 149 creato A | ut diximus] quod dicit A | nulli certa] null est certa transeundum A 150 id] istud A | dissolitudinem A 151 felitate A 152-153 riparumque toros *codd. Aen.* riparum q d H ciparum q d A 153 quia] quasi A | sunt *om.* A 153-154 hoc ... iugum *codd. Aen.* hec supra lu H hec sua lu A 154 super] supra A

142 inhabitator omnium est: *Cf.* Bern. Silv., *Comm. super Aen.* 6.679 (*p.* 118).

146 *Inst. Gramm.* 8.5 (GL 2:372) *et Liber de accentibus* 8 (GL 3:520).

147 *Ad loc.*

149 transeundum: *Tantum a commentatore non declaratur, sed ex explanationibus eius praesumi potest.*

⟨De Migratione Animarum et Anima Mundi⟩

679 At pater Anchises: Ideo dicitur Anchyses esse in valle quia creator cum in omnibus sit, in humilibus maxime esse dicitur. **680-681** Lustrabat ... animas: Quod non est aliud nisi quod deus providet et disponit quomodo velit animas incorporari. Qui enim futuri sunt deus ab eterno previdet. **683** Fataque quantum ad constellacionem iuxta quam multa eveniunt. Manus, id est societates vel actus. Et nota quod hic ponit quibus hominem posse fieri beatum homines putabant: fatum, id est predestinatam fortunam, vel casum vel virtutem. **694** Ne quid Libie tibi, id est Dydo regnans in Libia vel regna Libie vocat regna luxurie. Est enim illa terra calida et ideo ibi maxime regnat libido. Unde a libidine dicta est Libia. **695** Ymago genitoris, id est creatoris, potest dici quelibet creatura quia sicut ymago non perfecte rem ostendit, sed ymitatur rem, ita quelibet creatura suum creatorem: lapides in existencia, arbores in vita, homines in racione, et cetera. Sed hec ymago nos ammonet ad tam potentis cogitacionem tendere et ducit nos perfecte. Tristis: severa. **696** Sepius: Sepe enim sapiens considerat ut cognoscat creatorem suum. Adegit: compulit. **698** Ne subtrahe nostro aspectu: Hoc ideo dicit quia quantum homo plus investigat creatoris cognicionem, tanto deus incomprehensibilior invenitur. Unde Psalmista: "Accedet homo ad cor altum et exaltabitur Deus." Inde eciam in Cantico Canticorum: "Averte oculos tuos a me quoniam faciunt me elevari a te."

4 omnibus] hominibus A | sit] sic A 5 lustrabat ... animas *ego* lustrabat animis H liarum di A animas ... lustrabat *codd. Aen.* | quod non] quia nichil A 7 providet A | fataque *codd. Aen.* A factaque H 8 societas A | et] sed A 9 hic] hoc A 10 predestinari A 10-11 ne ... tibi *codd. Aen.* ne quid sibi Libie H nequit Libie A 11 id est Dydo] Dydo id est A | voca A | regna] regnum A 12 illa terra] regio A | ideo] inde A | ibi] ita *scr. et exp.* A 14 sic A | rem ostendit] remostrat A 15 ymitatur] mittatur A | rem *om.* A | ita quelibet] in qualibet A 16 arbores] auctoritates A | in^2 *om.* A 17 tam] cam A | cognicionem A 19 ne ... aspectu H ne subtrahe A amplexu ne subtrahe nostro *codd. Aen.* 20 dicit quia] dicitur quare A 21 incomprehensibilis A | accedet *Psal.* A accedat H 22 Deus *om.* A 23 quoniam H quando A quia *Canticum* | faciunt ... te A fatuum me elevari a te H ipsi me avolare fecerunt *Canticum*

21 *Psalmus* 63.7-8.

22 *Canticum Canticorum* 6.4. *Haec verba sponsus sponsae dicit. Altissimo Deo non decora videntur.*

699 LARGO FLETU quia tristatur sapiens donec creatorem agnoscat. **701** EFFUGIT YMAGO: Evanuit quia hominis non est scire quid sit deus, sed ut ayt Augustinus: Sufficit ⟨scire quid ipse non sit. Nam⟩ quod racione comprehendi potuit nulla ammiracione dignum erit. **703** INTEREA VIDET: Ammodo Virgilius sequitur sentenciam Platonis et Achademicorum de animabus redituris ad corpora que talis est quod anime a corporibus exute, quedam revertebantur ad corpora, quedam vero minime, sic distinguentes quod si contigisset animam exire mundam ab omni vicio, dicebatur tunc ilico gloriam intrare, nec revertendi iterum ad corpora desiderium habere; si vero contingisset prorsus immundam exire, cito penas intrabat sine iterum revertendi cupiditate; si vero esset partim munda et partim coinquinata, tunc illam revertendi affectum habere predicabant et secundum hoc erat eis in pena ut in hoc corpore detergerent et punirent quid sibi vicii esset. Hanc sentenciam ponit Virgilius in hoc loco. Nos tamen non asserimus hanc sentenciam non esse hereticum. Legitur enim quod cum a Virgilio Fulgentius quereret quare hanc heresim cum tam bene per omnia dixisset interposuisset, respondisse fertur: "Non paganus essem si nichil mali dicerem." Sed quia videretur istud, scilicet animas redire ad corpora, indebitum, impossibile, animas hoc nolle, ideo ostendit Virgilius per hoc totum capitulum hec tria: et debitum esse et possibile et velle et hoc est ENEAS IN VALLE REDUCTA: Vallem remotam et absconditam vocat divinam providenciam que nos latet. **704** SONANCIA: Per hoc notat esse iuxta ripas. **705** LETHEUMQUE DOMOS: Quod ita anime accedunt ad hunc fluvium nihil aliud est nisi quod Lethe interpretatur oblivio, id est anime venientes ad corpora.

24 cognoscat A 26 ayt] agit A 27 nullum H | interea] in terra A 28 sequitur] si qua A 28-29 Achademicorum] Cunocorum A 29 redituri A | talis] vilis A | a *om.* H 32 dicebant A | renovertendi A 33 contingebat H | inrnundam H 34 *post* iterum *add.* omni H 36 predicabat A | hoc[1] *om.* A 37 quid ... vicii] quod si vita A | hanc *om.* A 39 enim] eciam A 40 tam] cam A | imposuisset A 42 videtur A 43 hoc nolle] hec non velle A | capittolum A 44-45 Eneas ... reducta *codd. Aen.* Eneas in an val te H Eneas vil al A 46 sonancia] su A | nota A | iuxta *om.* A 48 Lethes H | id est] et A

26 *Cf. De civ. Dei* 12.18 (*PL* 41:368) *et* Bern. Silv., *Comm. super Aen.* 6.700 (*p.* 118).
28-29 Plato et Academici: *Cf.* Fulg., *Cont. p.* 103.3.
31 distinguentes: *sc.* philosophi. *Non grammatice dicitur.*
39 *Cont. pp.* 102-103.

Cum naturaliter perfectam debeant habere scienciam, gravedine corporis occupate, oblivione afficiuntur ita quod nichil aut parum sciencie retinent. **713** TUNC PATER: Merito Anchyses ostendit animas que incorporari debent quia in solius dei est providencia que anime ad corpora sint reddituре et que non venture. ALTERA quia prius alia habuerunt. FATO, id est divina disposicione. **715** LONGA OBLIVIA ut obliviscantur penarum quas passe sunt et ita velint reverti in corpora. **717** IAM PRIDEM: Intendit Anchyses ostendere Enee qui fuerunt reges apud Albam priusquam constitueretur Roma et Romanorum reges qui erant usque ad tempus consulum et consules omnes qui erant usque ad tempus Iulii Cesaris et Augusti. **721** LUCIS, id est vite.

724 PRINCIPIO CELUM et cetera: Anchyses ostensurus Enee quasdam animas redire ad corpora, quod mirum videbatur, de hominis creacione prius agit. Sed ut ad hoc competencius descendat, a creacione et a regimine mundi quasi ab alto incipit. Erat philosophorum sentencia magnum corpus esse mundi qui ita diffinitur: mundus est ordinata collectio quatuor elementorum. Ad hoc magnum corpus regendum dicebant quendam spiritum magnum esse creatum qui totus est in singulis partibus mundi. Sed in rei veritate ille spiritus esse non potest creatus. Simili modo dicebant hominem factum esse ut in parte consimilis esset magno corpori, in parte magno spiritui. Habet homo itaque corpus quod corruptione est consimile illi magno corpori corruptioni sive in se toto sive in suis partibus subiacenti et transformacioni in alterutrum. Habet iterum animam que est incorruptibilis et interminabilis ad modum illius magni spiritus et hoc est PRINCIPIO, quasi dicat: dico istud, scilicet quod (**726**) SPIRITUS INTUS, id est existens in singulis, ALIT, nutrit et existere facit, **724** CELUM, id est firmamentum per quod habemus superius elementum, et TERRAS per quod habemus inferius, CAMPOSQUE LIQUENTIS, per quod

49 debeat A 50 occupat A | *ante* oblivione *add.* in A 50-51 parum ... retinent] pari sencie retineret A 51 tunc] esse A | ostendit] abscondit A 51-52 corporari A 53 reddіture] venture A | venture *om.* A | prius] postea A | habitavit A 55 sunt *om.* A | ita] ideo A | velint] nolunt A | in corpora *ante* et AH 56 quia A | reges *om.* A 57 priusquam] postquam A 58 Iuli A 60 celum *om.* A 62 prius] postea A | hec A | creatore A | et a] eciam A 64 collecacio A 67 ille] id est A | creatus *ego* creator AH *Cf.* Bern. Silv., *Comm. super Aen.* 6.726 (*p.* 121). 69 in *om.* A | homo *om.* A | ergo A | corruptione] corruptionem A 70 corruptioni *ego* corruptione AH | sive^{2}] tamen A 71 transformacioni *ego* transformacione AH | habet] hoc A 72 incorruptilis A 73 hoc] hic H | istud] ita A 74 nutrire A 75 elementum] celum A 76 habemus *om.* H | quod^{2} *ego* hoc AH

aquam et aera que liquencia sunt elementa, **725** LUCENTEMQUE GLOBUM, id est lucentem lunam que est quidam globus et merito dicitur lucens et non lucida. Lucidum est enim quod semper lucet, lucens vero quod aliquando lucet, aliquando non, ut patens quod aliquando patet, aliquando non. Ita est de luna. Quandoque enim lucem amittit, quandoque recipit. TITANIA, solaria, ASTRA propter Solis radios, "Tytan" quia secundum fabulam Sol unus fuit de Tytanibus. **727** MENS, idem hic dicitur mens quod est superius spiritus et ut dicit Macrobius: ideo Virgilius supposuit "mens" ut puritatem illius testaretur. **726-727** INFUSA ... AGITAT MOLEM, id est totum mundum qui dicitur moles quia ponderosa sunt mundana. **726** PER ARTUS: Artus vocat elementa que integraliter componunt totum mundum. **727** MISCET SE MAGNO CORPORE: Antitosis est casus pro casu: CORPORE, id est corpori. **728** INDE, scilicet ex illo spiritu. Per homines et pecudes notat reptile, per VOLANCIUM aerium ⟨genus⟩, per pisces, cuius rei ponit peryfrasim, aquatile. **729** MARMOREO, id est plano. Vel aliter (**728**) INDE, id est ex quatuor elementis quantum ad corpus; VITEQUE quantum ad vitam anime. **730** ILLIS, predictis, EST IGNEUS VIGOR, natura motum generans quia ex igne est motus et CELESTIS ORIGO que causaliter et dono dei habet existere a celestibus. Per igneum illum vigorem intelligimus animam. **731** QUANTUM NON NOXIA CORPORA TARDANT quia dixerat eandem originem inesse omni-

77 sunt *bis* A | elementa] elegata A 78 merito] contrito A 79 et] at A | lucida *ego* lucidum AH 80 aliquando[2]] aliqua A | quod *om.* A 81 quandoque[1]] quando A 82 Titania *codd. Aen.* Tytan H cita A 83 fabulam] Sibillam H | Sol] Tytan H | de *om.* A | idem] id est A | dicitur *om.* A 84 mens] oracius A | spiritu A 85 ut *om.* A | puritati H | testaretur] destrairetur A 85-86 infusa ... molem *codd. Aen.* H in su agimo A 86 qui] quia A 87 mondina A | artus[1,2]] arcus H | electa A 88 totum *om.* H | miscet ... corpore H inde mis mag cor A magno se corpore miscet *codd. Aen.* 89 corpore] cor A 90 et pecudes *post* reptile AH | nota A | volantum *codd. Aen.* 91 peryfrasim] pro ynfrasis A 92 aliter *om.* A 93 cor pus H | viteque *codd. Aen.* nate H privacem A | illis] ollis *codd. Aen.* 94 est igneus vigor H igneus vigor A igneus est ... vigor *codd. Aen.* | natura] unde A 95 crealiter A | habet *ego* habent AH 96 igneum illum] hunc vel illum igneum A 96-97 quantum ... tardant *codd. Aen.* H quando norum corum tar A 97 eandem *om.* A 97-98 omnibus] hominibus A

84 *In Somn. Scip.* 1.14.14.
85 supposuit: *sc.* animae mundi.
96-110 *Cf.* Serv. *ad Aen.* 6.724.

bus, inde videtur quod equaliter debet operari in omnibus. Quod hic removet dicens quod iuxta naturam uniuscuiusque corporis in quocumque corpore operatur. Unde non est potens equaliter in omnibus. Quod ideo dicitur quod spiritus invenit quedam corpora in quibus aptius potest exercere potencias suas, alia ad hoc minus ydonea. Non ergo ⟨eadem facultas⟩ remanet in spiritu quando idem operetur in diversis animalibus. Tarditas autem et gravedo illorum est causa quod ⟨in⟩ diversis ⟨se⟩ ostendit ⟨dis⟩similibus ⟨viribus⟩. Verbi gratia si leo claudatur in carcere non tamen ipse est minus fortis in se, sed ad exercendam fortitudinem aptum locum non habet. Et iterum si sit lucerna posita sub modio, non tamen minus habet aptitudinem lucendi si non impediret modius; ita anima aptitudinem operandi omnia in omnibus habet, sed in diversis tamen diversa operatur iuxta diversorum qualitates. **732** TERRENI: terrenorum. NON ... HEBETANT: non gravant. MORIBUNDAQUE MEMBRA, id est morti similia, id est semper moriencia, quia numquam in eodem statu permanent sed aut crescunt aut diminuuntur. **733** HINC METUUNT, inde scilicet, quod anime gravantur corporibus, contigit quod METUUNT. Cum sint tria tempora, scilicet presens, preteritum et futurum, et duo contraria, scilicet bonum et malum, iuxta ista nascuntur quatuor passiones in anima que sequuntur: METUUNT de futuro malo; CUPIUNT de futuro bono; DOLENT de presenti malo; GAUDENT de presenti bono. **734** CLAUSE tenebrosis corporibus. CARCERE CECO, scilicet corpore. Varro notat, ut alii phylosophi, quatuor passiones anime, duas a opinatis bonis, duas a malis rebus opinatis. Nam dolere et timere due passiones sunt a malis opinatis, una presentis, id est dolere, altera futuri, id est timere. Due vero bone sunt, scilicet gaudere et cupere, prima presentis, sequens futuri. **733-734** NEC AURAM RESPICIUNT: celestem, id est puram

98 debet operari *om.* A 99 removet] romanorum A | iuxta *om.* A 100 corpore] opere A 102 ad hoc *ego* ad huc H *om.* A 103 quando *ego* quin AH 104 tarditas autem] carditas aut A 104-106 est ... ipse *om.* A 107 iterum si sit] item sic A | sub modio] in medio A 108 lucendi ... impediret] lucem sed eam impedit A 110 terreni *codd. Aen.* terrenis AH 111 gravatur A 113 aut crescunt] acirescent H | diminuentur H 114 gravantur] generantur A 117 metuunt *codd. Aen.* motu H metu A | mala A 120 Varro notat *ego* vel so nata H ibi sicut vocat A *Cf.* Serv. *ad Aen.* 6.733 | duas *om.* H 122 unum A | dolere altera] dolore alterum A 122-124 futuri ... sequens *om.* A 124 nec auram respiciunt *ego* hec arespi H hec aresei A neque auras respiciunt (*vel* despiciunt *vel* dispiciunt) *codd. Aen.* | celeste A 124-125 puram ... propriam] puram et H propriam A

et propriam earum naturam, quia coherent corporeis delectacionibus, obliviscuntur quoniam dixit "auram." Quia sunt in corpore quasi in ceco carcere clause, propria corporis definicio et comparacio ⟨est⟩. **735** QUIN ET SUPREMO: Non tamen anime ita gravantur dum sunt in corporibus et hoc est QUIN ... CUM LUMINE VITA RELIQUIT, id est cum dissolvuntur, scilicet a corporibus, non excedunt, id est cadunt, ab illis (**737**) CORPOREE ... PESTES, id est predicta a corporibus contracta et quia non recedunt NECESSE EST et cetera et sic in hoc loco ostendit debitum esse animas reverti ad corpora quia peccaverunt et puniende sunt. **738** MOLLESCERE, scilicet absolvere contracta MIRIS ... MODIS. Mirum est animam, cum spiritus sit, a corpore, cum terrenum sit, sordem contrahere. De hoc Virgilius, ut gentilis, nescivit causam reddere, scilicet unde anime labem contraherent. Sed sciendum est quod adeo corpus amatur quod consenciunt cum omnibus que cupit et ipse comaculantur et puniuntur, sicut divini volunt. **739** ERGO, id est quandoquidem post mortem non recedunt ab eis omnes pestes, ergo penis exercentur. Que tribus modis purgantur, scilicet aqua, aere, et igne et hoc est (**740**) ALIE et cetera. **741** SUSPENSE paciuntur, scilicet supplicia. **740-741** ALIE PANDUNTUR ... AD VENTOS: Per hoc notatur genus penarum quod fit in aere. **741** ALIIS SUB GURGITE: Volebant quasdam animas transire in pisces et sic puniri. **742** VEL EXURITUR: Dicebant enim animas assumere corpus aereum et ita torqueri. **743** SUOS ... MANES: suas penas et promeritas.

125 earum *ego* eorum AH | corporeis delectacionibus] corporeas delectaciones A 126 sunt] est A | *post* ceco *add.* corpore H 127 clause *om.* A | definicio *ego* diffusio AH 127-128 quin et supremo *codd. Aen.* A quin supremo H 128 generantur A 129 hec H | quin ... reliquit *codd. Aen.* quin cum i te H quin cu de A | dissolvantur A 130 non] nec H | excedunt] credunt A 130-131 corporee ... pestes *codd. Aen.* car spes H car primoes A 132 debitum] debuit A 133 punienda H 133-134 mollescere H male steroi A inolescere *codd. Aen.* 134-135 anima A 135 spiritus sit] spiritum A | terrenum] eternum A | trahere A 136 causam] animam A 138 consenciunt cum *ego* cumsentiunt H cum consenciunt A | cupit *ego* cupiunt H concipiunt A | maculentur A 138-139 puniunt A 139 id est] et A | quandoque A 140 penis *ego* peins H peius A 141 *post* purgantur *add.* fiunt H | hoc *om.* A 142 patuntur A 142-143 alie ... ventos *codd. Aen.* alie panduntur ad in H alie padu adi A 143 notatur *om.* A 144 aliis sub gurgite *codd. Aen.* alie sub qui H alis sub g A 145 vel] aut *codd. Aen.* | enim *om.* A | sumere A 146 conqueri A | suos ... manes *codd. Aen.* suas manes AH | suas ... promeritas] suas et promptas A

EXINDE: post purgacionem. **743-744** PER AMPLUM ... ELISIUM, id est per loca piorum. Superius diximus quid sit Elisium. **744** ET PAUCI LETA ARVA TENEMUS: Multi sunt vocati; pauci vero electi. **745** PERFECTO ORBE TEMPORIS: finita magnitudine temporis, quasi dicat tunc tandem (**746**) EXEMIT immundiciam contractam a corpore et (**746-747**) RELIQUIT ETHEREUM SENSUM PURUM, id est racionem et intellectum, que tunc pura sunt. Cum autem admiscentur corporeis sensibus, contrahunt inde ignoranciam vel corruptionem. **748** HAS OMNIS, scilicet predictas. INVOLVERE ROTAM PER MILLE ANNOS: Finitum pro infinito ponit. Rota dicitur tempus quod est volubile quod in se reciprocatur et in se quasi circulus redit. **749** DEUS, secundum Servium Mercurius. EVOCAT ... AD LETHEUM FLUVIUM: Boetius ostendit debitum esse animas ad corpora redire pro peccatis, scilicet absolvendis. Hoc ostendit possibile quod deus hoc vult per hoc quod dicit illas vocari ad Lethen. Notat animas hoc velle quia si Lethen potant, omnia obliviscuntur nec habent in memoria mala que perpesse sunt in corpora. Mala iterum ignorant futura et sic affectum revertendi ad corpora sibi assumunt anime.

147 exinde] exun A 148 dixit A | Elisius A 148-149 et ... tenemus *codd. Aen.* et pauci te ae io H et pauci at te io A 149 sunt] vero A | perfecto] perfidis A 150-151 orbe ... contractam *om.* A 151 exemit *codd. Aen.* exemitti H 151-152 reliquit ... purum H reliquit A purumque relinquit etherium sensum *codd. Aen.* 153 pura] postea A | sunt *om.* A | admiscantur A | contrahunt inde *om.* A 154 ignoranciam] ignem A | vel corruptionem H *hiatus in cod.* A | has omnis] har cum A | predicans A 154-155 involvere ... annos *ego* involvere rotam pro mille annos H involvere rotam A mille rotam volvere per annos *codd. Aen.* 156 reciprocantur A 157 circulios A | Servium *ego* Stacium AH 157-158 evocat ... fluvium A evocat at Letheum fluvium H Letheum ad fluvium ... evocat *codd. Aen.* 158 ostendit] dicit A 159 reverti A | hic A 160 Lethon A 161 Lethe A | potant *ego* pocate H potate A | obliviscuntur *ego* obliviscitur H obliviscantur A 162 mala[1] *om.* A | per posse A | in H intra A | mala[2] *om.* H | iterum ignorant H tamen ignorat A

148 *Supra ad Aen.* 6.636 (*pp.* 181-182).
149 *Matth.* 20.16, 22.14.
157 Serv. *ad loc.*
158 *Haec opinio per errorem Boethio attribuitur.*

⟨DE POMPA ILLUSTRIUM ROMANORUM⟩

752 DIXERAT ANCHISES: Adhuc intendit ut ostendat quas animas Anchyses ostendit esse incorporandas, sed notate quod est enumeraturus illas tantum que descensure sunt de genere Enee. **753** IN MEDIOS ... CONVENTUS, id est in medias societates animarum. TURBAMQUE quia ubi est turba, ibi est tumultus. **755** LEGERE: videre. **754-755** OMNES ... ⟨ADVERSOS⟩: adstantes in adversa parte, ⟨id est⟩ opposita visui. **754** LONGO ⟨ORDINE⟩: Ideo ordo quantum ad ordinem standi, non ad ordinem nascendi. Alio enim ordine nate sunt. **755** ADVERSOS, que sunt nasciture. **757** QUI: quales. **758** ILLUSTRES ANIMAS: nobiles. ITURAS IN NOSTRUM NOMEN quia dicende Anchisiade vel Eneade. **760** PURA ... HASTA, id est cum hasta sine ferro. **763** SILVIUS: Cum Eneas venisset in Ytaliam, diversa sunt orta prelia inter ipsum et Turnum propter Laviniam, Latini filiam, que promissa Turno Enee nupsit. In primo autem prelio obiit Latinus ut testatur Cato. In secundo autem obiit Eneas et Turnus. In tercio autem Ascanius, filius Enee, Mezentium occidit. Lavinia itaque pregnans de Enea, timens Ascanium privignum suum, in silvas fugit ibique peperit filium qui a silvis in quibus natus est dictus est Silvius, Postumus quia post humacionem patris natus est. Improperabant autem homines illius regionis Ascanio quia mulierem a regno expulerat. Ideo eam revocando concessit ei regnum suum et sibi aliam civitatem, scilicet Albam, fundavit et constituit. Illo autem mortuo, quia caruit herede, Silvius frater suus successit ei in regno. **761** PROXIMA ... LOCA LUCIS, id est vite, **760** QUI, prius scilicet, veniet ad vitam. **762** COMMIXTUS

2 adhuc *ego* ad hoc AH | intendit ut *om.* A | ostendat *ego* ostendit A ostendas H | quas] quam A 3 nota A | quod ... enumeraturus] numeravit A 4-5 in ... conventus H in medios A conventus ... in medios *codd. Aen.* 5 turbamque] turbam A | ubi] nichil A 6 ibi] ubi A | videre] audire A 7 longo *om.* A 8 ideo *om.* H 9 adversos *codd. Aen.* hic adversos AH 10-11 ituras ... nomen H itras nium A nostrumque in nomen ituras *codd. Aen.* 11 dicendo A 12 hasta ... ferro] hasculum ferro A 13-14 Latini filiam *om.* A 14 primo] principio A 15 Cato *om.* A | et Turnus *om.* A 16 Enee] crrte A 18 qui a] quia H 19 imperabant A 20 Ascania A 22 fundavit et *om.* H | constituit] constitum A | autem] aut A | herede] hic ede A 23 suscepit A | proxima ... lucis H per xa lo lu A proxima ... lucis loca *codd. Aen.* 24 vite] iure A | prius] post A | venirent A 24-25 commixtus ... sanguine H comperta sugitur A Italo commixtus sanguine *codd. Aen.*

15 *Vide* Serv. *ad Aen.* 4.620.

YTALO SANGUINE quia natus erat de Lavinia que erat de genere Ytalorum et de Enea. **763** ALBANUM NOMEN: Fuit enim rex Albe vel quia ab Alba dictus est Albanus et sic ceteri ibi regnantes sicut apud Egyptios omnes reges vocantur Ptholomei, apud Persas Arsacide, apud Latinos similiter omnes reges dicuntur uno nomine. TUA POSTUMA PROLES: post nata post humacionem patris. Quia autem dixerat filium nasciturum post mortem Enee, ne putaret Eneas se cito moriturum subdit "quem tibi longevo," sed longevus proprie dicitur deificatus. Evum enim solis diis convenit. **767** PROXIMUS ILLE PROCAS, non in nascendo quia septem reges fuerunt inter illos quos tacet. Et forsitan ideo tacentur quia non erant magni nominis. Iste autem Procas adeo probus fuit quod ab eo racione hystorie eciam sumpserunt principium. **768** NUMITOR CAPIS: reges; non ille Numitor qui fuit avunculus Romuli. **769** SILVIUS: a predicto ENEAS: alius. **770** SI UMQUAM HACCEPERIT REGNANDAM ALBAM: Quasi dubitando hoc, dicit quia legitur de isto quod patre suo mortuo commissus est tutori cuidam qui illum et regnum suum conservaret donec aptus esset ad regnum recipiendum. Negatum est autem regnum illi diu, sed tandem, id est post quinquagesimum annum et tercium, acquisivit. **772** CIVILI ... QUERCU: Per hoc notat istum esse protectorem civium quia cum aliquis protexisset aliquem civem, accipiebat quercinam coronam et per hoc notabatur conservacio alicuius vite et hoc tali

25 quia] quare A 25-26 Ytalicorum A 26 Albanum nomen *codd. Aen.* ad nomen H advusu A 28 Ptolemti A | Parsas Arsichide A 29 similiter] semper H | nomine] modo A | tua ... proles *codd. Aen.* tytani proles H proles primo A | post *om.* A 30 dixerat *om.* A 30-31 post[2] mortem] portem A 31 ne] ut A 31-32 longevo *codd. Aen.* longe AH 32 soliis A | divinis H 33 proximus ... Procas *codd. Aen.* H proximus ille pro carum A 34 sunt A | illos] eos A | ideo *om.* H 35 iste] ist A | Procas *ego* procax AH | probius H | fuit] erat A 35-36 eo racione] eius nomine A 36 Numitor Capis AH Capys et Numitor *codd. Aen.* 37 fuit] sine A | Silvius *codd. Aen.* silvis H filius A | X *in marg. sinist.* A 38 si ... albam *ego* si umquam regnandam acceperit Albam *codd. Aen.* si numquam hacceperit regnandam Albam H numquam habere al A 39 de isto *om.* A 40 suum *om.* H | conserveret A 41 capiendum A | regnum[2] *om.* A 42 diu *om.* H | tandem] tarde H | id est post *om.* A | annum *om.* A 43 civili ... quercu *codd. Aen.* civili quos H civi quos A | nota A 44 civium] cituum H | aliquam A 45 hoc[1]] hec A | vocabatur A | conservacio *ego* confirmacio AH | alicuius vite] iure alicus A | hoc[2]] hic A

similitudine quia fructu quercuum, id est glande, vivebant primi homines. **773** Hii tibi: Hucusque assignavit reges Albanos; modo incipit ostendere civitates. Gabii, -orum proprium nomen est civitatis. Urbem ⟨Fidenam⟩: proprium nomen. **774** Hii Collatinas: Videtur Virgilium mentiri dicentem istos fecisse Collatium quia legitur quod Superbus Tarquinius istud constituit et ex collecta pecunia vocavit Collatiam. Hoc nomen est verum quia isti primi fecerunt; Tarquinius autem restituit. **775** Pometios est proprium nomen. ⟨Inui⟩: Inuus est idem deus qui et Pan dicitur et Faunus. Quod autem dicatur Pan superius diximus. Inuus dicitur ab ineundo quia frequens est inter silvas et incedit cum hominibus. Secundum quosdam coyt cum mulieribus. Faunus dicitur a phone quod est sonus, a vocibus scilicet et responsis que dabat hominibus in silvas. Bolamque Coramque propria nomina sunt civitatum. **776** Hec tunc nomina erunt: ac si diceret modo non sunt ista nomina, sed tunc erunt. **777** Quin et avo: Hucusque egit de illis regibus qui fuerunt apud Albam. Iam incipit agere de illis qui fuerunt apud Romam et primo de Romulo qui futurus erat primus auctor Rome. Legitur enim quod Amulius et Numitor fratres erant regnantes apud Albam. Amulius autem fratrem Numitorem expulit a regno filiumque eius occidit et filiam eius Yliam fecit monialem in templo Veste, ita machinari cupiens ne aliqua proles ab Ylia nasceretur. Mars autem cum illa concubuit et genuit Remum et Romulum, qui cum adulti essent, expulso Amulio, avum suum, scilicet Numitorem, in regno constituerunt. Quod autem Alba parva videbatur illis tribus, ideo Remus et Romulus, dimisso regno

46 solicitudine A | fructu quercuum] fronde quercium A | glande] gloriande A | vivebat A 47 modo] hic A 48 Gabii AH Gabios *codd. Aen.* | civitatis *ego* civices A *om.* H 48-49 urbem ... nomen *om.* H 49-50 videtur ... dicentem] unde Virgilium dubitando A 50 Colletium A 50-51 Tarquinus A 51 istud *om.* H | colata A | vocaverit A 52 nomen] autem A 53 Pometios *codd. Aen.* prome AH | Inuus *ego* Inuius AH | idem] id est A 53-54 et ... Pan[2]] in tempore dicitur Faunus quod A 54 diximus] dixit A | Inuius H 56 Faune H | phone *ego* phonos A fone H 57 sonus] vox A | responsus A 58 Bolamque Coramque *codd. Aen.* H Boram Rora A 58-59 hec ... erunt *codd. Aen.* H hec esse nomina A 60 avo] ario A | regionibus A 60-63 qui ... apud *om.* A 64 Numitorem *om.* A a] de A | filiumque] filium A 65-66 aliqua ... Ylia] aliquid a prole illa H 66 et genuit *om.* A 67 expulto A 68-70 constituerunt ... eamque *om.* A 68 autem *ego* auci H

54 *Hunc locum superiorem non inveni. Cf.* Serv. *ad loc.*

Numitori, transierunt ad civitatem quam inhabitaverat Evander eamque restituerunt et sic dicuntur Romam fecisse. Sed de nominis imposicione fuit inter eos contencio. Ut ergo probaretur per augurium avium quis nomen imponeret, ascenderunt montes. Ibi Remo apparuerunt primum sex volucres, deinde Romulo duodecim. Remus autem quia viderat primum augurium, nomen imponere voluit; Romulus quia plures; itaque dissensione facta inter eos, Romani occiderunt Remum. Quod enim legitur illum interemptum fuisse quia muros transcendisset figmentum est. **778** ASSARACI: Assaracus enim genuit Capim; Capis Anchisem patrem Enee, et ab eo descendit Numitor, pater Ilie. **779** VIDEN: Cum "viden" sint due dictiones, scilicet "vides" et "ne," sed correpte, ⟨non⟩ prolate, quia Virgilius corripuit "e" cum est producta "vides," dicunt hic quidam hoc fieri a natura huius adverbii "ne" quod corripitur quando ponitur interrogative. Servius autem dicit hoc fieri abusive. GEMINE CRISTE: Mortuo Remo, lemures, scilicet ymagines Remi, infestabant Romanos. Ideo Romulus, ut alii reges vero habebant nisi unum insigne, gemina habebat, alterum suum, alterum insigne fratris ad reconciliandum eum sibi sic, scilicet per participacionem regni, et eciam iuxta cathedram suam apponi fecit ymaginem eius ad honorem fratris. **780** SUO ... HONORE quod deus esset. **783** SEPTEM ... ARCES: Fuit super enim septem colles

70 Numitori *ego* Numitorr H 71 constituerunt A 72 augurium avium] augustruum A 73 primo A 74 sex *ego* duodecim H septem A *Cf.* Serv. *ad Aen.* 6.779 | duodecim] sedecim H | quia] qui A 74-75 primum augurium] primus augustruum A 75-76 itaque ... facta] ita est discensione A 77 illum *om.* A | muros] mors A | transcendit A 78 enim *om.* A | Anchisam A 79-80 cum ... sint] sunt A 80 vides] vide H | correpte *ego* corripit A corrupte H | prolate *om.* A 81 quia] quare H | e *om.* A | cum] que H | hic *om.* H 82 fieri ... natura *om.* A | huius ... ne] ne huius adverbii H adverbii ne A 83 Servius *om.* A | hoc fieri *om.* A | gemine criste *codd. Aen.* genue criste H gemine triste A 84 *post* ideo *add.* quod A 85 Romulus] Romani H | habebant *om.* H | nisi *idem quod* solum | unum] vicium A 85-86 gemina ... suum] unde A 86 insigne fratris *ego* in vagne fratri A fratris H | conciliandum A | *post* sibi *add.* dedit A 87 sic] sicut A | cathedram suam *om.* A 88 ymaginem eius *om.* A | suo ... honore *codd. Aen.* ho fu H hoc fuit A 89 quod ... esset] quid dicitur A | fuit] sunt A | super *om.* A

76 Romani: *id est* milites Romuli.

83 *Re vera Servius dicit (ad loc.) de syllaba "den"*: "adeo eius est inmutata natura, ut iam ubique brevis inveniatur."

super unumquemque turris. **784** Berecyntia mater, id est Cibele, que mater dicitur omnium deorum et sic erit racio, quasi mater et domina omnium civitatum. Sed Cibele non est aliud quam terra; unde dicitur Cibele quasi Cubele. Terra enim cubicum corpus est et firmum. **785** Turrita, id est habens turritam coronam quia turres prima constituit.

788 Huc gemine: De ordine erat quod post Romulum assignaret alios reges qui fuerunt Rome, deinde consules et tandem imperatores, sed tamen prius assignat Cesarem eum preponendo aliis. Ita causa cur facit enumeracionem ⟨est⟩ ut ostendat se scire de qua progenie ortus esset Cesar captans eius benivolenciam. **790** Sub magnum axem, id est ad aera nostrum. **792** Divi genus, is est a progenie deorum natus. Omnes eciam imperatores et reges in canonibus et legibus solent appellari divi, id est dei Iulii scilicet Cesares. Iulius autem Cesar non habuit heredes. Accia vero, soror eius, habuit filium qui Octavius dicebatur, quem Iulius adoptavit in filium suum pro probitate sua. Idem a Iulio Cesare dictus est Cesar Romanus aut Augustus, qui rem publicam augebat. **795** Extra sidera: extra cursum siderum, id est planetarum. **796** Extra anni solisque vias, id est extra zodiacum et extra torridam zonam in qua terminatur cursus solis. Ubi celifer: Quid sit Athlantem sustinere celum supra exposuimus. **798** Huius in adventum: Hoc dicit Sueto-

90 super ... turris] et supernum quandoque turrium A | Berecyntia Mater] hema A 91 mater[1]] iuxta A | erat H 92 dicitur *om.* A 93 est et firmum *om.* A 93-94 turrita *codd. Aen.* H f'm turrita A 94 ostendens A 95 huc gemine H huc geminas *codd. Aen.* hec Cesar A | *post* quod *hiatus in cod.* A | post Romulum *ego* post Remulum H Romulus A | assignavit A 96 Rome] ro H | et ... imperatores H eva imperatoris A 97 X *in marg. dext.* A | tamen ... Cesarem] eam postea assignavit et A | causa cur *ego* causa cuius H *om.* A 98 enunciacionem A 99 Cesar *om.* A | benivolencia A | sub magnum axem H magnum ... sub axem *codd. Aen.* sub mag ag A 100 ad *om.* A | nostrum] visu A 101 eciam] enim A | canonis A | appellare A 102 Cesares *ego* Cesaris H ce A 102-103 heredem A 103 Accia] Acera A | soror] uxor A | Octavius *ego* Antonius AH 104 suum *om.* H | idem] id est A 105 Cesar Romanus H Cato Magnus A | qui *om.* H | augiebat A 106 siderum *om.* A | id ... planetarum *om.* H 106-107 extra ... vias *codd. Aen.* extra viam aut his H extra vias A 107 id est] et H | torridam] coridam A | zonam *om.* A 108 in ... terminatur] et omnia ibi criminatur A | celifer *codd. Aen.* lucifer AH 109 supra *om.* A | hoc] hic A

109 supra: *Fortasse in parte commenti quae non superfuit.*
109-110 *August.* 94.

nius: antequam nasceretur Augustus Cesar, solebant dii dare responsa de eius futura probitate. **802** Eripedem: pro aeripedem, id est velocem. Cerva ... Erimanthi: Illius loci monstra occisa ab Hercule. Liber, id est Bachus, vel dicitur plures vicisse, sed non plures quam Cesar. **805** Nyse mons est ubi colitur. ⟨Tigris⟩: Tygres dicuntur trahere currum Bachi. **806** Extendere virtutem factis, id est virtutem ostentare in factis.

808 Quis procul: Hucusque fecit disgressum de Cesare. Hoc finito, de regibus Romanis incipit agere et primum de Numa, de quo legitur quod erat de nacione Curetum. Mortuo autem Romulo, cum careret herede, Romani per totum annum caruerunt rege. Non enim poterant consentire in alicuius electione. Tandem mittentes pro Numa quod magne sapiencie esset illum esse regem constituerunt. Quia autem non descenderat de progenie Enee, ideo de eo loquitur quasi de ignoto, ita dicens quis procul ... insignis. Per hoc notat illum pacificum. Fuit enim repertor et cultor sacrorum. **809** Incana menta quia cum natus esset, cito canus apparuit et nota causam: **810** primum qui legibus: qui primus leges constituit. **811** Parvis Curibus, illis scilicet philosophis. **814** Tullus filius fuit Nume, miles optimus, et per bella multos expugnavit cum pater contrario per pacem infinitos sibi subiugasset. **815** Ancus quidam fuit populari laudi attentus. **817** Tarquinios reges, id est Tarquinium patrem et filium. Animamque superbam, id est Tarquinii. Cum per multa facta iudicaretur Tarquinius superbus, maxime

111 pro] id est A | aeripedem] aripienda A 112 cerva ... Erimanthi AH cervam ... Erimanthi *codd. Aen.* | loci *om.* A 113 vel] scilicet H | Cesar] Cesare A 114 dicuntur ... currum] ducitur cohere carum A 115 extendere virtutem factis H ere vir fa A virtutem extendere factis *codd. Aen.* | virtutem ostentare] virtute ostructa A 116 quis *codd. Aen.* quisque AH | hucusque *om.* A | digrussum A | hoc finito] hic fruido A 117 regibus] rebus A | incepit A | primum] postea A | Numa] numina A 118 mortuo] magno A 119 Rainani A 120 metuentes H 121 esset] erat A | esse *om.* A 122 de[3] *om.* A 122-123 ita dicens] sic dicent A 123 quis ... insignis *codd. Aen.* quis procul in ig H quis procium inge A 124 incana menta H incani? A incanaque menta *codd. Aen.* 125 primum AH primam *codd. Aen.* 126 qui] quare A | parvis curibus *codd. Aen.* H puscuil A | illis *om.* A | phylosophicis H 127 Tullus *ego* Tullius H Tulius A | filius *om.* A 128 econtrario A | infinitos] multos A 129 quidem A | laude H | intentus A | Tarquinos A 130 Tarquinium *ego* Tarquinum AH | animamque superbam *codd. Aen.* superbam ani H superbo anr A 131 iudicaretur *ego* indicaretur AH | Tarquinus H

tamen per istud. Contigit quadam die quod misit quendam satellitem suum ad Gabinos occidendum. Quod cum non posset facere, misit ⟨nuncium⟩ ad Tarquinium. Eo [quod] in orto exeunte, manifeste dedignatus est respondere legato, sed virga quam tenebat papaverum capita obtruncavit. Per quod designare voluit ut illos vel veneno occideret vel ita obtruncaret capita. Sed ut Frontinus scribens de occultis regum consiliis dicit: "non hoc causa superbie fecit, sed ne quis perciperet et hosti proderet." Quo renunciato per legatum ⟨satelles⟩ cognovit quid vellet omnesque iussit decollari. **818** ULTORIS BRUTI: Contigit Romanos esse apud Ardeam in expedicione et obsidione. Quibus ordinatis, cepit unusquisque suam uxorem laudare. Collatinus itaque, cuius uxor fuit Lucrecia, illam pre aliis pudicam esse asseruit. Ideo filius Tarquinii nocte veniens ad eam et pretendens munera, vi cum ea concubuit. Alii dicunt quod nichil fecit. Illa ergo mota dolore, advocato patre suo et Bruto avunculo suo, incumbens gladio se ipsam occidit. Hoc audiens Brutus, qui erat avunculus illius, in crastino ad eam veniens gladium inde extraxit et eandem sanguinolentam coram senatoribus detulit ibique decretum est ne amplius Tarquinius regnum obtineret et tunc primum inceperunt constituere annuos consules. Et in ipso anno Brutus factus est consul et cum illo Tarquinius, qui deinde tamen expulsus est propter solam nominis similitudinem quem habebat cum Tarquinio et in eius loco Valerius Plebecula constitutus est. Ideo autem Brutus dictus est ultor quia ulciscendo Lucreciam expulit Tarquinium. FASCES, id est honores consulum. RECEPTOS a Bruto. **819** HIC PRIMUS, id est Brutus, SEVASQUE SECURES: Secures

132 per istud] propter illud A | quendam *om.* A | saterelitem A 133 suum *om.* A | Gabinos *ego* Gabios A Fabios H | quod *om.* A 134 ad *om.* A | in ... manifeste] motu et re manifesta A 135 papaverum capita] papavera A 136 ita] illa A 137 Frontinus *ego* Franius A Flavius H 138 ne *om.* A 138-139 hostem perderet A 139 legatum *ego* satellitem H satelicum A 141 et ... ordinatis] ubi A 142 Lucrecia] Lucrina H | illam] quam A 144 dixerunt A | nichil] Tulius A 145 suo[2] *om.* H 146 gladio *om.* A | qui erat *om.* A 147 illius] suus A | in crastino *om.* A | inde] vim A 148 sanguineriolentam A 149 constituere] habere A 151 qui *om.* A 152 Valerius Plebecula] Gabius a plebecula A 153-154 Lucrinam H 154 receptos *codd. Aen.* receptus H recep A 155 sevasque secures[1] *codd. Aen.* servasse AH | secures[2]] securos A

137 *Strategematon Liber* 1 *cap.* 1 (*De Occultandis Consiliis*) 4.
151 Tarquinius: *id est Tricipitinus, pater Lucretiae. Cf.* Serv. *ad loc.*

preferri solebant consulibus ad occidendum reos, ut hodie gladii pre regibus. **820-821** NATOSQUE PATER ... MOVENTIS AD PENAM PULCHRA: Cum enim Tarquinius venisset ad portas Rome, filii Bruti voluerunt eum intus recipere. Ideo a patre interfecti sunt. **822** INFELIX: Plus enim debemus nature quam patrie. UTCUMQUE FERENT EA: Hoc dicit quia a quibusdam laudabatur, a quibusdam non. **823** VINCET AMOR PATRIE amorem, scilicet filiacionem. **824** QUIN DECIOS: Duo fuerunt Decii quorum unus in Sampnitico, alter in Gallico bello mortuus est ut exercitus liber evaderet. DRUSOSQUE: Duo erant. Unus erat filius Iulie sororis Augusti Cesaris, alter qui occidit Asdrubalem. **825** TORQUATUM: Iste cum Gallico quodam certavit et abstulit ei torquem aureum; unde dictus est Torquatus. Cum autem factus est consul Romanus et missus est in expedicionem contra quendam populum, reliquit exercitum suum filio suo Romamque reversus est, sed interdicto ne filius exiret ⟨ad⟩ pugnandum contra hostes. Ille autem dum pater abesset, videns oportunitatem pugnandi, exivit in conflictum contra hostes et victoriam optinuit. Pater autem rediens fortunam Romani populi laudavit; filium vero usque ad necem cecidit. Ideo dicit (**824**) SEVOMQUE SECURI in iusticia. **825** ET REFERENTEM SIGNA CAMILLUM: Iste Camillus expugnavit Veientes, sed non equus distribuit predam. Ideo a Romanis missus est in exilium apud Ardeam. Interim Senones Galli, Brenno duce, venerunt Romam totamque civitatem usque ad Capitolium obtinuerunt. Ibi vero Romani infinito auro se redimerunt. Quod audiens Camillus, collecta multitudine rusticorum, obviam illis signa Romana ferentibus perrexit et illis devictis sua signa et divicias raptas Romanis remisit et a suo exilio revocatus est et in suam dignitatem rediit secundum quosdam.

157 natosque ... pulchra *codd. Aen.* H natosque A 159 prefelix A 160 utcumque ... ea *codd. Aen.* ubi cumque ferent ea H ubicumque fe hec A | hoc] hec A 161 laudatur A | vincet ... patrie *codd. Aen.* H vi mi am pa A 162 filialem H | Decios *codd. Aen.* Decii A de H 163 bello] *post* Sampnitico A 164 libere A | erat *om.* H 165 Torquatum *codd. Aen.* H thora A 167 est^{2}] esset A | missus] iussus A 168 relinquit A | suum *om.* H 169 ne filius] ne H ne filius ne A 169-170 pugnande H 171 conflictu H 173 nocem H | sevomque securi *codd. Aen.* se misisse H se misi A 173-174 et ... Camillum *codd. Aen.* et cast re H ita sic pe A 174 Veientes *ego* Vegentes A Vegentos H 175 eque A | prodam A 176 iterum A 179 signa Romana] Romam H | protexit H | illis^{2}] eis A 180 captas A

164 Unus erat filius: *Re vera filius Liviae, uxoris Augusti.*

826 Ille autem paribus: Hic designat Iulium et Pompeium, qui inter se gesserunt civile bellum. **830** Aggeribus socer: Socer Cesar quia eius filiam Iuliam, secundum quosdam filiam naturalem, secundum alios adoptivam, habuit Pompeius. Est enim socer qui sociat filiam; gener cui datur. ⟨Alpinis⟩: Per Alpinos intelligit Gallos qui assenserunt Cesari, Orientales autem Pompeio. Moneci: Monecus dicitur Hercules a loco ubi habet solus templum expulsis incolis vel quia solus semper habebat ymaginem in templo Iovis vel quia aliud numen non paciebatur in templo. Secundum alios dictus est a monos et machia, quasi singularis in pugna vel quia ipse pugnam invenit. **832** Assuescite: Bene dicit "assuescite"; ipsum enim inceperunt civile bellum. Sed post illos multi alii gesserunt. **833** In viscera vertite: Hoc ad Cesarem et Pompeium. **834** Tuque prior: Hoc ad Cesarem qui de eius progenie fuit. **836** Ille triumphata: Mummius vocatur iste. **839** Ipsumque Eaciden, id est filium Achyllis, Pirrum. **840** Ultus avos, id est Troianos. Hoc dictum est propter Cassandram quam Olenius Aiax in templo Minerve corrupit. Unde postea fulminatus est vel propter Palladium quod Greci furtive rapuerunt. **841** Magne Cato: Hoc dicitur de censorino Catone. **842** Quis Gracchi genus: Ergo plures erant Gracchi et sediciosi. **843** Scipiadas: Duo erant Scipiones, avus scilicet et nepos, quorum uterque Assyrios delevit. **843-844** Fabricium parvoque potentem, quod de parvo translatus est in potenciam. Cum autem huic offerret Pirrus infinitum aurum ut sibi Romanum populum proderet, fertur respondisse: "Romani nolunt aurum, sed imperare habentibus aurum." Serrane: Huius nomen erat

183 prelium H | aggeribus socer[1] *codd. Aen.* H a geribus id A 185 adoptivam] ad optimam A 186 Alpinos] alumpnos A 187 Moneci *codd. Aen.* H Monet A | Monecus] Monetus A 188 solus[1]] solums H | vel *om.* H 189 ymaginem *om.* H 189-190 vel ... templo *om.* H 189 aliud *ego* aliquid A 190 mazia A | quasi] quia A 192 ipsum enim] quando A 193 alii *om.* A | in ... vertite *codd. Aen.* verti an H uti an A 194-194 ille triumphata *codd. Aen.* H uti au A 195 Mummius *ego* Mumbus A Numilius H | iste] ille A | ipsumque Eaciden *codd. Aen.* ipsumque ca AH 197 Aiax] Aicpe H 198 furtive] ferrmi H 198-199 tulerunt A 199 dicatur A 200 Gracchi[1,2]] Greci AH | ergo *om.* H 201 avus] avunculus A 202 Fabricium ... potentem AH parvoque potentem Fabricium *codd. Aen.* 203 huic *om.* A | aufferret A 205 abentibus A | aurum[2] *om.* A | *ante* Serrane *add.* huius AH Sarrane A | huius] hoc A

201 Assyrios: *pro* Africanos? *Lucius Cornelius Scipio auxilio et consilio fratris Scipionis Africani Maioris Syrios devicit.*

Atilius, qui ab aratro ubi serebat translatus est ad dignitatem et ideo dictus est Serranus. **845** ⟨FABII⟩: Fabii erant trecenti sex qui cum omnes exissent ad bellum contra Veientes, cuncti simul perierunt. Ideo dicit FESSUM RAPITIS, FABII, tristem scilicet pro periculo vestro vel fessus est in loquendo. TU MAXIMUS: Iste solus superfuit de numero Fabiorum. Qui post Hannibalem maxime Romanos infestantem devicit et ita rem publicam restauravit et eam ad pacem redegit. **846** UNUS: Hunc versum Virgilius a libro Ennii accepit. **847** EXCUDENT ALII SPIRANTIA MOLLIUS AERA: Hoc dicit propter Corinthios. **848** DUCENT DE MARMORE VULTUS, ut Parii. **849** ORABUNT CAUSAS MELIUS, ut Athenienses. CELIQUE MEATUS, ut Egiptii indice et virga geometrali.

855 MARCELLUS: Iste debellavit Penos et Viridomarum Gallorum ducem occidit. **859** TERCIAQUE ARMA quia tercium obtinuit victoriam. Hoc ideo dicit quia Numa arma iussit offerri Iovi, Cossus Marti, iste Quirino. **863** QUIS PATER ILLE: Hoc queritur de Marcello, filio Octavie sororis Augusti Cesaris, quem pro nimia probitate Cesar adoptavit in filium et cum esset sedecim annorum occupatus morbo maximo est, sed prius tamen factus est edilis et postea obiit. Cum autem Virgilius versus istos de eo recitaret, Romani ei maximum eiulatum pro memoria eius fecerunt. Virgilius eciam qui tam bene descripserat maximam remuneracionem inde habuit. Istud enim est maxima laus puerum laudare et ars

206 Atilius *ego* Atalius H Accolus A | qui] quia H | sedebat A 207 Sarranus A | *post* Serranus *add.* est H 207-208 omnes exissent] exirent A 208 Veientes *ego* Vegentanos H Vegentos A 209 fessum ... Fabii *codd. Aen.* turbi tis ve fes H trab ve fes A | vestro] nostro A | fessus] fessum H 210 iste] ideo A | Febiorum A 211 post *om.* A 212 eam *om.* H | redegit] reduxit A | unus] unde A 213 *post* accepit *add.* Ennius istum prius fecerat versum H 213-214 excudent ... aera *codd. Aen.* excudent a m s f H excudere an sunt A 214 Corinthos H | ducent ... vultus *codd. Aen.* duceret ura A ducent m n H 215 orabunt ... melius *codd. Aen.* orabant melius caui H ore me ca A 216 indice *ego* indic H in dic A | grometrali A 217 Marcellus *codd. Aen.* H Marcelli A | Penos] Penrros A | Viridomarum *ego* Vindomarum H *om.* A 218 terque A | tercium *ego* ter H cum A 219 ideo] omnino A | Numa] nimia A | offerre H | Cossus *ego* Census AH 220 queritur *om.* A | *post* filio *add.* suo *et cancell.* A 221 quam A | nimia ... Cesar] nimnua Cesaris A | in *om.* A 222 esset *om.* A | maximo] gravi A 223 postea] tandem A 224 ei *om.* H | ululatum A 225 eciam] autem A 226 illud A | puerorum A

213 *Annales* 5.313.

maxima cum nulla eius precesserant beneficia vel benedicta, sed sola indoles. Hac racione Virgilius pro istis versibus magna recepit premia. **861** EGREGIUM: Tria notat in hoc versu, nobilitatem, iuventutem, probitatem. **862** LETA PARUM quia cito moriturus erat. **865** QUIS STREPITUS: Hoc ad obitum eius vel ad potestatem quam habiturus erat refert. In utroque erat strepitus faciendus circa eum. QUANTUM INSTAR, id est similitudo ad alium Marcellum. Sed (**866**) NOX ATRA: Per hoc notat iterum eum cito moriturum. **869** HUNC, scilicet parvum Marcellum. **871** PROPRIA ... DONA, id est dona vite quod diu viveret. Hoc autem dicit Virgilius adulando Cesarem. Hoc ita est SI HEC DONA FUISSENT PROPRIA, id est si spes illa que de puero habita est fuisset impleta et mansura. **873** CAMPUS Marzius. **873-874** QUE ... FUNERA quasi dicat maxima. Maximus enim apparatus fuit in eius funere. Cesar enim trecentos fecit lectos ornatos preciosis vestibus quod tunc erat maxima laus deferri neque umquam in Roma tantus fuit dolor habitus de morte alicuius. **874** PRETERLABERE: iuxta, quasi iuxta Tyberim sepultus est. **876** QUONDAM: in futuro. **878** HEU PIETAS, HEU PRISCA FIDES: Hoc diceret si iste viveret secundum quod antiqui hec fecerunt. **884** PURPUREOS: Secundum hoc dicit quia anima versatur secundum quosdam in purpureo sanguine. Unde consimilibus gaudet. **892** FUGIATQUE, scilicet evitare poterunt. FERAT, quantum ad ea que non poterit evitare.

227 precesserunt H | benedicta] vindicta A 229 inventutem A 229-230 probitatem *om.* A *hiatus in cod.* A 230 leta parum *codd. Aen.* lenta pa H lectrica pa A 231 refert *om* A 232 circa] contra A 233-234 Marcellum ... parvum *om.* A 235 vivent A 236 hoc] hec H 236-237 si ... propria H scilicet dona fuissent propria A propria hec si dona fuissent *codd. Aen.* 237 est[2] *om.* A 238 mansura] manifesta A | que ... funera *codd. Aen.* H que furia A 238-239 quasi ... maxima H que dicit magna A 239 enim apparatus] eius A 241 deferre H | habitus de morte *om.* A 242 preterlabere *codd. Aen.* preter H prec A | iuxta[1] *om.* A | quasi] id est A | X *in marg. sinist.* A 243 heu ... fides *codd. Aen.* H heu pa hea non des A | hec A 244 si iste *ego* iste si AH | viveret] vivere posset A | antiqui ... fecerunt] antiquis habita fuerit H 244-245 purpureos *codd. Aen.* purpur per H prepu A 245 dicitur A 246 fugiatque *codd. Aen.* H fugiat a A 247 evitare[1]] evitari H | poterunt] poterant A | ferat H feratque *codd. Aen.* fatum A

244 antiqui hec fecerunt: *Vide Aen.* 6.878-881.

⟨De Reditu⟩

893 Gemine Somni porte: Predicto Eneam fuisse in inferis, subiungit quod exivit, scilicet per portam eburneam. Finguntur enim due porte, altera eburnea, altera cornea apud inferos. Quod Servius sic exponit: per inferos intelligitur corpus humanum ut dictum est, in quo sunt due porte, altera cornea, altera eburnea. Per corneam portam intelliguntur oculi, qui ad modum cornus solidi sunt et splendidi. Unde eciam incompatibiles sunt. Per eburneam portam os in quo sunt dentes similes ebori dicitur. Ergo per corneam portam ⟨dicuntur⟩ exire vera sompnia quia ea que videmus veraciter existunt; falsa iterum per eburneam. Multa enim ab ore exeunt que vera non sunt. Sed quod dicit hanc et illam portam sompnii ad hoc respicit quod et que videmus et que loquimur non absque deceptione sunt. Dicit ergo Virgilius Eneam per portam eburneam ab inferis exire et non per corneam quia que superius dicta sunt verbotenus et non re esse habuerunt. Sed quia hic diverse sunt sentencie nec tamen litera mutatur, secundum hanc predictam literam legamus; deinde illas ponamus. **893** Sunt gemine quia oculi et os. Quarum (**893-894**) altera fertur cornea: ⟨Intelligimus⟩ oculos propter eorum substanciam solidam et splendidam. **894** Qua veris quia ut diximus ea que videmus veraciter existunt. **895** Altera, scilicet os, perfecta nitens elephanto propter dentium albedinem. Sed per hanc portam veniunt

2 gemine ... porte *codd. Aen.* ge son por H ce so ror A | predictum A 3 due] esse A 4 altera[1]] una A | sic *om.* A 5 infernum A 5-6 in ... eburnea *om.* A 6 portam *om.* A 7 qui ... modum] quemadmodum enim A | cornus *ego* cornu H cornua A | solida AH solidi H[1] | splendida A 8 portam *om.* H 9 dicitur *ego* dicuntur H dicuntus A | ergo] autem A 10 *in marg. superiore codicis A scripsit sua manu*: Antonius Rozonus hocc signavit. | exiunt H 11 *ante* quod *add.* hoc A 11-12 partem H 14 exisse A 15 verbetenus A | sunt *om.* A 16 litera *om.* A | legimus H 17 deinde ... ponamus *om.* A | sunt gemine *codd. Aen.* H surge A | quarum] quare A 18 altera ... cornea *codd. Aen.* altera f s c H altera s c A | substanciam] sentenciam A 19 qua veris *codd. Aen.* quamvis AH | ea *om.* H 20 videmus *om.* A | existant A 20-21 perfecta ... elephanto *codd. Aen.* per nice H pni A

4 *Nullo loco Servius praedicat inferos esse corpus humanum; sed forsitan innuat tantum per interpretationem suam portarum somni, quoniam has oculis humanis orique exaequat. Cf.* Serv. *ad Aen.* 6.893 *et* Macrob. *In Somn. Scip.* 1.10.9.

7-8 incompatibiles: *sc.* duae portae somni.

falsa sompnia quia oris est multa ficta proferre et hoc est (**896**) SED ... MANES et cetera, id est corpus. Quod enim mentitur ex corpore contrahitur. AD CELUM, scilicet extra ad ethera. FALSA, id est verba que quasi insompnia sunt, id est solo dicto permanencia. Modo causarum exposicionem de hiis portis ponamus. Macrobius ergo sic exponit: latet, inquit, verum quasi dicat de nulla re certa potest haberi cognicio. Anima enim corpori coniuncta ex gravedine ipsius a naturali cognicione privatur, sed tamen cum naturaliter sit anime verum inquirere, quoddam carnis velamen ei interponitur. Sed si contingat animam illud velamen penetrare et rei veritatem perpendere, dicitur per corneam portam exire; si vero non perpendit, per eburneam. Sed hoc et illud dicitur translative quia scilicet cornea substancia bone nature est quod attenuata visui est perspicax; ebur vero licet ad quamlibet tenuitatem ducatur, numquam tamen visu penetratur, et in hac sentencia anima pro sompno accipitur. Alii aliter exponunt et dicunt quod dormienti multociens quedam videntur ultra suam fortunam, multociens iuxta. Sed quando videt ultra suam fortunam et possibilitatem, per eburneam dicitur venisse sompnium; est enim ebur carum ad emendum. Si vero iuxta suam fortunam viderat, per corneam exisse dicitur quia cornu parvi precii est et sic hoc et illud ad quantitatem sompnii referatur. **897** HIIS, scilicet supradictis. **899** ILLE, scilicet Eneas. Ammodo ad hystoriam revertatur.

900 CAIETE: Caieta nutrix fuit Enee et ibi sepulta et hoc ad tempus auctoris refertur.

Deo gracias.

22 ficta proferre] falsa loqui A | et hoc est *om.* A 23 corpore] corde A 23-24 trahitur A 24 falsa *codd. Aen.* fil H sil A 25 sompnia A | dictu A 26 ergo] hic A 27,29 verum] ultimum A 27 quia dicit A 28 ex] a A 29 tamen *om.* H | quoddam] quamvis quodam A 30 imponatur A | velamen[2]] velamne A 32 et illud *om.* A 34 extremitatem H | numquam] antequam H 35 visui H 36 multociens *om.* A 36-37 videntur] numeratur A 37 iuxta *om.* A | quando] quod A 38 sompnus A 39 videat A 40 venisse A | sic *ego* si AH 41 sompni A | refertur A 43 Caiete *codd. Aen.* Caigeta H Caunge A | Caieta *om.* A 44 refert A 45 deo gracias A *Sequuntur in cod. A variae pennae probae alia manu factae.*

26 *In Somn. Scip.* 1.3.18-20.
41 quantitatem sompni: *id est quantitatem fortune in somno visae.*
43 hoc: *Caieta nomen portus.*

Selected Bibliography

Allen, Don Cameron. *Mysteriously Meant*. Baltimore: Johns Hopkins Press, 1970.

Augustine. *De civitate dei*. Ed. Bernardus Dombart and Adolphus Kalb. CCSL 47, 48. Turnhout: Brepols, 1955.

Bernardus Silvestris. *The Commentary on the First Six Books of the Aeneid of Vergil Commonly Attributed to Bernardus Silvestris*. Ed. Julian Ward Jones and Elizabeth Frances Jones. Lincoln and London: University of Nebraska Press, 1977.

BIBLE. *Biblia Sacra Iuxta Vulgatam Clementinam*. Arranged with aids by Alberto Colunga and Laurentio Turrado. 4th edition. Madrid: Biblioteca de Autores Cristianos, 1965.

Boethius. *Philosophiae Consolationis Libri Quinque*. Ed. William Weinberger. CSEL 67. Vienna, 1934.

——. *De musica libri quinque*. PL 63:1167-1300.

Brommer, Frank. *Theseus: Die Taten des Griechischen Helden in der Antiken Kunst und Litteratur*. Darmstadt: Wissenschaftliche Buchgesellschaft, 1982.

Brown, Michelle P. *A Guide to Western Historical Scripts from Antiquity to 1600*. Toronto: University of Toronto Press, 1990.

Calcidius. *Timaeus A Calcidio Translatus Commentarioque Instructus*. Ed. J.H. Waszink in association with P.J. Jensen. Vol. 4 in *Plato Latinus* (Raymond Klibansky, general editor). London and Leyden: Warburg Institute and E.J. Brill, 1962.

Courcellle, Pierre. "Les pères de l'église devant les enfers virgiliens." *AHDL* 22 (1955) 5-74.

Disticha Catonis. Ed. E. Baehrens, *Poetae Latini Minores*, 3:205-246. Leipzig: B.G. Teubner, 1881.

Donatus, Aelius. *Fragmenta Bobiensia* in *Grammatici Latini*. Ed. H. Keil. Vol. 7. Leipzig: B.G. Teubner, 1878.

Donatus, Tiberius Claudius. *Interpretationes Vergilianae*. Ed. H. Georgii. 2 vols. Stuttgart: B.G. Teubner, 1969 (Reprint of edition of 1905).

Dronke, Peter. *Fabula: Explorations into the Uses of Myth in Medieval Platonism*. Mittellateinische Studien und Texte 9. Leiden: Brill, 1974.

DuCange, Charles du Fresne. *Glossarium Mediae et Infimae Latinitatis.* New ed. by L. Favre. 10 vols. Niort: L. Favre and London: David Nutt, 1887.

Frontinus. *Strategemata.* Ed. G. Gundermann. Leipzig: B.G. Teubner, 1888.

Fulgentius, Fabius Planciades. *Opera.* Ed. R. Helm. Stuttgart: B.G. Teubner, 1970 (Reprint of edition of 1898).

——. *Fulgentius the Mythographer.* Translations, with introductions, of the works of Fulgentius by Leslie G. Whitbread. Columbus: Ohio State University, 1971.

Glorieux, P. "L'enseignement au moyen âge." *AHDL* 35 (1969) 65-186.

Gregory the Great. *XL Homiliarum in Evangelia Libri Duo.* PL 76: 1075-1312.

Hardison, O.B. *The Enduring Monument: A Study of the Idea of Praise in Renaissance Literary Theory and Practice.* Chapel Hill: University of North Carolina, 1962.

Harley Manuscripts. *Catalogus Librorum Mss. Bibliothecae Harleianae.* By R. Nares and others. 4 vols. London: 1808-1812.

Henry, James. *Aeneidea.* 5 vols. New York: Burt Franklin, 1972 (Reprint of edition of 1873-1892).

Hyginus. *Hygini Fabulae.* Ed. H.J. Rose. Leiden: Sijthoff, 1934.

Isidore of Seville. *Etymologiae.* Ed. Wallace M. Lindsay. 2 vols. Oxford: Clarendon Press, 1911.

Jeauneau, Edouard. "L'usage de la notion d'integumentum à travers les gloses de Guillaume de Conches." *AHDL* 24 (1957) 35-100.

Jemolo, Viviana, ed. *Catalogo dei Manoscritti in Scrittura Latina Datati o Databili.* Vol. 1: Biblioteca Nazionale Centrale di Roma. Turin: Bottega d'Erasmo, 1971.

Jones, Julian Ward, Jr. "The Allegorical Traditions of the *Aeneid.*" In *Vergil at 2,000,* ed. John D. Bernard, pp. 107-132. New York: AMS Press, 1986.

——. "The So-Called Silvestris Commentary on the *Aeneid* and Two Other Interpretations." *Speculum* 64 (1989) 835-848.

Kallendorf, Craig. *In Praise of Aeneas: Virgil and Epideictic Rhetoric in the Early Italian Renaissance.* Hanover and London: University Press of New England, 1989.

Kaster, Robert A. *Guardians of Language: The Grammarian and Society in Late Antiquity*. Berkeley: California University Press, 1988.

Ker, N.R. "From Above Top Line to Below Top Line: A Change in Scribal Practice." *Celtica* 5 (1960) 13-16.

Kristeller, Paul O. *Iter Italicum*. A finding list of uncatalogued or incompletely catalogued humanistic manuscripts of the Renaissance in Italian and other libraries. Vol. iv (*alia itinera* ii): Great Britain to Spain. Leiden: E.J. Brill, 1989.

Lactantius Placidus. *Lactantii Placidi Qui Dicitur Commentarios in Statii Thebaida*. Ed. Richard Jahnke. Leipzig: B.G. Teubner, 1898.

Lieftinck, Gerard Isaac. *Manuscrits datés conservés dans les pays-bas*. Vol. 1: *Les manuscrits d'origine étrangère 816–c.1550*. Amsterdam: North Holland Publishing Co., 1964.

Lord, Mary Louise. "A Commentary on *Aeneid* 6: Ciones de Magnali, not Nicholas Trevet." *Medievalia et Humanistica* n.s. 15 (1987) 147-160.

Luck, Georg. *Arcana Mundi*. Baltimore: Johns Hopkins University Press, 1985.

Macrobius. *Saturnalia et Commentarii in Somnium Scipionis*. Ed. J. Willis. 2 vols. Leipzig: B.G. Teubner, 1970.

Marshall, Peter K. "Tiberius Claudius Donatus on Vergil *Aen*. 6. 1-157." *Manuscripta* 37,1 (March, 1993) 3-20.

Minnis, A.J. *Medieval Theory of Authorship: Scholastic Literary Attitudes in the Later Middle Ages*. London: Scolar Press, 1984.

——, and Scott, A.B., edd. *Medieval Literary Theory and Criticism c.1100- c.1375: The Commentary Tradition*. Revised ed. Oxford: Clarendon Press, 1988.

Parke, H.W. *Sibyls and Sibylline Prophecy in Classical Antiquity*. London and New York: Routledge, 1988.

Pelegrin, Elisabeth. "Un manuscrit autographe de Bartolinus de Vavassoribus de Lodi à la bibliothèque Ambrosienne." *Italia Medioevale e Umanistica* II (1959) 445-448.

Piltz, Anders. *The World of Medieval Learning*. Translated by David Jones. Totowa NJ: Barnes and Noble, 1981.

Pompeius Festus. *Sexti Pompei Festi de Verborum Significatu. Quae Supersunt Cum Pauli Epitome*. Ed. W.M. Lindsay. Leipzig: B.G. Teubner, 1913. Reprint: Hildesheim, Georg Olms, 1965.

Priscian. *Institutiones Grammaticae*. Ed. Heinrich Keil in *Grammatici Latini*. Vols. 1 (1857), 2 (1855), and 3 (1859). Leipzig: B.G. Teubner.

——. *Liber de accentibus*. Ed. H. Keil in *Grammatici Latini*, vol. 3 (1859). Leipzig: B.G. Teubner.

Rand, E.K. "Is Donatus's Commentary on Virgil Lost?" *CQ* 10 (1916) 158-164.

Servius. *Servii Grammatici qui feruntur in Vergilii carmina commentarii*. Ed. Georgius Thilo and Hermannus Hagen. 3 vols. Leipzig: B.G. Teubner, 1881-1887. Reprint Hildesheim: Georg Olms, 1961.

Simonides. *Lyra Graeca*. Ed. J.M. Edmonds. 2: 246-417. London: William Heinemann, 1924.

Stahel, Thomas Herbert, SJ. *Cristoforo Landino's Allegorization of the Aeneid: Books III and IV of the Camaldolese Disputations*. Ph.D. dissertation, Johns Hopkins University, 1968.

Suerbaum, Werner. "Von der Vita Virgiliana über die Accessus Vergiliani zum Zauberer Virgilius." *ANRW* II.31.2 (1981) 1156-1262.

Thomson, Samuel Harrison. *Latin Bookhands of the Later Middle Ages 1100-1500*. Cambridge: Cambridge University Press, 1969.

Van Staveren, Augustinus. *Mythographi Latini*. Leyden, 1742.

Vatican Mythographers. *Scriptores Rerum Mythicarum Latini Tres Romae Nuper Reperti*. Ed. George Bode. Celle, 1834. Reprint Hildesheim: Georg Olms, 1968.

Vergil. *P. Vergili Maronis Opera*. Ed. Marius Geymonat. Turin: Paravia, 1973.

——. *P. Vergili Maronis Aeneis*. Latin text with commentary. Ed. John Conington. Revised by H. Nettleship and F. Haverfield. Vol. I *Bucolics* and *Georgics* (edition 5); vol. II *Aeneid 1-6* (edition 4); vol. III *Aeneid 7-12* (edition 3). London: George Bell, 1883-1898.

——. *The Aeneid of Vergil*. Latin text with commentary. Ed. R.D. Williams. 2 vols. London: Macmillan, 1972.

——. *Virgil Aeneid VI*. Latin text with commentary. Ed. Sir Frank Fletcher. Oxford: Clarendon Press, 1941.

——. *P. Vergilius Maro Aeneis Buch VI*. Latin text with commentary. Ed. Eduard Norden. 4th edition. Stuttgart: B.G. Teubner, 1957.

——. *P. Vergili Maronis Aeneidos Liber Sextus*. Latin text with commentary. Ed. R.G. Austin. Oxford: Clarendon Press, 1977.

Vitae Vergilianae. Ed. J. Brummer. Stuttgart: B.G. Teubner, 1969 (Reprint of edition of 1912).

Vitae Vergilianae Antiquae. Ed. Colin Hardie. Oxford: Clarendon Press, 1966.

William of Conches. *Glosae super Platonem*. Ed. Edouard Jeauneau. Paris: Librairie Philosophique J. Vrin, 1965.

——. *Philosophia mundi*. PL 172: 39-102. (Wrongly assigned here to Honorius of Autun)

——. *Wilhelm von Conches: Philosophia*. Ed. Gregor Maurach with Heidemarie Telle. Pretoria: University of South Africa, 1980.

Williams, Gordon. *Technique and Ideas in the Aeneid*. New Haven: Yale University Press, 1983.

Williams, R.D., and Pattie, T.S. *Virgil: His Poetry through the Ages*. London: The British Library, 1982.

Wright, Cyril Ernest. *Fontes Harleiani: A Study of the Sources of the Harleian Collection of Manuscripts Preserved in the Department of Manuscripts in the British Museum*. London: British Museum, 1972.

Zabughin, Vladimiro. *Vergilio nel Rinascimento Italiano da Dante a Torquato Tasso*. Vol. 1 of 2 vols. Bologna: N. Zanichelli, 1921.

——. "L'Umanesimo nella storia della Scienza: Il Commento Vergiliano di Zono de' Magnalis I." *Arcadia: Atti dell' Accademia e Scritti dei Soci*, 1 (Rome, 1917) 1-18 and 2 (1918) 87-99.

Ancient and Medieval Authors Cited by Name in the Commentary

(Numbers refer to books and lines of the *Aeneid*)

Augustine **6**.701
Boethius **6**.165; **6**.376; **6**.749
Cato **5**.45; **6**.763
Calcidius **6**.390
Cicero **6**.553
Donatus (*sc.* Aelius) **6**.339; **6**.383
Ennius **6**.846
Evangelus (?) **5**.516; **5**.572; **6**.280; **6**.303; **6**.339; **6**.366; **6**.425; **6**.478
Frontinus **6**.817
Fulgentius **6**.288; **6**.703
Gregory the Great **6**.188
Homer **6**.436
Horace **4**.*fin.* (alleg. summary); **6**.114; **6**.119; **6**.179; **6**.612
Lactantius Placidus ("Lucretius" *per errorem Commentatoris*) **6**.618
Lucan **5**.2; **6**.71; **6**.662
Lucretius **6**.201
Macrobius **6**.*praef.*; **6**.384; **6**.545; **6**.602; **6**.616; **6**.727; **6**.896
Nero **5**.370
Ovid **5**.128; **5**.679; **6**.278; **6**.640; **6**.657
Plato **6**.51; **6**.67; **6**.74; **6**.703
Pliny the Elder **6**.206; **6**.216
Priscian **5**.13; **5**.254; **5**.321; **6**.20; **6**.21; **6**.187; **6**.670
Sallust **6**.23; **6**.101
Servius **5**.457; **6**.1; **6**.21; **6**.43; **6**.51; **6**.76; **6**.104; **6**.154; **6**.233; **6**.289; **6**.348; **6**.473; **6**.573 **6**.619; **6**.670; **6**.749; **6**.779; **6**.898
Simonides **6**.576
Statius **5**.139; **6**.630
Suetonius **6**.798
Vergil **5**.134 (*Buc.*); **6**.288 (*Geo.*)

Ancient Authors Quoted, But Not Named

Disticha Catonis **6**.84
Horace **6**.302
Ovid **6**.89 (three times); **6**.116
Seneca the Younger **6**.514
Terence **5**.801
Vergil **6**.243 (*Buc.*)

Biblical References and Quotations

(Biblical *loci* are indicated first,
then book and line of the *Aeneid*)

Psalms 110.10: **6**.146; 63.7-8: **6**.698
Proverbs 8.17: **6**.146
Song of Songs 6.4: **6**.698
Isaiah 40.6: **6**.119
Matthew 20.16: **6**.744; 22.14: **6**.744
1 Corinthians 13.12: **6**.270; 13.11: **6**.553
James 1.10: **6**.119
1 Peter 1.24: **6**.119

Index Nominum et Rerum

The following index is a comprehensive listing of all proper nouns and adjectives in the text and all common nouns. Adjectives and participles, nominally employed, and a few other words deemed to be of some special significance (like the adverb "allegorice") are also included.

The post-Classical spellings of the text have been preserved. Users should be reminded that the diphthongs of Classical Latin are no longer found in that text and that the letters "i" and "y" are frequently interchangeable. The spelling of an individual word is often not consistent throughout the text, and so alternative spellings of an entry are noted in parentheses after the entry.

Etymologies are located by the abbreviation "*etym.*"